imaginist

想象另一种可能

理
想
国
imaginist

正义的可能

（增订版）

周濂　著

云南出版集团
云南人民出版社

图书在版编目（CIP）数据

正义的可能 / 周濂著. -- 昆明：云南人民出版社，
2023.9
　ISBN 978-7-222-21999-1

　Ⅰ.①正… Ⅱ.①周… Ⅲ.①哲学－通俗读物 Ⅳ.
①B-49

中国国家版本馆CIP数据核字(2023)第142801号

出 版 人：李银和
责任编辑：金学丽
特邀编辑：孔胜楠
装帧设计：赤　徉
内文制作：陈基胜
责任校对：柴　锐
责任印制：窦雪松

正义的可能

周濂　著

出　版　云南出版集团　云南人民出版社
发　行　云南人民出版社
社　址　昆明市环城西路609号
邮　编　650034
网　址　www.ynpph.com.cn
E-mail　ynrms@sina.com
开　本　1230mm×880mm　1/32
印　张　12.75
字　数　253千
版　次　2023年9月第1版第1次印刷
印　刷　山东韵杰文化科技有限公司
书　号　ISBN 978-7-222-21999-1
定　价　68.00元

云南人民出版社微信公众号

代序

正直的生活有代价，不正直的生活代价更沉重

　　每当有人语带嘲讽地问我："你们学哲学有什么用呢？"我就会回答说，我们学哲学虽然看似无用，其实是有大用，所谓"无用之大用"。现在张维迎老师给我提供了另外一个说法，就是理念的力量。

　　说到理念的力量，我经常会举一个例子。法国大革命的时候，当民众攻陷巴士底狱的消息传到巴黎南郊的凡尔赛宫，路易十六惊慌失措之下问道："什么？造反了吗？"当时的波尔多公爵回答他说："不，陛下，是革命。"造反与革命，一词之差，不仅是语词的转换，更是观念和理念的革命。

　　还是这个法国国王路易十六，当他身陷囹圄的时候，据说在夜半人静之时，他说了一句话："是这两个人消灭了法国。"他说的这两个人，一个是卢梭，一个是伏尔泰，都是哲学家。

　　所以，改变观念就是改变世界！

　　大家都知道，马克思死后葬在伦敦北郊的海格特公墓，在他

的墓碑上刻有两句话,第一句话大家耳熟能详:"全世界无产者联合起来。"第二句话大家同样耳熟能详:"从来的哲学家都是用不同的方式解释世界,而问题在于改变世界。"改变世界固然重要,但解释世界同样重要,因为马克思本人正是通过解释世界来改变世界的,如果不是因为他发明了"剥削""剩余价值"这些概念,全世界的无产者怎么可能会联合起来去推翻这个旧世界,建立一个新世界?当然,正因为理念具有摧枯拉朽的力量,正因为理念可能让我们上天堂也可能使我们下地狱,所以就不应该让某一种特定的理念去占据讲台、电台、电视、报纸或者网络,而是应该充分借助思想的自由市场,让每一种理念和观念在公平、公开和自由的环境下进行竞争,进而减少语言的腐败、思想的腐败。

说到语言腐败,我特别认同张维迎教授《理念的力量》第17章"语言腐败及其危害"中所传达的观点。什么是语言腐败?用张老师的话说,指人们出于经济、政治、意识形态的目的,随意改变词汇的含义,甚至赋予它们与原来的意思完全不同的含义。语言腐败至少有三种严重的后果:首先,它严重地破坏了语言的交流功能,导致人类智力的退化。其次,它导致道德的腐败。张老师引用了托马斯·潘恩的话,我非常认同:"当一个人已经腐化而侮辱了他思想的纯洁,从而宣扬他自己不相信的东西,他已经准备好犯其他任何的罪行。"再次,它导致社会走向高度不确定和不可预测性。

对于以上观点,我无一字不赞同。如何避免语言的污染,作为一个哲学工作者,我首先想到的是保持智者的审慎,避免误用或者滥用超级概念或者宏大概念。

　　我给大家讲一个故事。1939 年秋天，当时二战激战正酣，维特根斯坦和他的学生马尔康姆在伦敦的泰晤士河畔散步，两个人闲聊的时候说起一则八卦消息：德国政府正在谴责英国政府煽动一起谋杀案，谋杀的对象是希特勒。维特根斯坦评论说，如果这个消息是真的，我也不会惊讶。马尔康姆反驳他说，这种行为跟英国人的"民族性格"是不相容的。这种争论本来是无伤大雅的，但是维特根斯坦却非常生气，他们本来是好朋友，但是从此之后，维特根斯坦跟马尔康姆割袍断交了。五年之后，马尔康姆已经离开英国，到美国的太平洋舰队上服役，这时候他收到维特根斯坦的来信，终于了解了维特根斯坦为什么会生气。在那封信里，维特根斯坦是这么回忆他们的争论的，他说："你关于民族性格的议论，它的简单幼稚使我吃惊，我因而想到，研究哲学如果给你带来的只不过是使你能够似是而非地谈论一些深奥的逻辑之类的问题，如果它不能改善你关于日常生活中重要问题的思考，如果它不能使你在使用危险的语句时比任何一个记者都更为谨慎，那么它有什么用呢？"我对维特根斯坦这句话印象极其深刻。在我们这个时代，因为知识的普及和资讯的发达，越来越多的人能够毫无门槛地接触到各种各样抽象的、玄奥的哲学理论和莫测高深的超级概念，用维特根斯坦的话说，就是那些"危险的语句"。但是，正像维特根斯坦所说的，如果人们非但没有因此养成谦卑的习惯，学会鞭辟入里、小心谨慎地分析，反而借此赢得了知识上的骄矜，随心所欲地滥用这些危险的语句，那将不只是对哲学的践踏，而会戕害公共讨论的品格和日常生活的常识感。

除了要警惕超级概念的滥用，还要警惕政治语言、军事语言以及网络语言的滥用，我们的生活世界正在充斥着各种各样暴力的语言。暴力的语言、粗糙的语言必然会导致暴力的思维、粗糙的思维。奥威尔说："思维的浅陋让我们的语言变得粗俗而有失准确，而语言的随意、零乱又使我们更容易产生浅薄的思想。"在我看来，这种僵化、暴力、粗糙的语言表达出来的是对思考的仇恨，是对思想者本身的恐惧。如果说清晰、准确、有逻辑的思维是走向观念革新的第一步，观念的革新首先就表现在语言和表达上。还是奥威尔的原话："抵制不良英语并不是一件无足轻重的小事，也不只是职业作家所应该关心的事情。"那么同样，在我看来，抵制不良中文也不是一件无足轻重的小事。因为语言是存在的家，我们是通过语言来定型我们的思想，通过语言来塑造我们的情感。

在谈完理念的力量、语言的腐败之后，最后我想谈一下情感的教育。

我笃信理念的力量，但我并不认为理念是万能的。大卫·休谟说："理性是激情的奴隶。"在现实生活中，我们经常会发现让我们感到有些沮丧的事实，哪怕你费尽口舌，试图通过理性的论证去说服或者改变一个人，但你会发现，即便你把他说得哑口无言，你仍然无法真正地说服他或者改变他。

有一个道德心理学家叫乔纳森·海特（Jonathan Haidt），他在《正义之心》中指出，我们大脑存在类似于照相机的曝光反应，它会把你熟悉的词汇和事物自动标识为好的、坏的、喜欢的、厌恶的。这种曝光反应的速度非常非常迅捷，过程只有 200 毫秒左右。这是什么概念？ 1 秒有 1000 毫秒，可想而知这是一个多么短暂的过程。换言之，当你看到俞敏洪老师的时候，你立刻产生了好感，然后你才会通过理性去寻找喜欢他的理由。在这个意义上，我们说，理性是情感的慢动作，理性是情感的马后炮，理性是情感的奴隶。

　　海特说，我们的社会和政治判断尤其出于这种直觉，出于情感的曝光反应。对于这一点，我深有感触。我现在还记得 7 岁那年的一天，我们三线厂的喇叭突然暂停了红色歌曲的播放，用沉重、悲痛的声音开始播发悼文。大家可能太年轻，不知道"三线厂"是什么意思。为了备战设想中的第三次世界大战，我们国家当年在一些偏僻的山区建立了各种各样的国防工厂，我从小长大的那家工厂对外号称是生产化肥的，其实可以随时转产炸药。我当时坐在门口跟小伙伴在玩儿，我妈把我一把抓进屋里，跟我说："从今天开始，三天之内不准在公共场合大声说笑。""为什么？""因为我们慈祥的宋庆龄奶奶去世了。"我当时不明就里，但是很快接受了我妈的解释。多年以后，我才认识到，严格来说，我妈给出的这个解释并不是一个道德上的理由，而是直觉上的锻造和情感的规训。"慈祥"的宋庆龄奶奶去世了，嬉笑玩闹当然是错误的行为，这是一种无须任何推理的直觉判断，就像我们看见鲜花会愉悦，听到"癌症"这个词会心悸。从小到大，我们都是在各种各样情感曝光反应中接受了一套黑白分明、爱憎分明的情感教育，最后建立起了一一对应的情感反应。比方说，旧社会是"万恶的"，农民起义是"可歌可泣的"。语言和情感就在这个过程当中不断被加工，被消毒，被驯化，哪怕多年以后，我们知道农民起义不一定是可歌可泣的，旧社会不一定是万恶的，可能还有温情脉脉的一面。但是，那种深入骨髓的情感反应仍旧挥之不去，以至一旦有人想挑战我们根深蒂固的情感反应，就像在根本上否定我们自己，这是自我认同的一种东西。

所以，在这种意义上，我认为，我们不仅应该重视理念的力量，还应该关注情感的力量，应该关注情感的教育。因为情感教育可能是改变一个人的根本路径。《正义之心》这本书中说，我们存在的六种道德基础的知觉，分别是两两对应的十二个概念：第一，关爱和伤害；第二，自由和压迫；第三，公平和欺骗；第四，忠诚和陪伴；第五，权威和颠覆；第六，神圣和堕落。海特认为，在美国的政治光谱中，自由主义更在意的道德基础是前三组，反映在社会公共政策上面就是关心弱势群体，反对强权压迫，强调对穷人同情。对比可知，专制主义更关心的道德基础应该是后三组：忠诚和背叛，权威和颠覆，神圣和堕落。

我不知道多少人看过《意志的胜利》这个纪录片，这是1934 年德国著名女导演莱尼·里芬斯塔尔（Leni Riefenstahl）受纳粹邀请拍摄的片子。两百年前，普鲁士军队为了炫耀军国主义的赫赫武功，发展出了正步这一"迄今为止人类所发明的最矫揉造作却最富表现力的肢体运动形式之一"。我看《意志的胜利》总会想起奥威尔的另外一句话，他说："正步走是世界上最为恐怖的景象之一，是一个赤裸裸的权力的宣言，它正在宣称的是，'是的，我很丑，但是你不敢嘲笑我。'"

"我很丑，但是你不敢嘲笑我"，我觉得奥威尔对法西斯的这个观察可谓入木三分，但是光有恐吓还不够，墨索里尼说过，所谓法西斯主义，首先是一种美。由此可见，权力要想赢得敬畏，除了霸道、混不吝之外，还要懂一点美学原理。我猜想，在观看党卫军队员正步走的时候，一定会有人被整齐划一、无懈可击的力量震撼，同时也会被其中蕴含的所谓庄严的、肃穆的美感魅惑。而只有当你真正接受到个人主义的、人道主义的情感上的熏陶，你才会意识到它的丑而不是美。所以我一直认为，一个人的政治立场是右是左，他对权力的态度是喜还是恶，他的生活是有趣还是无趣，除了事关理性、理念、观念，更大程度上是情感教育和审美趣味的问题。

英国哲学家怀特海曾经说过一句话："在任何理解之前要先有表达，而在任何表达之前，先要有对重要性的感受。"什么是重要性的感受？重要性到底寓居在何处？这个看似非常深刻的哲学问题，其实有一个非常浅俗的答案，重要性寓居在我们每个人的日常经验之中。当然，这里所说的日常生活经验，首先是健康的生活经验、真实的生活经验，尤其是免于恐惧的生活经验。用哈维尔（Václav Havel）的话说，就是生活在真实中。

真实地生活，真实地说话，真实地思考，真实地写作，做正派的人，成就正派的社会。就像我们的古人所教导我们的那样，堂堂正正、自尊正派、慎言笃行、有耻且格。

　　不久前，有一个朋友给我留言说，正直的生活是有代价的，而且很沉重，太沉重了。这句话让我沉默了很久，我当然同意他的说法。但另一方面我想说，其实不正直的生活同样是有代价的，同样很沉重，而且甚至更沉重。张东荪先生在几十年前说过一句话，他说，专制之恶不仅在于政客贪赃枉法，肆意妄为，更在于"人民多恐惧之心、伪诈卑贱之习"。

　　有人曾经这样总结我们当下社会存在的一些现象：第一，为了一点点利益害人而无底线；第二，有权的没权的都不看长线，只看今天，仿佛没有明天；第三，太多人只关心结果，而不论是非；第四，很多人幻想甚至崇拜不劳而获；第五，遇事要么冷漠逃避，要么阴阳怪气；第六，民族主义比色相更好卖。如果这是对我们所置身的生活世界的真实刻画，那么我们为此付出的代价实在是太大了。

　　我经常向我的学生推荐一本书，那是一位著名的古典学家依迪丝·汉密尔顿（Edith Hamilton）写的，书名叫《希腊精神》，里面有一段话我非常喜欢，愿意跟大家分享一下。她说："文明是一个用滥了的词，它代表的其实是一种高远的东西，远非电灯、电话之类的东西所能包括。文明给我们带来的影响是我们无法准确衡量的，它是对心智的热衷，甚至是对于美的热爱，是理智，是温文尔雅，是礼貌周到，是微妙的情感。如果那些我们无法准确衡量的事物变成头等重要的东西，那就是文明的最高境界。如果人没有因此变得优柔寡断，人类的生活就达到人们很少能够达到的、根本没有人能够超越的东西。"这种对心智的热衷，对美的喜爱，对荣誉、对温文尔雅、对礼貌周到、对微妙情感的珍视，我们曾经并不陌生。

我最近读到沈虎雏怀念父亲的一个访谈，说到沈从文在一次闲聊中提到《水浒》当中武松出差前细致安排武大郎生活的场景。沈从文说，《水浒》这些地方写得好，家常、有人情。他又聊到古典名著当中写过很多刚烈鲁莽的人物，但是只有几个能给普通读者带来深刻的影响。为什么？因为除了故事曲折动人，更成功的地方在于这些粗人被作者写得非常的妩媚，非常的动人。用简单的语言谈论复杂的文艺，用日常的语言描绘微妙的情感，对任何美丽的、纤细的事物充满敏感和敬意，这就是文明最高的阶段，这也是我所向往的生活。

不久前，朋友圈在传一位大姐的文章，印象最深的是这句话："谁爱得最多，谁就注定了是弱者。"我想接着这句话往下说，我们不怕爱得更多，我们也不怕成为弱者，我们怕的是为了避免成为弱者而失去爱的能力。那篇文章的题目叫作《弱者的胜利》。

（根据 2014 年 12 月 4 日在对外经济贸易大学参加张维迎教授《理念的力量》新书发布会上的演讲整理而成。）

目 录

辑　叁

辑

壹

布鲁克林没有膨胀

二战期间，美国纽约布鲁克林区，一个郁郁寡欢的男孩被妈妈带去看心理医生："他最近情绪很低落，突如其来地，他不想做任何事情。"

"你为什么会情绪低落呢？艾尔维？"医生问男孩。

"宇宙正在膨胀，宇宙代表着世间万物，如果它在膨胀，那么总有一天，它会四分五裂的，那将会是世界末日。"

"那和你有什么关系？"妈妈一边对艾尔维大声吼着，一边向医生抱怨，"他从此不再做作业了！"

艾尔维瓮声瓮气地说："还有什么意义可言呢？"

"宇宙和作业有什么关系啊？"妈妈的声音从怒吼变成了尖叫："你现在是在布鲁克林，布鲁克林没有膨胀！"

好吧，我承认这不是真实的故事，而是伍迪·艾伦《安妮·霍尔》中的一个桥段。伍迪·艾伦不是我最爱的导演，《安妮·霍尔》也不是我最中意的电影，但是丝毫不妨碍我把这部片子翻来覆去看了许多遍，而且每回看到这段对话都会放声大笑。

妈妈的话当然是对的，宇宙和作业连半毛钱的关系都没有。就像一个无限遥远的目标不是目标，而是一个欺骗；一个无限遥远的理由也不是理由，而是一个借口。

艾尔维应该去写作业，因为艾尔维在布鲁克林，布鲁克林不仅没有膨胀，布鲁克林也没有被轰炸。

1940 年 9 月 7 日，德国空军第 2 航空队出动 1000 架次飞机空袭伦敦，长达 10 个月的不列颠战役就此拉开序幕。据统计，这期间，伦敦被轰炸超过 76 个昼夜，逾 4.3 万名市民死亡，约 10 万幢房屋被摧毁。有时候，我忍不住替艾尔维惋惜，因为和宇宙在膨胀相比，德国人的炸弹显然是一个更好的理由。当然，问题在于，没有谁会为了不写作业而选择德军的炸弹，问题还在于，当死亡的威胁真的近在咫尺时，人们也许才会认识到，人生的意义恰恰就在于读书写字这些看似微不足道的事情上。

比方说那张著名的"在废墟中读书"的老照片：在德军炸弹刚刚"问候"过的图书馆里，硝烟仍未散去，遍地都是瓦砾和断梁，三位头戴礼帽的伦敦市民安静地伫立在尚未倾圮的书架前，浑然忘我地凝神寻找书籍。我实在想象不出还有什么画面能比这张照片更好地阐释人类文明和尊严的"败而不溃"。

我曾读到这么一段话：

　　D-Day 清晨，塞林格登上奥马哈海滩，他的背包里装着写了 6 个章节的未完成小说《麦田里的守望者》。下午，伊夫林·沃因在伞兵训练中腿部受伤而在德文郡养伤，在那里他完成了小说《旧地重游》的最后一章。

　　这个场景让我想起一战前线顶着协约国炮火埋头撰写《逻辑哲学论》的维特根斯坦，想起战火纷飞的波黑地下室里一遍又一遍挥动球拍的德约科维奇，想起 2000 年在英国一家二手书店重见天日的那张二战旧海报："Keep Calm and Carry On"（保持冷静，继续前行）。据史学家考证，这份海报印于 1939 年春天，为了迎接必将到来的对德战争，英国政府印刷了三款海报用来鼓舞士气，其他两款在战争初期被广泛印发，唯独这一张虽然印了 250 万份，却始终没有派上用场，原因是英国本土没有沦陷，而英国政府原定在本土沦陷之后才发放它。就这样，这张海报被尘封了整整 61 年。2013 年 8 月 17 日的《经济学人》评论说，这个标语极为准确地反映了英国人自我期许的人格形象："不事声张的勇敢，稍许的刻板，以及在轰炸中照常煮茶的品格。"

　　这应该就是古希腊人和古罗马人心向往之的"德性"吧。

　　在《理想国》中，柏拉图借苏格拉底之口问道：如果正义就是强者的利益，如果不正义的人比正义的人生活得更好，那么人们为什么还要去做一个正义的人？苏格拉底说，我们正在讨论的不是小事情，而是我们应该如何生活的大事。虽然时代的阴影无处不在，但我始终相信，黑暗不会覆盖生活的所有面向，哪怕是一个普遍的不正义的时代，仍有足够的行动空间让个体去承担生活的责任以及政治的责任，对此我们没有任何推诿的理由或借口。

自我感动是件让人生厌的事情，我很清楚"在废墟中读书"以及"Keep Calm and Carry On"一不留神就会跌入"刻奇"的陷阱。维特根斯坦说，哪怕你意识到生活在根本上的不安全，意识到根基会在任何时刻垮掉，也"绝不可因此戏剧化，对此你必须提防"。

宇宙正在膨胀，世界末日终有一天来临，但是在此之前，请让我们牢记，布鲁克林没有膨胀。

恐惧和它的双胞胎

　　1588 年，西班牙无敌舰队扬帆北上，直指不列颠群岛。消息传来，一位身怀六甲的英伦妇女在惊恐之中诞下一名早产儿，此人正是近代政治哲学之父——托马斯·霍布斯。后来，霍布斯自嘲与恐惧是双胞胎。此说看似事实陈述，实乃一语双关的妙喻，因为终其一生，霍布斯无论在个人气质上还是政治思考中，"恐惧"始终和他如影随形。

　　对于成年后的霍布斯来说，有一点毋庸置疑，那就是没有什么比失去国家保护的生活更糟糕。1641 年之后，霍布斯敏锐地觉察到英国内战的威胁，为求自保流亡巴黎十年，在这期间，他的政治思考与英国政局的演变几乎保持同步的节奏：1642 年，霍布斯完成《论公民》，同年，英国爆发内战；1648 年，霍布斯动笔撰写《利维坦》；1649 年，查理一世被处死；1651 年，《利维坦》完稿。

　　霍布斯的基本逻辑可以用"稳定压倒一切"来概括。在《论公民》中，霍布斯一言以蔽之地指出："大规模的、持久的社会的起源不在于人们相互的仁慈，而在于相互的恐惧。"这个基本论点在《利维坦》里得到了最淋漓尽致的发挥，他的具体思路是这样的，自然状态是"一切人反对一切人"的战争状态，"人们不断处于暴力死亡的恐惧和危险中，人的生活孤独、贫困、卑污、残忍而短寿"。因为不晓得谁是敌人，因为任何人都有可能是敌人，所以自然状态中的人们处于普遍化的全面恐惧之中，人们不堪其苦，于是签订契约进入公民社会，这个契约的功能是，只要你放下武器，那么我也放下武器，人们彼此不再相互残杀，进入所谓的和平时期。但是，立约各方并不包括那个最终执掌生杀予夺大权的"主权者"，也就是说，主权者是契约之外的人，他不受契约的束缚，可以为所欲为，而作为立约各方的臣民们则必须服从契约，不可违抗主权者的任何命令。

霍布斯给人们提供的是一个两难选择：要么是无所不在、目标不明的恐惧，要么是确有所指、非常具体化的恐惧，也即横死于主权者司法之剑下的恐惧。两害相权取其轻，霍布斯倾向于认为后者要好那么一点点，哪怕国家此时已然变异为《圣经·旧约》中那个令人恐惧的巨兽——利维坦。

有人或许会大声反驳：这不合理！为什么必须要做非此即彼的选择，难道在"一切人反对一切人"的战争状态和主权者手握生杀予夺大权的"利维坦"之间，就没有中间地带了吗？霍布斯和他的追随者们会斩钉截铁地告诉这些人：对不起，这个真没有！

没有了国家你什么都不是，所以，为了不致重返全面恐惧的自然状态，人民只有默默忍受现有的任何政府。

威胁与恐吓是合理化利维坦以及一切极权政府的不二法门。阿伦特在《极权主义的起源》中进一步阐释了这个逻辑在 20 世纪的新发展：因为"恐惧只有对那些互相隔离的人才能实施绝对统治"，所以为求确保现代极权主义的统治，就必须切断人与人之间的任何联系，让他们处于无法沟通、自我怀疑和相互猜疑的原子化生存状态里。于是，从《利维坦》到《极权主义的起源》，我们看到一个关于恐惧的完整叙事：为了躲避自然状态中无所不在的全面恐惧，相互猜疑的原子化个体选择进入利维坦，而为了确保利维坦的稳定，则必须继续巩固和强化这种孤立无援的原子化个体的生存状态，最终制造出新的全面恐惧。

现在的问题在于，我们有可能击溃上述的恐惧逻辑吗？1679 年，91 岁高龄的霍布斯去世，他没有来得及看到九年之后的光荣革命，也没来得及看到他的理论被证伪的那一刻。1688 年 12 月 11 日，众叛亲离的詹姆斯二世将国玺投进泰晤士河，仓皇逃往法国避难。从国玺沉入泰晤士河的那一刻起，直到次年 2 月 12 日议会选举詹姆斯的女儿玛丽为女王，英格兰有三个月的时间处于主权者缺位的状态，但是除了发生零星的骚乱，霍布斯预言的"一切人反对一切人"的战争状态并未出现。强大的议会传统和贵族传统以及井然有序的市民社会让英格兰安然度过了危机。

击溃利维坦恐惧逻辑的秘诀非常简单也非常困难，就是在无所不能的国家和彻底原子化的个体之间打入一个楔子——自由的结社和结社的自由。

20 世纪 70 年代，捷克摇滚乐队"宇宙塑料人"创作过一首脍炙人口的《百分之百》，歌中这样唱道："他们害怕老人的记忆，他们害怕年少者的天真，他们害怕坟墓和墓上的鲜花……他们害怕技术，害怕信息自由流动……他们害怕政治犯，他们害怕犯人的家属，害怕良知，害怕科学，他们害怕未来，他们害怕明天的早上，他们害怕明天的晚上，他们害怕明天，他们害怕未来……那么我们究竟为什么要怕他们？"

在这个意义上，恐惧诞下了它自己的双胞胎：极权主义的统治者与被统治者，谁先摆脱恐惧，谁就将赢得过去、现在与未来。

美丽的 1984

　　朋友托我带书回北京。说是书，其实是本薄薄的小册子，土黄色的封面，草绿色的标题，呆萌的字体配上充满拙趣的插图，像极了 20 世纪 80 年代流行的木刻油印读物。这样的装帧风格，我相信是刻意为之，因为作者石家豪追忆的正是 80 年代，确切地说，是 1984 年的香港。

　　石家豪是香港画家，1984 年，他 14 岁，正从中二升中三，已经脱离童稚的他"开始以少年感知去认识世情"。选择《一九八四》作为这本"少年札记"的标题，绝非哗众取宠，实在是因为 1984 年对于香港来说非比寻常。

　　这一年，是香港娱乐的"奇情"年。元月 7 日，刘德华、陈玉莲主演的《神雕侠侣》上演大结局，以严肃著称的《信报》用了半版娱乐消息做报道。还是在年初，谭咏麟出版大碟《雾之恋》，一跃成为最受欢迎男歌星。再往后，张国荣凭借《Monica》一曲大热，与阿伦渐成分庭抗礼之势，梅艳芳献唱《似水流年》红遍香江，陈百强、林子祥、叶倩文、梁朝伟佳作迭出，来自东瀛的"安全地带"和来自西洋的迈克尔·杰克逊与 Wham 乐队轮番登场，让少年石家豪的世界草长莺飞、春色无边。

这一年，还是香港政治的分水岭。两年前，英国首相撒切尔夫人访华，邓小平坚决表示要在 1997 年收回香港主权，1984 年12 月 19 日《中英联合声明》在北京人民大会堂西大厅签署，从此"香港前途被定了局"。虽然"马照跑、舞照跳"，但毕竟是"换了人间"。

以娱乐开场，以政治收官，如果说这一年的终场锣声让香港人在霓虹闪烁的花花世界里感受到了不一般的气氛，那么内地人则恰好相反，持续经年的教条生活正被来自港台的娱乐风潮吹皱一池春水。

1984 年夏，父亲从温州出差回来，10 岁的我和 12 岁的哥哥跑到汽车站去接站，远远看见父亲肩头扛着一个大纸箱，不由得内心一阵狂喜。没错，里头正是从海上走私进来的彩色电视机。当时县城电视台正在连轴播放 83 版的《射雕英雄传》，因为这台14 寸的欧力安，我们家毫无悬念地成为街坊邻居的娱乐朝圣地。

1984 年转眼过去三十余年，这期间，香港和内地都经历了太多的风波和节点。尼尔·波兹曼在《娱乐至死》中说："人们一直密切关注着 1984 年，这一年如期而至，而乔治·奥威尔关于 1984 年的预言没有成为现实，忧虑过后的美国人禁不住轻轻唱起了颂扬自己的赞歌。"但是波兹曼警告说，人们忘记了，除了《1984》，噩梦还有另外一个版本，那就是赫胥黎笔下的《美丽新世界》。

波兹曼这样总结奥威尔与赫胥黎的不同：奥威尔害怕的是，书籍将被禁止流传；赫胥黎担心的是，书籍根本不用被禁止，因为人们将自发地不再阅读书籍。奥威尔害怕的是，有人将剥夺我们获取信息的权利；赫胥黎担心的是，有人将给予我们太多信息，使我们只会被动接受、无法自拔。奥威尔害怕真相将被隐瞒；赫胥黎担心真相将被无关的信息汪洋淹没。奥威尔害怕我们的文化成为一个监狱；赫胥黎担心我们的文化成为一场滑稽戏，大众为微不足道的事物而痴迷。在《1984》中，政府用制造恐怖的方式来支配大众；在《美丽新世界》中，政府用制造娱乐的方法来支配大众。在奥威尔看来，人类将毁于自己所憎恨的东西；而赫胥黎则认为，人类将毁于自己所迷恋的东西。

波兹曼说，对未来做出正确预测的不是奥威尔而是赫胥黎，因为，专制虽然会造成精神毁灭，但在一个科技发达的时代里，"造成精神毁灭的敌人更可能是一个满面笑容的人，而不是那种一眼看上去就让人心生怀疑和仇恨的人"。

这个判断虽然精彩，但仍嫌武断，就像资本在权力面前仍会不自信，技术也不一定能彻底压倒权力。因此，除了奥威尔与赫胥黎，未来存在着第三种可能性：人们一边被禁止阅读书籍，一边自发地不再阅读书籍；一边被剥夺获取信息的权利，一边又深陷垃圾信息的汪洋大海中；一边真相被隐瞒，一边真相被淹没；一边是被砍伐殆尽的文化荒漠，一边又疯狂生长着毫无价值的杂草和荆棘……

没错，这就是《1984》和《美丽新世界》的变形统一体：面对左手是恐惧、右手是娱乐、两手都很硬的社会，人们除了束手就擒，别无选择。这样的支配才是最彻底的支配，因为处于恐惧威胁下的娱乐最疯狂，而癫狂至死的娱乐反映出来的恐惧也最极致。假如这一天真的来临，人类将同时被自己憎恨和迷恋的东西毁灭。

普鲁斯特在《追忆似水年华》中说："唯一真实的乐园是人们失去的乐园。"对现状不满的人一定对此深有体会。在恐惧与极乐之间，在过去与未来之间，谁能摆脱奥威尔，谁能摆脱赫胥黎，谁又能同时摆脱他们俩，只有天知道。

情感教育

我至今记得 7 岁的那年夏天，利民化肥厂的大喇叭突然暂停了红色歌曲的播放，转而开始用低沉而悲痛的声音播发悼文。当时我正在门前和小朋友们嬉闹玩耍，母亲一把将我拉回屋内，郑重其事地叮嘱我说，不准在公共场合大声地笑，因为："我们慈祥的宋庆龄奶奶去世了！"

年幼的我虽然不明就里，但还是很快接受了母亲的解释，并且在剩余的那一天里努力不让自己表现得过于开心。多年以后，我才认识到，严格来说，母亲给出的解释并非"道德理由"，而是一种"直觉锻造"与"情感规训"——"慈祥"的"奶奶"去世了，嬉笑玩闹当然是错误的行为！这是无须借助任何推理的直觉判断，就像我们看见鲜花会愉悦，听见"癌症"会心悸，而面对一个慈祥的奶奶的去世，最自然的反应当然就是保持哀痛的心情和肃穆的表情。

社会心理学家罗伯特·扎乔克（Robert Zajonc）认为，人类是"情感优先"的动物，我们在处理信息时远非传说中的那么理性、中立和客观，恰恰相反，在理性思考之前，我们首先做出的是情绪上的判断，它不仅在时间上优先，而且比理性更为有力，因为它直接地激发和影响行为。扎乔克说，任何词汇或图像只要多向人们展示几次，我们就会对它产生好感，这种把熟悉的事物标记为好的事物的倾向可以称之为"曝光效应"。

从小到大，我们正是在各种"曝光效应"中接受了一整套黑白分明、爱憎分明的情感教育，最终建立起了一一对应的情感反应。这种不假思索的情感反应在心理学里有个专业说法，叫作"模式匹配"，它经济实用、迅速自发而且惰性十足。以柏拉图为代表的理性主义者总认为理性应该并且能够主导情感，但是道德心理学最近几十年的研究却表明，每当人们做出判断和解决问题时，首先会进行异常迅速的直觉判断，然后才会开始事后诸葛亮式的合理化论证。换言之，道德推理常常是道德情感的仆人，甚至当仆人无法找到更好的理由为主人辩护时，主人仍旧不会改变自己的想法。

当然，这并不意味着人们不能通过事后的道德推理来质疑并修正最初的直觉判断，心理学家乔纳森·海特曾用象和骑象人比喻情感与理性，大象（情感）虽然不是绝对的独裁者，但相比骑象人（理性），大象的权力或者说惰性要大得多。

当我意识到在这个问题上骑象人果真无法左右大象时，我突然明白了自己为什么永远都无法说服某些左派朋友。

海特在2012年出版的《正义之心》中罗列出六种作为道德

基础的直觉，它们分别是：（1）关爱／伤害；（2）自由／压迫；
（3）公平／欺骗；（4）忠诚／背叛；（5）权威／颠覆；（6）神圣／
堕落。海特认为，在美国的政治光谱中，自由主义最在意的道德
基础是前 3 种，反映在社会和公共政策上，就是关心弱势群体，
反对强权压迫，强调对穷人的同情等。而保守主义者则涵盖了全
部 6 种道德基础，当然，相比自由主义者，他们更愿意牺牲关爱，
以实现其他的道德目标。

　　如果上述分析成立，它对于我们的启发就在于：第一，解决
自由主义落地生根的困难，或许可以从与关爱、自由以及公平相
关的情感教育做起。第二，在面对道德分歧和政治冲突时，我们
不仅应该放弃"我是真理、你是谬误"的独断论立场，而且要把
重心放在和大象的沟通上，而不仅仅是和骑象者对话，因为情感
教育才是改变一个人的根本途径。

自由的生活碎片

在所有论述"自由"的文字里，有两个说法最打动我。

一个来自法国大革命期间的罗兰夫人，这位吉伦特党人的女神在断头台前这样告诫她的公民同胞："自由自由，多少罪恶假汝之名以行！"这个说法提醒我们，自由并非天然正确之物，作为本质上充满分歧的概念，围绕自由产生的纷争远比共识更多，而以自由的名义导致的压迫也并不比专制更少。

另一个来自二战期间美国的一份战时广告语："自由这些词，只有当我们把它们打碎成我们日常生活中十分熟悉的碎片时，它们才能团结我们。"因为这句话，我才对自由的前景抱有审慎的乐观。

1941 年 12 月 7 日，日本偷袭珍珠港，一直奉行孤立主义的美国再也无法独善其身。美国战时新闻办决定把这次战争定义为"争取自由的人民战争"。历史学家埃里克·方纳(Eric Foner)认为，将自由作为美国生活的根本特征是前所未有的事情，这样做的意义远远超出了战时动员的目的，改变了美国人作为一个民族的自我理解和定义。

美国人接受了自由的自我理解，对如何理解自由却没有一致的意见。虽然富兰克林·罗斯福总统早就提出了著名的"四大自由"：言论自由、信仰自由、免于匮乏的自由和免于恐惧的自由，但对于具体内涵，人们却各说各话，纷争不休。以免于匮乏的自由为例，新政自由主义者主张联邦政府必须承担起解决经济问题的责任，保障人民获得公平的工作，充足的食物、衣物、住房和医疗保障，而保守派人士却愤怒地表示，这只是"新政的自由"而不是"美国的自由"。

为了统一思想，美国政府使出浑身解数，不遗余力地推销"四大自由"的理念：雕塑家雕刻了宏伟的"四大自由"雕塑，音乐家谱写了壮丽的四个乐章的交响乐，甚至连战争股票也被冠以"我们正在为之奋斗的四大自由的一种象征"。但是最终的最终，大获成功的却是插画大师诺曼·洛克威尔（Norman Rockwell）创作的四幅宣传画。这些画作无一例外都在刻画美国小镇人民最普通的日常生活场景，比如，免于恐惧的自由描写的是一对父母守护在孩子的床前，父亲站在一旁关爱地凝视着沉睡的孩子，母亲则小心翼翼地为其掖好被子。洛克威尔的绘画取得巨大的成功，数百万张复制品销售一空。洛克威尔没有给予自由定义，也没能让人们就自由是什么达成共识，但至少在那一时刻，他让美国人暂时地团结在了一起。

每当"自由"这个词被打碎成人们日常生活中十分熟悉的碎

片，人们就会见证类似的团结。2014 年 5 月，一场讲座因故取消，主讲人虽然未能出席，但 200 多名学生仍按原计划进行了讨论，他们以自由之名朗诵诗歌、唱歌、提问与辩论。与此同时，更多的网友在新浪微博展开讨论。这些讨论事后被整理成文挂在网上，短短三天时间就出现了 700 多个评论、1800 多条转发，以及 400 多万次的阅读。

这次讨论没有达成任何结论和共识，在长达 1.8 万字的文字记录里，更多的是困惑、质疑与辩难。其中反复出现的一个问题是：作为西方舶来品的自由概念如何在中国落地生根？老实说，每当读到此类看似深刻实则空洞的质疑，我就情不自禁地想要复述这句话："自由这些词，只有当我们把它们打碎成我们日常生活中十分熟悉的碎片时，它们才能团结我们。"雷颐先生曾经说过一个亲身经历的故事："曾问一些学生：你赞同中国实行西方式的民主宪政吗？大多不赞同。问：你赞同实行民主宪政吗？赞同多。问：你赞同人大向政府官员问责、官员公布财产、新闻自由……吗？几乎全赞同。"

自由起源于西方并不意味着自由永远只能浸泡在西方的福尔马林中。一扇安着假锁眼的门会让人徒劳无功地去寻找钥匙，自由的西方起源就是这么一个假锁眼，它让人们误以为找不到钥匙就打不开自由的大门，而事实上，你只需径直推开那扇门，就能发现我们的生活早已遍布自由的踪迹。上述关于"自由的价值"的那次自由讨论与聚合，正是自由在生活中落地生根的一次见证。

我之所以对自由的未来依然抱有审慎的乐观态度，原因正在于自由的敌人一直在以反启蒙的方式启蒙大众：通过打压言论自由让人们意识到言论自由是重要的，通过打压结社自由让人们意识到结社自由是重要的，通过任意侵害人们的财产权让人们意识到财产权是重要的。从这个意义上说，启蒙的敌人是最大的启蒙者，正如自由的敌人最好地确证了自由的重要性。

一切都在秩序中

德国人见面时喜欢问"Alles in Ordnung？"，就像老一代的中国人见面喜欢说"吃了吗？"，其实都是没话找话的问候语。但如果有人细究深意，则不妨说，后者说明中国老百姓念念不忘"民以食为天"的古训，而"Alles in Ordnung"（一切都在秩序中）则表明德国人有多害怕混乱和失序。

说到德国人对秩序的迷恋，网上流传过一个笑话：某电视栏目组在德国城市的街头放置了两个公共电话亭，一个写着"男"，一个写着"女"。然后，工作人员躲在暗处观察德国人的反应，整整一天下来，男人进男人的电话亭，女人进女人的电话亭，即便有时一边空着，而另一边在排队，德国人也依旧恪守规则，从无例外。正当工作人员准备收工的时候，例外突然出现了，一个男人在男电话亭等待了 5 分钟之后，终于忍不住钻进了一旁空着的女电话亭。工作人员如获至宝，赶紧跑过去采访，发现原来是个法国人。

我相信这个结果让所有德国人都长出了一口气：嗯，没有例外，一切都在秩序中！可问题在于，并非所有的"例外状态"都能如此轻易地被排除出整齐划一的秩序。拉丁谚语有云："必要性中没有法律。"意思是，事出紧急必要，法律（规则）便不敷适用，方此之时，"人们不是守秩序而被毁灭，就是打破它而不被毁灭"（马基雅维利语）。

"摩西十诫"第八条宣称"不可偷盗"，可是，电影《一九四二》告诉我们，饥馑之年，饿殍遍地，官府见死不救，奄奄一息的饥民明火执仗地去大户人家开仓抢粮，面对此情此景，有谁能够拍着胸脯断言这是不道德的行为？

罗马人崇尚法律与秩序，但也正是罗马人最早提出了"悬法"状态：一旦认识到国家处于恐慌、不安和失序的状态，就有必要通过宣布"动乱"而将法律"停顿、悬置"，执政官甚至所有公民都可以"采取他们认为能拯救国家的任何必要手段"。换个中国人能够听懂的说法，"悬法"状态就是"和尚打伞——无法无天"，上至领袖下到群众，任何人都可以根据自己的理解、动用自己的力量、以不受法律限制的方式采取任何必要手段去"重建秩序"，"拯救国家"。

"悬法"状态是政治生活的例外状态。西方政治史上最著名的例外状态发生在1933年2月28日，彼时，希特勒上台不到一个月，就在一天前刚刚发生了所谓的"国会纵火案"，希特勒以"焚毁国会是流血暴动和内战的信号"为由，发布"人民与国家保护令"，悬置了魏玛宪法关于个人自由的条文。

当例外成为常态，进而创造它自己的法律和制度，极权就无可避免。意大利政治哲学家阿甘本（Giorgio Agamben）指出，因为"人民与国家保护令"从未被废除，"因此从法律的观点而言，整个第三帝国可以被看作一个持续了十二年的例外状态。在这个意义上，现代极权主义可以被定义为，透过例外状态的手段对于一个合法内战的建制。这个合法内战不仅容许对于政治敌人、也容许对于基于某种原因无法被整合进政治系统的一整个公民范畴的肉体消灭"。

曾有学者撰文称，"非常政治"下的改革需要权威，按照他的说法，"……非常政治与常规政治的根本区别就在于权力与法律的关系。常规政治在法律规定的制度的全面控制之下进行，非常政治则在一定程度上超越法律。改革的本质就是重建制度，重定法律。新制度不可能从天上掉下来，而必定是人制定的，而制定新制度的这个人或这群人必定部分处于法律之外。……换言之，改革必定意味着超常权力的出现"。

都说要把老虎关进笼子里，可现在居然有人主张为了建造真正坚固的笼子，必须先把老虎放在笼子外，并且让老虎去监督建造笼子，你说他是糊涂呢糊涂呢还是糊涂呢？

殷鉴不远，希特勒上台前，魏玛共和国有将近三年时间处于例外状态之中。阿甘本说，如果当时的德国总统兴登堡不作为"宪法的守护者"实行总统独裁，如果当时的议会仍旧保持正常运转，希特勒也许就不会上台，极权统治也许就不会建立。

令人烦恼的是，现代政治越来越无法回避例外状态，正如阿甘本所言："从革命、内乱、战争、经济恐慌、自然灾难到反恐，例外状态逐渐成为政府治理的常态性安全机制，其中行政权的扩张与立法权的萎缩只是一个附带效应。面对着这个法秩序赖以为生的阴影，法学家们试图以全权、宪政独裁、国家自保权、法律漏洞等概念将它正当化，或者提供其正当性的判准。"当例外来临，你选择民主还是专制，这是一个问题。

也许正是因为深受例外状态和非常政治之苦，战后的联邦德国宪法里明文规定："面对试图废除这个秩序的任何人，所有的德国人，在没有其他可能救济的情况下，都拥有抵抗权。"

这个秩序不是别的，正是民主。

勇气从何而来？

　　静静是一位外企白领，喜欢猫狗，但不是动物保护主义者，同情弱势群体，但从未参加过 NGO 或者任何维权活动，有爱心但从不泛滥，有关怀但极少付诸行动，总之，是一个再普通不过的善良女孩儿。

　　一次，有人在网上张罗"百人声援团"，计划去 G 城支持一桩抗议活动。对此，静静表现出异乎寻常的热情。一次私下聊天中，她向我表示，虽然在道义上举双手双脚支持，但在策略上和效果上却担心它不仅于事无补，反而可能授人以柄。

　　"你想想看，"静静说，"一百个外地人，无组织、无纪律地来到陌生的城市，吃、喝、拉、撒、睡都成问题，怎么进行有效的抗争？有组织、有纪律更麻烦，这与'快闪'可不同，寻衅滋事？非法集会？扰乱公共秩序？总之，一旦被有关部门盯上，跳进黄河也洗不清。"

　　我问，既然如此，是不是意味着你反对这个活动？出人意料的是，静静却说自己不仅不反对，还要参与这个活动，理由是她多年来一直关注 G 城，虽然与当事人素昧平生，但对于其人其事却有着难以言表的特殊情感。去或不去，对她而言，与道德考量和理性计算关系不大，更多的是关乎良心。

这个回答让我大感意外，我的脑海里瞬间跳出许多反驳的理由，比如，这个国家每天都在上演类似 G 城的事件，从道义的角度说，我们应该为每一个相同遭遇的人和事呐喊，从效益的角度说，声援 A 城 B 城和 C 城没准都比声援 G 城更有效，总而言之，你没必要死盯住 G 城这件事不放……

我没有尝试去说服静静。不仅因为她用"良心"为自己的决定做终极辩护，更因为我一直执拗地认为，作为常人，我们之所以决意采取某一道德行动、卷入某一事件，归根结底，是基于一些私人的关切和特殊的因缘，虽然我们能够对外人摆出一二三四的公共理由，但触发具体道德行动的动机却是相当的"私人"和"属己"。也正因为此，抽象的说理不能轻易说服人们改变观念。

事实上，静静也无须我去说服，因为"百人声援团"的计划最终不了了之了。这让我一方面深感庆幸，另一方面又忍不住有些好奇：如果计划付诸实施，静静是否真有勇气迈出行动的那一步？

亚里士多德说，在没有危险的场合表现得信心十足，这样的人在内心深处其实是怯懦的。我当然不是在质疑静静的勇气只是伪装。但实情是，由于她没有机会付诸行动，所以她的"勇气"就没有兑现成"看得见的行为"，这难免让人吃不准她到底是一时冲动的鲁莽，还是真正的有勇气。

就像水变成酒，必须要有酒曲的催化、恰当的温度以及足够长久的酝酿。勇气亦如此，面对应该恐惧的事物却能表现出足够的勇气，不仅要有对信念的笃定与坚持，更需日常生活的点滴累积和操练，才能在事件遽然发生的现场表现出强大的行动力和爆发力。

说到勇气，人们常举宗教圣徒为例。在我看来，诉诸宗教信仰固然可以一劳永逸地解释牺牲的勇气从何而来，但这种解释未免过于简单，它对于常人的多面与软弱不够敏感，对于人性的脆弱和坚忍也缺乏同情。

我也不太关心政治人物的勇气从何而来，按照我庸俗的理解，他们已经做过充分的沙盘推演，即便偶有失算，也算求仁得仁。相比之下，我更关心普通人的勇气从何而来。

曾读到这样一封被公开的家书，妻子对狱中的丈夫说道："我最终想通了，每个人都有各自坚守的东西，一条不为取悦或是顾及他人而改变的底线。我也有一些无论你怎样请求，都不会改变的东西。所以，今天的结果我并不怪你，也坦然接受，但并不是因为你所坚持的东西在我看来有多么高尚，而是因为命运真的把你推到了需要去选择坚持而放弃其他一切的这一步。"

这段话之所以让我动容，是因为它展示了一个常人的视角。我尝试体会她作为妻子的幽怨和郁闷，理解她作为普通人的无奈与喟叹，同时赞赏她作为勇者的不悔与豁达——既然命运将你我推到这一步，剩下的便只有接受，恰如古希腊悲剧反复阐明的那个道理："既然事情非如此不可，那么好，我现在就来完成你的意愿。"

　　这段话之所以让我动容，是因为它告诉我们，没有人天生就是圣徒和烈士，一个人成为现在的他，很多时候是情境化诸因素的总和。超凡入圣如曼德拉，也曾坦然承认："我不是圣人，我只是因为处于非比寻常的环境中所以变成领袖的平凡人。"

　　心理学家津巴多（Philip Zimbardo）说："单凭想象，你永远不会知道自己会不会那么做，要知道情境的力量远比我们大得多。"在《路西法效应》这本书中，津巴多告诉我们，情境既可以造就艾希曼式的"恶之庸常"，也可以造就"英雄主义之庸常"（banality of heroism），后者让每一个善良的普通人心怀希望。哪怕系统的压力有时大到难以支撑，以至人们的脊梁常会以无法察觉的速度弯曲，但与此同时，每一位随时愿意恪守人性本分的人，都可以通过主动投身向善的情境，来坚持人性中最美好的东西，就像亚里士多德所说的那样，我们反复做什么样的事情，我们就会成为什么样的人。

作为"例外状态"的奥尼尔

在 70 余年的 NBA 历史中,"大鲨鱼"奥尼尔绝对是一个"例外状态"。

说奥尼尔是"例外状态",不是因为他身高 2 米 16,体重 150 公斤,只要稍稍挪动屁股"就能给波音 747 清出一块地降落";也不是因为他荣登"NBA50 大巨星",手握五枚总冠军戒指,扣碎过三块篮板。说奥尼尔是"例外状态",是因为这个星球上曾经有过的篮球规则对他束手无策,人类为了阻挡奥尼尔,不仅无所不用其极,而且要为他专门量身定制新规则。

在 19 年的职业生涯里,奥尼尔直接促生了"砍鲨战术"和"防守三秒规则",以一己之力改变了 NBA 的基本规则、比赛风格乃至发展方向。作为三秒禁区里的巨无霸,巅峰时期的奥尼尔予取予求,得分有如砍瓜切菜,为了让内线对抗不完全失去平衡,联盟修改比赛规则,不再把联防视为非法防守,同时为了减少联防的负面效果,防守三秒规则也随之出现。

由于奥尼尔的职业生涯罚球命中率仅为 52.4%，名列 NBA 历史上最差罚球排行榜第七位。"砍鲨战术"由此应运而生：每当比赛临近结束时，如果对手比分落后太多，就会不断在奥尼尔身上制造犯规，直接送他上罚球线，利用其罚球不进的契机，让己方迅速重新掌握球权，发动进攻，逼近甚至反超比分。"砍鲨战术"让比赛变得支离破碎、惨不忍睹，哪怕奥尼尔不参与进攻，孤身一人站在球场后端，也会有对方球员奋不顾身地在他身上犯规。为了改变这个局面，联盟特别修改规则，规定在比赛最后两分钟，对无球球员犯规将判罚技术犯规罚球，同时进攻方在罚球后仍可保留球权。

在任何意义上，奥尼尔都可以说是"例外状态"的完美体现——他的存在不合法理、打破常规，他一方面宣告旧规则的不再适用，另一方面创造和制定了新规则。一句话，"他并非为了统治篮球而生，而是为了改变篮球而来"。

如果说体育世界里的"例外状态"常给人带来惊喜，那么政治领域中的"例外状态"则往往惊大于喜。因为在政治领域和日常生活中，多数人更偏爱"常规"而厌恶"例外"。所谓"常规"，意味着有迹可循，有法可依，你相信事物就该是事物本来的样子：空气是干净的，食品是安全的，路面不会随时塌陷，飞机最终会抵达终点而不是消失在茫茫的印度洋里……

常言道："规则从来就不是用来遵守的，而是用来被打破的。"说这话的人要么是在人云亦云，要么就是在逞口舌之快。有多少人真正有意愿并且有能力去打破规则呢？不信，试试在四环上逆行，或者在广场上裸奔，看看到底是你改变了规则，还是规则修理了你？政治理论中有一个概念叫作"政治义务"，意思是哪怕某一条法律（政策）的具体内容在道德上是错误的，但是基于公民与国家此前所形成的特殊关系，公民仍旧有义务去服从这条道德上错误的法律（政策）。

肯定有人会问，难道我们必须无条件、没底线地服从下去吗？当然不是。政治义务并不是绝对的、全面的和毫无例外的，在一个接近正义的国家里，针对某些严重侵犯正义的特定法律和政策，公民可以采取"公开的、非暴力的、既是按照良心的又是政治性的对抗法律的行为"去改变政府的特定法律或者政策，这便是从梭罗、甘地到马丁·路德·金一直在主张和践履的"公民不服从"。

奥尼尔曾给自己取名"大关键先生"，自称"在需要我挺身而出的时候，我总是可以拯救球队"。但是真正让奥尼尔载入史册，成为篮球场上的"例外状态"，不是因为他无数次地拯救过球队，而是因为他创造了篮球规则，改变了篮球运动。同样地，梭罗、甘地和马丁·路德·金的意义不仅在于在具体的斗争中赢得了一城一池，而是因为他们为整个政治文明提供了"公民不服从"的完美案例，为解决程序民主的弊端提供了新思路和新规则。在这个意义上，他们超越了"例外"，成就了"典范"。

辑贰

嫉妒、怨恨与愤恨

一

人不比较，天诛地灭。

有比较就会有落差，有落差就会有嫉妒，即使这种落差与道德无关，但只要他人更好的境遇引起你足够的注意，嫉妒就开始落地生根。

并非所有的嫉妒都具有破坏性。小时候我就特别嫉妒同桌的同桌的同桌，她聪明伶俐又可爱，更致命的是，她不仅像白桦树一样站立而且像小鹿一样奔跑，为了不自惭形秽，我唯有加倍努力地发展德智体劳——这是所谓"好胜的嫉妒"，它不仅没有破坏性，而且还具有向上的动力。比"好胜的嫉妒"更温和的形式是"羡慕"，比如在有布谷之前，每当听说年近不惑的好友赶上了生孩子的末班车，我的心里就会感到温暖的小醋意。

但是在更多的时候，我们既难心平气和地开始比较，更难心悦诚服地结束比较。所以，在羡慕嫉妒之外还有恨——在许多人眼里，这才是真正意义上的嫉妒。康德说，嫉妒就是忍着痛苦去看到别人的幸福的一种倾向，尽管别人的幸福对他本人并不产生任何真正的损害，但只要认为别人的幸福会使自身的幸福相形见绌，嫉妒就已经开始啃噬你的内心。

我相信大多数人都曾经在人生的某个阶段强烈地嫉妒过另一个人。当嫉妒心爆发的时候，你会不由自主地密切关注着被嫉妒者的一言一行、一举一动，以至在某种意义上，你简直是为了被嫉妒者而活。在嫉妒者看来，被嫉妒者的言行举止无时无刻不在提醒他意识到自己的悲惨境地，有时候这种情绪是如此的病态，以至嫉妒者会把它解读成蓄意的羞辱。更可悲的是，这种想象中的蓄意羞辱，恰恰证明了嫉妒者一直在担心自己有理由被羞辱。

马克斯·舍勒（Max Scheler）说有一种"存在论意义上的嫉妒"，这种嫉妒几近无解，因为它意味着单单因为被嫉妒者的存在，就对嫉妒者造成了不堪忍受的压力、责难以及羞辱。

1952 年，美国康涅狄格州的一个家伙一口气烧了 8 辆车，他的理由是："我买不起一辆汽车，我也不愿意任何别的人有一辆汽车。"对这个家伙来说，烧掉 8 辆汽车比偷盗 1 辆汽车还让他感到满足。

事实上，嫉妒者最希望看到的正是被嫉妒者"遭到抢掠、剥夺、侮辱和伤害"。他们从不指望在积极的意义上获得平等的地位——既然你们得到了这些东西，那么我也应该得到这些东西。嫉妒者只想在消极的意义上获得平等的地位——既然我没有得到那些东西，那么你们也必须放弃这些东西。

与其通过自身的努力去赢得被嫉妒者的品德、荣誉、财富和地位，不如把他们拉平到和我们一样低的位置，尽管做到后者并不少费气力。正因为嫉妒具有如此大的破坏力，康德才会把它称为"憎恨人类的恶习"。

苏联时期，有一个异议人士说："人群中有一种难以相信的犬儒主义。诚实的人使得那些沉默的人由于没有大胆说话而有负罪感。他们无法了解别人怎么会有勇气去干他们本人所不能干的事，因而他们感到不得不攻击别人以安慰自己的良心。"

这段话让我想起儿时听过的一则寓言，在南方抓河蟹不用鱼篓盖子，因为一旦有别的河蟹想要从鱼篓子里爬出去，下面的河蟹就会把它给拽下来。这样的河蟹精神不去追问加害者的责任，而是在受害者之间互相倾轧和残害，最终以一种变相的方式成就了和谐与秩序。

二

英语中有一个说法叫作"招致嫉妒的距离"，意思是一切嫉妒的发生，全都来自邻里间。

我们的确习惯与可比较者做比较。在大多数情况下，乞丐只会嫉妒比他多要到十块钱的那个乞丐，不会嫉妒朱门大院里的财主。

当然，心理上的距离总是主观的，人们有时候会忍不住进行攀比。1963 年，纽约市的一场棒球比赛刚刚结束不久，一个貌不惊人的临时工开着小汽车冲上马路旁的人行道，轧倒了这场比赛的英雄。事后，肇事者坦言他与受害人没有任何关系，此举纯属非理性攀比惹的祸：谁让他长得如此的浓眉大眼、器宇轩昂？

培根曾说，帝王除了受帝王的嫉妒之外，不受他人的嫉妒。这句话只有在一个井然有序的传统社会才有效，在一个礼崩乐坏、彻底失序的社会里，在一个重估一切价值的时代里，没有人认为他人天然地优于自己，因此也就没有人能够免于被嫉妒。

某种意义上，嫉妒是平等诉求的原动力。一旦乞丐意识到隔在他和财主之间的高墙不是不可逾越的，一旦乞丐认识到他与地主之间的差别是社会不公的后果，嫉妒的手就可以翻过高墙，触碰到财主老爷姨太太的象牙床。

由此可见，嫉妒不仅是个人的心理问题，它也可能是社会想象和社会建构的产物。罗尔斯说只要满足以下三个条件，嫉妒就会带着敌意爆发：第一，人们对于自身价值和做任何有价值的事情的能力缺乏信心；第二，自我与他人之间的差距被社会结构及其生活方式暴露无遗，劣势群体不断被强迫提醒他们自己处于一个什么样的状况，这让他们深深地体验到痛苦和被羞辱；第三，因为看不到改变不利环境的希望，为了减轻痛苦和低下感，劣势群体相信自己只有两条出路，要么以自己受损为代价去伤害那些境遇较佳的人，要么就听之任之变得顺从和麻木不仁。

这种由社会结构所塑造、带着强烈敌意爆发的嫉妒，舍勒将它命名为怨恨（resentment）。怨恨是一种有着明确的前因后果的心灵自我毒害，它的出发点是"报复冲动"。什么是报复冲动？当别人扇了你一耳光，你二话不说就扇了回去，这不是报复，而是反击与防卫，报复冲动的本质特征在于时间上的滞后与延宕：将一触即发的对抗冲动硬生生地遏制住，且退且叫阵："君子报仇，十年不晚，咱们骑驴看唱本，走着瞧！"

舍勒说，之所以在当时隐忍，是因为考虑到如果直接做出反抗会面临失败。显然，这种考虑与"无能""软弱"相关。在隐忍的过程中，一些无能者会采取情感冬眠的方式，对外界事物的反应变得顺从而麻木不仁；一些无能者则反其道而行之，用更加激烈的情感来取代挫败感，用尼采的说法，从无能中生长出来的仇恨既暴烈又可怕，既富有才智又最为阴毒，它是"最危险的爆炸材料"。

令人深思的是，在一个政治权利、社会财富分配相对平等的民主社会里，社会怨恨可能是最小的；在一个内在等级森严的社会制度中，怨恨也会很小；与此相对，在一个人人都意识到有权利与别人相比然而事实上又完全不能比的社会里，那种忍无可忍、一触即发的怨恨才会急剧地累积起来。

在这样的社会里，怨恨心理的发生过程很可能是这样的：当你目不转睛地盯住眼前的某个对象时（比如迎面驶来的宝马车，或者广告牌上的某栋乡村别墅），你已经在想象中将之据为己有了——因为你深深地认为自己有权利拥有它，但是不幸的是，很快你就意识到你在事实上并不拥有它，并且在可预见的未来也不可能拥有它，此时你就会痛感自己的财富被别人"掠夺"了。

三

当臆想中的"应得"低于实际上的"所得"时，就会产生强烈的不公正感。怨恨会使人不分青红皂白地进行错误归因——"李彦宏又帅又有钱，我为此心怀怨恨"，如果说这个怨念还在人类理解范畴之内的话，那么"李彦宏又帅又有钱是为了要让我怨恨"，则是典型的认知失调以及价值错乱。

"体制性迟钝"会加速催生"怨恨式批评"，其典型表征就是把社会发生的一切问题都归结为"体制问题"，这当然是一种过于简单的归因方式，但是不能否认的是，造成这一后果的始作俑者绝非那些心怀怨恨的普通人。

之前看到一张照片，一辆挂着特殊牌照的豪车杵在道路中央，与迎面而来的其他车辆对峙。图片说明这样写道："只有一辆车遵纪守法，其余所有的车子都在逆行。"一般来说，在任何一个政治制度下面，特权者总是"带有道德上可疑的内涵"，但是谨慎的特权者——不管他是担心天下大乱还是出于内疚——会低调行事，刻意掩饰这种可疑性，而不是愚蠢地刺激人们的嫉妒心。

事实上，唯当我们有效地证明更多受惠者的优势地位是不公正制度的后果，或者是偷奸耍滑乃至徇私枉法的后果，嫉妒才不会是"憎恨人类的恶习"，而是拯救人类的良方。因为此时我们就超越了嫉妒与怨恨，进入到以正义诉求为宗旨的"愤恨"。

愤恨的英文同为"resentment"，但是它与舍勒意义上的怨恨（怨毒）最大的不同在于，愤恨不仅是一种道德上的情感，还是一种社会进步的正能量。按照慈继伟的观点，产生愤恨的必要条件有三点：一是"他人的行为违背了'非个人性规范'（impersonal norms）"，这里的关键词是"非个人性"，倘若有人定下规范：凡是高帅富都应该被车撞，那么他最好记得定时去吃药；二是"他人的这种行为侵犯了某人的个人利益"；三是"某人在相当长一段时间内没有违背过非个人性规范或者说道德规范，尤其是针对那个侵犯了某人的人而言"。也就是说，一个遵纪守法的理性人并不是每当得不到想要的东西就怒不可遏，而是在他人以违反道德法律规范为前提侵犯到他的个人利益时才会感到愤恨不已。

所谓愤恨不平、不平则鸣，但问题在于，并非每一种不平与抱怨都有道德的含义，在这样一个人人喊痛的时代，我们需要谨慎地区分它的波段到底是嫉妒、怨恨还是愤恨。

某种意义上，嫉妒和怨恨是无法彻底被治愈的人类心理疾病，因为哪怕在一个彻底平等的社会里，家家住公屋，人人开汽车，也仍旧阻挡不了一个人去暗自猜测另一个人的深层心理活动，并由此产生嫉妒与怨恨。

但是，与此同时，在贫富差距日益拉大、社会上行受阻、阶层结构板结化的今天，许多嫉妒和怨恨的本质是愤恨，它们完全可以通过诉诸社会正义予以转移、释放和化解，最终让无能者有力，让悲观者前行。

不自制、放纵与冷漠

一

"戒烟是天底下最容易的事情，我都戒过许多回了。"这是广大烟民时常挂在嘴边的一个笑话。类似的事情还有减肥，减肥也是一件特别容易的事情，只要不把哈根达斯的冰激凌、21 客的芝士蛋糕还有各种虾条薯片摆在减肥者的面前。

在戒烟和减肥的问题上，人们之所以常立志而不是立长志，流俗的解释是"意志薄弱"或者"不能自制"（akrasia），换句话说就是，"我知道不应该做某事，但我就是无法抵抗住诱惑"。

"应该"蕴含着"能够"，打个比方，你应该珍惜生命，远离微博、微信，这个"应该"的要求之所以合理，是因为你"能够"做到封掉微博，从此挑水砍柴读书写字春暖花开。然而，真正的问题在于，"应该"虽然蕴含着"能够"但并不意味着"想要"，所以哪怕你能够做到不更新微博、微信，但还是会忍不住偷偷地每天晚上跑上去看看留言、查查私信。

按柏拉图的灵魂三分法，当理性主导着激情和欲望时，人就做到了自我控制，从而举止得当、进退有据；反之，当理性成为激情或者欲望的奴隶，就会出现"知而不行"或者"明知故犯"的情况。

美狄亚是古希腊悲剧作家欧里庇得斯笔下的人物，这个出身高贵的公主在得知丈夫背叛自己之后，悍然决定手刃亲生子女，以使负心人绝后。在犯下人神共愤的罪行之前，美狄亚被怨念缠绕，难以自拔，于是有了如下自白："尽管我知道我将犯的罪恶，但我已无法控制我的激情，激情就是造成罪恶的原因。""你所警告我的一切，我自己都知道。尽管我知道，自然却使我不得不如此。"

面对此情此景，最合常理的解释是，美狄亚情难自已、不能自制，所以才会明知故犯，做出罪孽深重的事来。但是，真正有趣的问题也许在于：一个不自制的人能够拥有正确的判断吗？美狄亚真的"知道"自己的行为是罪恶的吗？

二

曾有学生问王阳明，为何有这么多的人明白孝悌的道理却做出邪恶的事情，王阳明答曰："此已被私欲隔断，不是知行的本体了。未有知而不行者；知而不行，只是未知。"

王阳明一定没有听说过苏格拉底，但是在"知而不行，只是未知"这个论断上，他与苏格拉底不谋而合。苏格拉底认为"无人有意（自愿）作恶"，这句话的意思是，"如果人们知道如何避免恶行，而且知道不作恶比作恶更善，那么他们就不会去作恶"。

"无人有意作恶"，这个说法与常识相差太远，有人或许会问：难道美狄亚不是蓄意要杀死自己的孩子吗？难道贪官污吏不是在刻意地中饱私囊吗？

要想读通苏格拉底的这个论断，就必须将此处的"有意"解释成为与"无知"相对的"有知"，而不是与"无意"相对的"有意"。

假如让美狄亚和苏格拉底来一场虚拟的对话，会是这样：

美狄亚：我知道杀死子女是罪恶的，但我忍不住那样做。

苏格拉底：你并没有真正认识到那是罪恶的，你的错误是没有洞察力，没有真正看见善。

把道德上的恶行归咎于理智的无明，而非意志的薄弱，这无疑是一种极端的理智主义立场。维特根斯坦在一封私人信件中写道："我勤勉地工作，希望自己能更好（better）和更明智（smarter）。当然，这两者本就是一回事。"阿马蒂亚·森（Amartya Sen）读后大为不解："一个聪明人和一个好人真的是一回事吗？"有趣的是，分析到最后，森承认维特根斯坦是有道理的——"许多卑劣的行为都是由于人们受到主题的种种蒙蔽所致。不够聪明肯定是导致道德失足行为的一个因素"。

如果苏格拉底和维特根斯坦是对的，美狄亚就不是"知而不行"，贪官污吏们也不是"明知故犯"，这些受欲望支配的人其实处于"真正的、最严重的无知"，套句流行的网络术语——"他们的脑子坏了"。

一个人何以判断正确，却又不能自制？这个问题被苏格拉底彻底地取消了。亚里士多德举手表示反对，认为苏格拉底的观点与现象并不相符。亚里士多德认为，不能自制者的问题在于"拥有知识但不使用知识"，以贪官污吏为例，作为党和国家多年教育的干部，他们当然知道"莫伸手、伸手必被捉"这个普遍的道理，但是在面对江诗丹顿和爱马仕时，他们就情难自已、欲罢不能了。

拥有知识但不使用知识，是因为缺少了一个必要的中间环节——德性的实践。知道公正的人不会马上变得公正，同样的道理，能够背诵《三字经》的人也不会立刻成为有耻且格的人，要把舌尖上的知识变成行动本身，这需要时间，更需要实践。亚里士多德说，我们反复做的事情造就了我们，而不是我们反复说的事情造就了我们。

三

不久前，某位老友在饭桌上再次宣布戒烟，结果举座默然，大伙儿连翻白眼的气力都不想使。因为言行太不一致，以至让人对其彻底丧失信心，这是不能自制者的普遍下场。

张东荪先生说，民国期间人们就常以"好话都被他说尽了，坏事亦被他做尽了"来笑骂汪精卫。更加令人担忧的是，"言行不一致者却不止汪氏一人。这个风气一开，极容易传染，恐怕不必有名的人物，即初出而应世的青年亦都有些是这样的。其实这样的言行相远一旦成为普遍现象，则除那些愚笨的人以外，人们对于宣传性的言论视若无物。对于言论不生发相信之心几乎成为中国现时一个特征"。

当不自制者如过江之鲫、层出不穷，戒烟就会成为烟民的一个笑话，而当放纵者如过江之鲫、层出不穷，反腐就会成为人民的一个笑话。

不自制与放纵不可混为一谈。放纵者的最大特征在于，他在追求奢华享乐时，完全出于理智的选择而非意志的薄弱，所以放纵者从不悔恨。相比之下，不能自制者追求过度的快乐是出于欲望而非出于理智。不能自制者有如间歇性的精神病患者，时而清醒，时而疯狂，疯狂时犯错，清醒时悔恨。他会悔恨，是因为他仍旧拥有"莫伸手、伸手必被捉"的一般知识，他会犯错，是因为他总是时不时地跌入欲望的深渊难以自拔。

若以国家喻之，不自制者就像是一个订立了善法却不能认真执行的国家，所谓有宪法而无宪政。放纵者更像是希特勒时期的纳粹德国，他们矢志不移地执行恶法，从来不会为此心怀悔恨。

电影《肖申克的救赎》中有句台词："起初你讨厌它（指监狱），然后你逐渐习惯它，足够多的时间后你开始依赖它。这就是体制化。"当法治不彰，舆论缺位，监管失效，偶一为之的不能自制者就一定会堕落成理性选择的放纵者，这样的人与其说是脑子坏了，不如说是良心坏了。

四

《孟子·梁惠王上》中有云："今恩足以及禽兽，而功不至于百姓者，独何与？然则一羽之不举，为不用力焉；舆薪之不见，为不用明焉；百姓之不见保，为不用恩焉。故王之不王，不为也，非不能也。"

面对善和正义的事情，能而不为，原因可以有很多，比如不屑为之，不愿为之，以及不想为之。如果说放纵者不屑为之，不自制者不愿为之，那么冷漠者则是不想为之。

在中世纪的欧洲，冷漠（acedia）被认为是一桩重要的罪孽，因其意味着"灵魂的干瘪"。而在现代心理学中，冷漠则被视为"低唤醒状态"以及"动机缺乏"的产物。

王小波说，人一切的痛苦，本质上都是对自己的无能的愤怒。从热情洋溢的少年成长为无聊冷漠的中年，极有可能是为了掩饰自己的无能，所以约束行动的愿望。如果这个判断不假，那么所谓"是不为也，非不能也"对于冷漠者而言就更像是一种托词和借口，这是一种自觉自愿的低唤醒状态。

人类的行动由愿望和机会的交织作用引发，当愿望足够大而机会相对小时，行动的可能性自然就会降低。托克维尔在《旧制度与大革命》中指出，社会稳定的威胁来自愿望和满足愿望之间的张力，如果仅仅是满足愿望的机会有限还不足惧，最可怕的是胃口已经被挑起来了，实现的机会却非常渺茫，这样的情形就只会让局势日益恶化。

站在统治者的立场，为求社会和谐与国家稳定，就要尽可能降低反叛行为的可能性。在降低人们反叛的愿望与限制他们反叛的机会之间，前者显然更为有效。由此可见，对于放纵的统治者而言，冷漠的被统治者不是噩耗而是福音。

当放纵者理性选择作恶，不自制者间歇性犯错，冷漠者袖手旁观、一副与我何干的表情，国家与民族也就丧失了向善的可能。

古罗马斯多葛派的祷词说道："神给予我们在接受我们不能改变的事情时的宁静，给予我们改变我们可以改变的事物的勇气，并给予我们懂得这两种情况的区别的智慧。"

可是真正的问题在于，在这个众神隐退的末法时代，改变的智慧、勇气和宁静能从哪里来？

正派社会与正派的人

一

看完电影《白鹿原》后百思不得其解：为什么对于黑娃、田小娥这些二三十年前让我血脉偾张、眼红心热的角色通通无感，反倒是白嘉轩、鹿三这两个古板硬气到冥顽不化的老家伙叫我感怀不已？

毫无疑问，我既不认同白嘉轩代表的纲常伦理，更不接受鹿三的杀人行径。思来想去，只有一种解释：白嘉轩与鹿三这一主一仆，尽管地位悬殊，但穷且弥坚的品性却是出奇的一致，无论大时代如何变迁动荡，也不管社会怎样信仰大破、物欲横流，在他们的眉宇间总能找到"堂堂正正，自尊正派"这八个大字。

没错，就是"堂堂正正，自尊正派"，虽然白嘉轩保守落伍、不能与时俱进，虽然鹿三杀害田小娥的行为愚昧残忍，但是在他们的内心深处，始终想把腰板挺得直直的，试图活出一个人样来。

　　白嘉轩无疑浓缩了中国儒家的道德理想人格，不过，这样的正派人生绝非儒家精神的专利，正所谓"人同此心，心同此理"，非儒家传统的西方人同样推崇并且能够培育出正派的品格。

　　美国前第一夫人米歇尔在一场演讲中就给我们讲述了类似的故事，她的父亲是城市水厂的一名泵浦操作员，患有多发性硬化症，饱受病痛折磨，不良于行。但是，米歇尔从小看到的却是这样一番场景：每天早晨，父亲抓紧他的助步器，用浴室的洗脸池支撑着自己的身体，缓慢地刮好胡须，扣好制服去上班。当结束了漫长的一天工作后，他再一点一点地挪步上楼回家，拥抱米歇尔和她的哥哥。

　　米歇尔说："无论多么艰难，我父亲从未请过一天假……"为了让兄妹俩接受良好的教育，父亲哪怕贷款也要资助他们读大学，"他从未让我们因为姗姗来迟的支票而错过任何一个报到截止日期"。对于父亲来说，衡量生命成功与否的方式就是"能否靠工作让自己的家庭过上体面的生活"。

　　这个家庭之所以能够安贫乐道，"不嫉妒其他人的成功，也不在意其他人是否比他们拥有更多"，是因为他们相信这个国家能够给他们未来，相信这个制度能承诺他们希望——"哪怕你出身贫寒，只要你努力工作，做好本职，那么你就能让自己过上体面的生活，而你的子女和他们的孩子也会过得越来越好"。

　　在父辈的言传身教下，米歇尔积极地接受并且认同政治制度，"我们学会了做自尊正派的人——努力工作远比挣钱多少重要，帮助别人比自己争先更有意义。我们学会了做诚实守信的人——

要讲究真相，不能妄图走捷径或耍小伎俩，以及公平争取来的成功才算数"。

美国《赫芬顿邮报》评价这场演讲："包含了个人情结与国家政策，可算是米歇尔迄今为止最为政治化的一次演说。"在我看来，米歇尔演讲的成功之处，不在于政治化，而恰恰在于还原了政治的本来目的，让人们明白政治不只是尔虞我诈的权力斗争，而应该是并且始终是关乎国民的良善生活，是为了让千千万万的个体能够过上有价值、有尊严的正派生活。

二

据说在完整版的电影里，最后一幕发生在鼎革之变后，已经荣升滋水县第一任县长的白孝文在群众集会上侃侃而谈，垂垂老矣的白嘉轩站在台下无声地咳嗽，在西北漫天的狂沙中，慢慢地弯下腰去。

我愿意把它视作一种隐喻。虽然孔子说"导之以德，齐之以礼，有耻且格"，但是当儒家的道德理想脱离了赖以依存的文化土壤和政治架构，"有耻且格"（羞耻心与正义感）便将面临皮之不存、毛将焉附的结局，因为在残酷的政治现实和强大的意识形态宣传攻势面前，再挺拔的脊梁都会以不自觉的方式弯曲。

1952 年，中国哲学史家冯友兰先生在清华大学做思想检查，几次下来，群众"反映很好"，但领导却认为他"问题严重""不老实交代"。逻辑学家金岳霖前去探望意志消沉的冯友兰，神情激动地对他说："芝生，你问题严重啊，你一定要好好检查，才能得到群众的谅解。"冯友兰喃喃自语："我问题严重，问题严重……"说罢，两位白发苍苍的老人相拥而泣，涕泗横流。下午时分，冯友兰继续做检查，这位曾经将人生境界划分为自然境界、功利境界、道德境界与天地境界的哲人刚一开口，就泣不成声，两个小时极其沉痛的自我剖析赢得全场多次掌声，终于顺利过关。

三

如果做个思想实验，把白嘉轩与米歇尔的父亲互换身份与处境，我相信前者的腰板依旧会挺拔，而后者多半会在群众大会上涕泗横流、泣不成声。

卢梭在《忏悔录》中写道："我发现，一切都从根本上与政治相联系；不管你怎样做，任何一国的人民都只能是他们政府的性质将他们造成的那样；因此，'什么是可能的最好的政府'这个大问题，在我看来，只是这样一个问题：什么样的政府性质能造就出最有道德、最开明、最聪慧，总之是最好的人民？"

虽然越来越多的人认识到制度与人心的关系，但与此同时，另一种声音也开始慢慢流行。之前曾在网上看到一句狠话："民主自由讲了这么多年屁用没有，要我也鄙视你们这帮讲民主的。"读罢不由心下一惊，原来，在某些没挤上车的人眼里，最该责怪的既非插队加塞的乘客，也非开黑车售假票的司机，而是那些试图重建秩序之人。

转念一想，也是，当希望一再落空，而现实又因为希望的若有若无越发难以忍受，会很自然地产生一种厌烦感和不耐烦，并且，这种情绪常常不是指向问题的制造者，而是指向希望的提供者。

这种论调虽不科学，但也并非完全不合情理，我猜想他们的心路历程是这样的：你们总是在口口声声地批评制度，可是制度的改变不仅遥遥无期而且根本不知从何入手，你们自己对此也心知肚明，但还是像老和尚念经一样没完没了，就好像只有你们高瞻远瞩，只有你们头脑清明不装睡，谁比谁差多少？够了，不要再向我们提供"虚假的希望"，我们已经受够了。

人们之所以会对某种表述感到厌烦，或者是因为它被重复多次以至有了审美疲劳，或者是因为它被教条地应用以至成了包治百病的万灵丹。但是，也许这个表述并没有打算包治百病，它在特定的语境下仍有其实质意义，也许有时候我们要抑制住审美疲劳反复重申之，因为问题还是那个老问题。

四

作为社会中的人，每个人都追求"在他者中的自我存在"，我们既可以从他者那里赢得"荣誉"，也可以从他者那里遭致"羞辱"。以色列政治哲学家马格利特（Avishai Margalit）说，虽然荣誉和羞辱在人类生活中都占据着核心位置，但是相比之下，消除令人痛苦的恶（羞辱）要远比创造让人愉悦的善（荣誉）更为紧迫。

　　对于分分秒秒生活在现代国家中的个体来说，最大的他者不是别人，就是那个无处不在并且自始至终影响甚至决定着我们生活远景和性格养成的政治制度。

　　所谓"正派社会"就是"制度上不羞辱所有人"的社会。对于一个民主社会，它的正派主要体现在"保护社会成员不受自由市场的羞辱"，比如"重视贫困、无家可归、剥削、恶劣工作环境、得不到教育和健康保障等"。而对于一个正在迈向或者宣称准备迈向民主的社会，它的正派还需要表现在保护社会成员不受肆意妄为、不被约束的政治权力的伤害。

　　我们曾经有过正派的人，他们堂堂正正，自尊正派，慎言笃行，有耻且格。但是，从"三纲五常"到"红五类""黑八类"……总有一部分甚至是大部分人被排除在外。

　　我们都是和时间赛跑的人，就像米歇尔所说："我也许没有机会实现梦想，但也许我的孩子们会有……也许我的孙子孙女们会有……"

当公共知识分子变成"公知"

一

晚年的爱因斯坦和晚年的罗素一样"不务正业",他品评时政、指点江山、四面出击,他写牛顿写开普勒写居里夫人写圣雄甘地,他探讨黑人问题犹太人问题,他反对核武器主张世界政府,当然,他也绝不会放过公共知识分子最爱谈论的那个话题——批判资本主义。

在 1949 年发表的文章《为什么是社会主义?》中,爱因斯坦抨击资本主义过度的竞争意识以及对掠夺性成功的顶礼膜拜,认为若想消除资本主义对个人的摧残,就必须用社会主义经济取而代之。这篇短文引来各种非议,根据美国法学家理查德·A.波斯纳(Richard A. Posner)在《公共知识分子——衰落之研究》中的说法,直到 1970 年仍有经济学家撰文痛批"该文质量低下"。波斯纳把爱因斯坦当成专业化时代里"既聪明又愚蠢"的学者典范：聪明自不待言，拜托，他可是爱因斯坦！至于愚蠢，波斯纳的意思是，即便伟大如爱因斯坦，对经济问题也可能不甚了了，一旦由于过度自信而贸然越界发言，往往就成了"砖家"而不是专家。

出于好奇，我搜到了那篇 1970 年发表的批判文章，标题是"Radical Economics in America: A 1970 Survey"。结果让人哑然，作者只用了短短三句话评论爱因斯坦，没有任何的文本分析，所谓的"质量低下"，更像是专业人士对非专业人士的傲慢指责以及根深蒂固的意识形态成见。反观爱因斯坦，虽然在《为什么是社会主义？》中天真地认为生产资料公有制有助于社会产品的公正分配，但是公允地说，他的越界发言远谈不上愚蠢，至少，他还不忘提醒人们注意："计划经济还不是社会主义。这种计划经济也可能同时带来对个人彻底的奴役。"

爱因斯坦是理论物理学的权威，也是公共知识分子。所谓公共知识分子，按波斯纳的说法，就是依托其智识资源，面向受过教育的广大社会公众，就涉及政治或意识形态维度的问题发表高见之人。由此看来，公共知识分子的本义就包含了越界发言，如果物理学家只准谈物理，经济学家只准谈经济，文学家只准谈风花雪月，那就无所谓公共知识分子这个群体。可见，越界本身不是问题，越界的方式、程度以及效果才是问题。

在所有越界发言的公共知识分子中，爱因斯坦的苏联同行、著名的物理学家安德烈·萨哈罗夫（Andrei Sakharov）最让人神往。1968 年，在"布拉格之春"的影响下，萨哈罗夫发表文章《关于进步、和平共处和思想自由的见解》，指出："在现代社会里，思想自由面临着三种威胁：一种来自蓄意制造的通俗文化麻醉剂，一种来自胆小、自私的庸俗的意识形态，第三种来自官僚独裁者的僵化的教条主义及它的得意武器——思想检查制度。因此，思想自由要求保护一切有思想的诚实的人。"

除了维护思想自由，这位苏联氢弹之父还热衷于反核运动，积极宣传绿色环保理念，抨击苏联入侵阿富汗。

1975 年，萨哈罗夫被授予诺贝尔和平奖，颁奖词中有这么一段描述："萨哈罗夫……对精神自由的勇敢捍卫，他的大公无私以及强烈的人道主义信念，使他成为一个人类良心的代言人。"

二

萨哈罗夫应该感到庆幸，不仅因为他生在苏联，还因为他的时代没有网络更没有微博，否则即使被授予诺贝尔和平奖，萨哈罗夫也难逃"公知"的帽子而被网络水军的唾沫彻底淹没。

从公共知识分子到"公知"，如果我的记忆没错，这个变化仅仅用了两年时间。两年之前，公共知识分子还是一个让人尊敬的头衔，代表了社会的良知、人格的力量和理性的声音；两年之后，公共知识分子就被缩写成了"公知"，与此同时，被缩水和矮化的还有他们的人格力量、道德操守以及知识水准。

在一篇广为流传的博文里，"公知"的形象被简化成几个漫画式的特征，比方说，"初级公知"需要熟练掌握的概念有七个：

自由、民主、人权、体制、宪政、选票和"普世价值";"中级公知"需要天天扫射专制、极权和暴政;而"高级公知"私下里要占尽体制内的所有便宜,但表面上要为普天下的老百姓做义务的代言人。此文的结论是:"不管是什么层次的公知,其目标都是一样的,那就是以最小的代价占据最多的公共资源。"

这篇博文的宗旨可以一言以蔽之为"破除迷信"!

什么叫作"迷信"?迷信就是"错误地相信某物是高贵的、超俗的,或者崇高的"。而破除迷信的方式就是把"看似高等的东西"还原成"低等事物的一个特例",具体来说,就是"在崇高中发现寻常,把神圣还原到平凡,或者证明高贵者并不值得尊敬"。

以"公知"为例,这篇博文试图传达的基本讯息是,你不是人类良心的代言人吗?错!你不过是沽名钓誉之徒,满嘴自由民主实则蝇营狗苟一心只想攫取公共资源。你不是理性声音的传播者吗?错!"公知"的门槛很低,只要你活学活用公知速成手册,任何人都可以轻而易举成为一个合格的"公知"。这是一种剥落金身、裸露泥胎的暴力解释法,其目的是制造某种"刻板印象",用漫画的方式去迎合并坐实大众预期的"事实真相"。

这通大棒虽然毫无章法可言,却也歪打正着地击中了一些要害,这种似是而非的准确性会让"被公知者"一方面有对号入座的忐忑和心虚,另一方面又有被污名化的愤懑与苦恼。

毋庸讳言,公共知识分子必须要为"公知"的污名化承担部分责任。专业分工的日趋精细,必然导致"知识的深度以牺牲其广度为代价"。由于缺乏足够的知识储备,又没有深入事实细节的耐心，让某些公共知识分子习惯于停留在价值和规范的表面进行抗议，久而久之，这种被掏空了实质内容的老生常谈就会堕落成陈词滥调。如果公共知识分子的道德义愤和同情方向仅仅是由他们的意识形态决定的，那么迟早有一天人们会发现，除了掌握"对"和"错"的语义差别，他们对这个世界其实一无所知。

值得深思的是，在公共知识分子变成"公知"的过程中，被冠以"公知"的多为自由派知识分子，而那些举着"公知"帽子四处乱扣的，则要么是非自由派要么是草根大众。如果仅从公共性的角度来看，某些"非公知"绝不比"公知"更少公共性；如果从自我赋予的使命和任务来看，某些"非公知"同样自认唯有自己才代表了客观、公正、理性与良知。

随着"公知"成为烫手山芋，这个名词已然成为没有任何指称功能、只具有骂战和污名化作用的伪概念：非自由派的骂自由派是"公知"，自由派的反骂非自由派是"公知"，自由派内部在互骂"公知"，非自由派内部也在互骂"公知"，草根则说你们全家都是"公知"……这场乱战至今尘埃未定，但是穿过硝烟弥漫的战场，我们已经隐然可见那个地基尚未打好就已成为废墟的公共空间。

三

数年前，媒体披露广州地铁员工家属免费坐地铁，当时的广州地铁负责人解释是为了"反恐需要"，有好事者为此重新诠释淮南王刘安的"鸡犬升天说"——"为了防止拉登发动恐怖袭击、撞击天庭，我特意实行'一人得道，鸡犬升天'制，在任何紧急情况下，都能及时帮助疏散与救援，这是一个安全上的举措，并不是专门把成仙作为福利"。

以上说法看似荒诞不经，但是换个角度想想，刘安们可是在煞费苦心地实践协商民主的核心理想：在公共问题上诉诸公共理由。

某种意义上，对"公知"的最大指控就是，明明是身处利益冲突时代的"刘安"，却要故作清高地扮演公共利益的守夜人。利益分析是一个有效的角度，但如果本着利益还原论的思路去解释一切现象，则未免太过粗疏而且错漏百出。

在公共问题上诉诸公共理由，是哲学家的理想，相比之下，更加现实的做法也许是，人们敢于为一己之私利充分地提供私人理由，而不必苦心谋划"所有人都能接受"的公共理由。就此而言，中国的问题恰恰不是利益分化得太过度，而是利益分化得还不够彻底、不够明白、不够公开，如果各种利益集团真的能够开诚布公地发表观点、选举代表，就政治权利和财富分配进行理性博弈，那么中国的公共空间和政治未来将会变得更好而不是更差。

在这个过程中，一定会有人假借公共利益的名义来混淆视听，一定会有人根据政治正确性站队并打压异己。而真正的公共知识分子，并不是像摩西一样订立"十诫"、带领众人走出埃及的先知，也不是"强化观众之预设、重申并满足观众复杂愿望"的媚俗者，而是"一次次地针对被视为不证自明的当然提出质疑，打碎人们的精神习惯、行为模式以及思维方式，驱散人们熟悉而接受的观念，重新审视规则和制度"的人。身处利益纷争的时代，公共知识分子不可避免地会被裹挟到利益的旋涡之中，但是，与此同时，他们有足够的意志和理性往后退一步，尝试着去质疑权威、大众的神话以及自我的公正。

　　常有人批评"公知"面目丑陋、言辞乏味，只知坐而论道不懂起而行事，所有这些批评古已有之，也常常击中要害。但是，另一方面，我总是这样认为，每个人的性情、认知、职业、思想背景各有不同，只要目标一致，不管是"公知"还是非"公知"，不管是公民还是草民，你喊号子我抢锤子，你拆地基我运垃圾，都是在推动社会向好，相煎何太急？

告诉我，你是怎样生活的

一

1934—1938 年，阿加莎·克里斯蒂每年都会陪伴丈夫马克斯前往叙利亚，在那里度过漫长且妙趣横生的考古季。除了兼任相片冲印师，为文物编制目录和粘贴标签，给当地部落长老的女人当赤脚医生，阿加莎每晚照例会坐在打字机前琢磨她的"whodunit"——侦探小说，这个生造的单词直译过来就是"who done (did) it？"（谁干了这件事？）。

作为"乡村别墅派"的鼻祖，阿加莎笔下的凶案大多发生在特定的封闭场所，虽然线索凌乱，但到结尾处，一定会被波罗先生串成一根首尾相连的珠链，到那时，所有的嫌疑人都会被召集到一个小屋里，在波罗先生抽丝剥茧的逻辑推理中，案情水落石出，凶手束手就擒……

1946 年，阿加莎把叙利亚的岁月写成了一本小书，取名《情牵叙利亚》。或许是职业习惯使然，尽管是本游记，阿加莎还是没有按捺住侦探小说女王的专业兴趣，偷运了一个"密室推理"的私货。更加好玩的是，这一次她不是在推理凶杀案，而是在拷问道德困境；追问的不是"who did it？"（谁干了这件事？），而是"what should I do？"（我应该怎么做？），以及"what should I be？"（我应该成为什么样的人？）。

二

在一个月黑风高的夜晚，阿加莎和她的朋友们促膝长谈。马克斯最先挑起话题——你在沙漠中踽踽独行，看见一个人倒在路旁，奄奄一息，试问："在没有目击者，没有舆论压力，没有人知道也没有谴责遇难不救的行为的情况下，我们中间有多少人会真正救助另一个人？"

"当然，每个人都会那么做的。"上校毫不犹豫地回答。

这个看似笃定的直觉反应，其实经不起反思的敲打。果不其然，马克斯立刻打断上校的话："不，一个人快要死了（你们一定知道，这儿的人并不把死看得多么严重），你正匆匆赶路，你有事情要做，你不能耽搁时间或自找麻烦；再说，这人与你非亲非故；如果你自顾自走你的路，也没有谁会知道。总之，事情与你无关；而且，说不定你刚离开，别的人就来了……你有这么多的理由，还会去救助他吗？"

马克斯的上述理由细细碎碎，绕来绕去，每一个看上去都软弱无力，堆砌在一起却有着惊人的说服力。常言道，三思而后行，其实最常发生的倒是三思而后不行。在"小悦悦事件"中，那18个见死不救的路人想必也经历过类似的推理活动，然后，他们就得出了与马克斯相同的疑问："你有这么多的理由，还会去救助他吗？"

之所以三思而后不行，是因为这些理由能成功地帮助当事人"解套"，比方说，在考察了所有情况之后，救人对我而言——甚至对他而言——并非最佳的理性选择；比方说，尽管这个道德困境很恼人，但是谢天谢地，它与我毫无关系。一旦当事人能把自己从困境中有效地"摘除"出去，自然也就免除了行动的责任和义务。

相比之下，马克斯的这个想法最具诱惑力——"如果你自顾自走你的路，也没有谁会知道"。柏拉图在《理想国》中讲过一个类似的寓言：一位名叫古格斯的牧羊人，机缘巧合得到一枚可以隐身的戒指，从此获得了不受惩罚的能力，他于是勾引王后，谋杀国王，窃取王位，做尽恶事。柏拉图借格劳孔之口问：假设现在有两枚古格斯的戒指，一枚戴在正义者的手上，一枚戴在不正义者的手上，他们会有不同的表现吗？格劳孔自问自答：不会！理由是不管一个人平日里如何循规蹈矩、奉公守法，一旦拥有不受外在惩罚和约束的能力，就一定会做他想做的事情，而不是做他应该做的事情。

如果我的行为可以免除一切外在的约束和惩罚，我为什么要做一个道德的人？这真是一个大问题！

三

当马克斯说完上述那番话后，所有人都陷入了沉默，阿加莎写道："大家都在精神上受到了震动……归根结底，问题在于，我们对自己的基本人性是否抱有足够的信心？"

经过长时间的天人交战，虽然各种小算盘还在噼里啪啦地乱打，基本的人性也开始复苏。

沉默良久，邦普斯说："我想，我会回去救他的……是的，回去救他。我可能继续往前走，走不多远，忽然感到羞愧，便又走回来了。"

上校同意这种说法。"正是如此，人们不会心安理得的。"他说。

"心安理得"是个很好的提示。其实，这个说法可以分而论之，虽然人类的合理化能力无远弗届，但有时候就是会出现"理得"但不"心安"的情况，这让我们不至于对道德和人性彻底失去信心。

可问题并没有真正得到解决，因为归根结底，心安与否只是个人的主观感受，不足以构成普遍有效的道德约束力。在《论语·阳货》中，宰我向孔子请教"三年之丧"是否必要。在宰我看来，三年太久，不仅无助于礼，反而可能导致礼崩乐坏，孔子对他的论证不置可否，只问他如果不守三年之丧，"女安乎？"熟料没心没肺的宰我回曰："安。"孔子无可奈何，只能说："女安则为之。"

为了解决这个难题，不少哲人试图把主观感受的良知上升为先天内在的原则。莱布尼茨说："道德知识就如同算术那样是先天内在的。"卢梭讲："在所有灵魂的深处……都存在有先天内在的正义原则和美德，根据它们……我们判断我们的行为以及他人的行为是对或是错。我称这样的原则为'良知'。"遗憾的是，迄今为止，关于良知的种种说法都只是"假设"，而非真实的"呈现"。即使当代的脑神经学家和道德学者有一天破解了"道德知识是否是先天具有的"这个难题，要想在规范伦理学的意义上，通过诉诸"良知"来解答"为什么要做一个道德的人？"仍然有相当漫长而曲折的路要走。

四

好在阿加莎的朋友们都比宰我有良心。在邦普斯表达了会出于良心不安而折返救人的观点之后，上校与马克斯纷纷表示认同。

阿加莎这样记述："马克斯说，他也会这样做，但是他不能确信自己乐于这样做。"如果亚里士多德读到这句话，一定会说，这是因为马克斯的德性培养仍有欠缺，所以才没有认识到乐于做的事情就是应该做的事情，应该做的事情就是乐于做的事情。孔子尝言："知之者不如好之者，好之者不如乐之者。"在这一点上，孔子和亚里士多德惊人的一致。

对于现代道德哲学来说，核心的问题是"我应该做什么？"；

对于古典的德性伦理学来说，核心的问题是"我应该成为什么样的人？"。前者聚焦行动的对错，后者关注品行的善恶以及"人应该如何生活"这件大事。

行动的对错当然也是大事。按照现代道德哲学的传统，道德上"对"的事情就是摆脱了一切个人偏好与倾向的事情，它很像自然科学的"中性"事实，要点在于"切断某一事情与实际情境（生活世界）的联系，使之获得独立的性格"。霍布斯以降的道德理论家大多相信，从"中性"的道德事实出发，严格遵守演绎推理的方法，最终确立"不容许争论，不可以反驳"的结论，从而为无休无止的道德分歧画上句号。

也正因为此，现代道德哲学的推理结构与侦探小说有着异曲同工之妙。范·达因推理小说二十法则第一条："必须明确、公正地将所有线索呈现给侦探与读者。"这一点之所以重要，是因为它不仅可以确保作者和读者处于一种公平竞争的环境，而且能够确保第十五条法则——"必须贯彻唯一的真相"。以罗尔斯的《正义论》为例，他对"原初状态"的基本特征做了 12 条具体详细的规定，这些条件不仅开诚布公地告知每一个参与思想实验的人，而且要求他们在严格遵守这些规定的前提下进行道德推理，唯其如此，才有可能确保人们对"正义二原则"达成全体一致的同意。

很难想象在真相大白的那一刻，波罗先生眨着邪恶的小眼睛告诉读者：对不起，你们当然猜不出"Who did it"，因为我悄悄隐藏了一条关键线索。也很难想象波罗先生满腹狐疑地告诉读者：

凶手可能是 A，也可能是 B，到底是 A 还是 B，就看你的世界观和价值观是什么！

除非，阿加莎不是在创作侦探小说，而是在思考伦理问题。

五

在那个月黑风高的夜晚，阿加莎和她的朋友们思考的正是伦理问题。是的，你没有看错，我在这里对"道德"和"伦理"做出了区分。如果说道德哲学特别是现代道德哲学关注的是"我应该做什么"，意在为所有社会确立一套普遍性的法则，那么伦理学，尤其是古典的德性伦理学强调的则是"我应该如何生活"以及"我应该成为什么样的人"，它更看重社会习俗、习惯，以及品格的养成。

维特根斯坦说："当一切有意义的科学问题已被回答的时候，人生的诸问题仍然没有触及。"我愿意接着维特根斯坦往下说：哪怕"我应该做什么"的道德问题已被回答，"我应该如何生活"的伦理问题也仍然没有真正地被触及。

作为侦探小说女王，阿加莎拥有无与伦比的逻辑推演能力，但是令人深思的是，在这场事关伦理生活的思考中，阿加莎没有任何科学主义的倾向，相反，在字里行间中，我们看出她对于更为古老的伦理学传统——德性伦理学的亲近之情。

英国哲学家伯纳德·威廉斯（Bernard Williams）说，探讨道德哲学的最佳起点是回到著名的苏格拉底问题："人应该如何生活？"有趣的是，阿加莎·克里斯蒂在为《情牵叙利亚》这本小书选择标题时，使用了异曲同工的一句话："来，告诉我你是怎样生活的？"

　　人应该如何生活？这个问题从来没有绝对正确的标准答案。伦理学家不负责对此提供真相，恰恰相反，他把这个问题抛回给每一个人，让你们告诉自己和别人：我是怎样生活的。当然，在给出回答的同时，还要记住阿加莎的提醒："时间、地点、原因都别落下。"

有所怀疑与有所不疑

一

"如果有人跟你说，你现在不是在教室里参加考试，而是在睡梦中梦见自己正在考试。你可以从哪些方面证明他是错的？试论证。"

这是一道发在新浪微博上的某高校"哲学导论"考题，虽然博主咬牙切齿地悲鸣："这道题真心做不来啊！能动手甩那人一耳光子吗？！"但是被狂转 5216 次的事实足以证明，这道考题深深触动了每个人与生俱来的怀疑主义神经：人生是否是一场大梦？外部世界真的存在吗？

如果你也真心做不来，千万别沮丧，因为古往今来没有一个哲学家在这道题上拿过满分。康德就曾经感叹说，人类理性至今无法完备地证明外部世界存在乃是"哲学和人类普遍理性的耻辱"。

　　"梦的论证"曾被无数哲学家提及，最著名的说法来自笛卡尔。在《第一哲学沉思集》中，笛卡尔说："没有任何可靠的迹象，使人能够将清醒与睡梦加以区别。"事实上，笛卡尔几乎把人世间的所有事情统统都怀疑了个遍，但是他并不是一个怀疑论者，怀疑对于笛卡尔而言只是一种方法，目的不是去证明外部世界不存在，而是通过怀疑一切可以怀疑的东西最终找到那个不可怀疑的、绝对确定的东西。

　　笛卡尔的那句名言"我思故我在"，更准确的说法应该是"我怀疑故我在"。因为，怀疑到最后，笛卡尔发现，只有"我怀疑"是不可怀疑的，因为对于我怀疑的怀疑仍旧还是怀疑，一个人可以不停地说"我怀疑我怀疑我怀疑我怀疑……"但是无论这个无穷后退如何进行，都还是落在"我怀疑"上。笛卡尔说，哪怕整个世界都是魔鬼制造的幻象，但是"我在怀疑"却是笃定无疑的。

　　你们或许已经发现，尽管笛卡尔找到了那个"绝对确定的东西"——我怀疑（我思），并由此得出"我怀疑故我在"，但他依旧没有证明外部世界的实在性。长话短说，笛卡尔最终还是诉诸全知全能全善的上帝才得以证明外部世界的实在性。当人类的理性束手无策时，哲学家就向上帝求助，这个现象在哲学史上屡见不鲜。就此而言，在论证外部世界存在这个考题上，笛卡尔同样没有拿满分。

　　我并不打算过多地介绍笛卡尔的理论，事实上，我想要引入的是维特根斯坦在《论确定性》中的一个观点：笛卡尔式的普遍怀疑在语法上是不成立的，因为有所怀疑必先有所不疑。

二

我们向来知道很多东西。我知道这是一双手，我知道我出生在浙江，我知道我是我妈妈的亲生儿子，我知道1994年张楚出了盘磁带叫《孤独的人是可耻的》，我知道科比总共拿了5次NBA的总冠军。这些都是我日常知道的东西，它们共同构成了我的生活世界。

但是，从"我知道情况是这样"并不必然地推出"情况是这样"。虽然我们在日常生活中常用"我知道"来表达"我不可能弄错"，但这往往只是在传达说话者的一种确信状态。因此，"说出'我知道'这种保证是不够的，因为我不可能弄错毕竟只是一种保证，而在那件事上我不可能弄错却需要在客观上加以证实"。

我们知道很多事情，可问题在于，当我说出"我知道P"的时候，我真的可以彻底排除所有使P为假的可能性吗？如果不能，是不是我就不能说自己拥有关于P的知识呢？

维特根斯坦以"我知道我有大脑"为例，反问道："我能怀疑它吗？因为没有怀疑的理由！一切事实都支持它，而没有一件事实可以反驳它。"可实情真的如此吗？习惯于自我反驳的维特根斯坦随即接道："然而这却是可能想象的，我的头骨在做手术时竟然被发现其中空无一物。"没错，虽然这种情况匪夷所思，但它仍旧是可以被想象的。

任何一个荒诞不经的命题都可以被设想出一个合情合理的语

境，同样地，任何一个看似确定无疑的命题也都是可以被无限质疑的。

然而，一切解释总有个尽头。让我们设想一下，我究竟是凭什么说"我知道我出生在浙江"的？

　　"我出生在浙江。"

　　"你怎么知道你出生在浙江？"

　　"因为我的户口簿上写着呢。"

　　"户口簿是有可能造假的！"

　　"因为我从小生活在浙江。"

　　"你只是在懂事之后生活在浙江，懂事之前你其实生活在新疆！"

　　"因为我妈告诉我的。"

　　"你妈为什么不可能欺骗你呢？"

我妈当然有可能欺骗我，但是在这个问题上，我妈欺骗我的概率微乎其微，换言之，即使它是一个备项，那也是不相关的备选项（irrelevant alternatives）。不过真正的麻烦在于，什么叫作"相关的"备选项？相关、不相关的标准到底在哪里？

看琼瑶阿姨的苦情戏时，每当遇到类似情节，观众会很自然地预期女主不是她妈亲生的，或者男主其实是女主失散多年的兄长，把洒狗血的剧情当成是相关的可选项乃是身为苦情戏粉丝的必备素质。

那是不是意味着一切的怀疑都是有意义的呢？

三

怀疑与辩解之间的不对称性在于，怀疑可以无穷无尽地进行下去，而辩解的理由却总有个尽头。所以，当一个人说我知道 P 的时候，问题的关键不在于他能否提供一个彻底排除所有使 P 为假的可能性的证明，而在于怀疑者"是否能够有意义地怀疑"。

我们玩大大小小不同的游戏。在足球比赛时对边裁的越位判罚有疑义，这属于经验性的怀疑；对越位是否应该引入足球比赛产生怀疑，这属于对游戏规则的怀疑；也许踢着踢着，你开始怀疑足球比赛本身，你想起传说中的韩复榘，此公看到 22 个人穿着短裤在场上追逐一个球感到大惑不解，于是决定每人发一球，如果你真的这么怀疑，并且也有能力让场上人脚一球，那么你已经颠覆了足球游戏，而在玩完全不同的另一个游戏。

我们通常不乱怀疑。"飞机在两点钟起飞，为了不出错再去查问一下。"在这个行动里，我们对时刻表或者飞机是否准点起飞有怀疑，但是对地勤人员的可靠性不怀疑。当然，你依然可以怀疑地勤人员，怀疑他会记错时间，怀疑他在配合航空公司说谎，甚至怀疑他就是一个外星人。当那些本来无须怀疑的东西变得可疑，我们的生活将由此变得寸步难行。

我们偶尔会对某些游戏进行整体性的怀疑，这一点儿也不奇怪。我遇到过这样的朋友，他们就是在怀疑足球运动本身的合理性。问题的关键在于，我们能否怀疑所有的游戏，就像笛卡尔所做的那样，怀疑一切可以怀疑的东西。对此，一个简单的回答是，当你在用"我怀疑"这样的表达式进行怀疑的时候，其实已经预设了某些游戏是无所怀疑的，比如你正在使用"怀疑"这样的语言概念。

"怀疑出现在信念之后。"维特根斯坦说，"当孩子学习语言时，他同时也学会什么应该和什么不应该去探究。"因为"我们首先把事物的稳定性当作规范，然后才可以对之做出改变"。因为"出现错误的条件是，一个人必须早已同人类做出一致的判断"。

我们总是有所不疑，然后才谈得上有所怀疑；总是有了正确的判断，才会有错误的判断；有了一致的判断，才会有不一致的判断。对世界的理解总是先"有"才"无"，先肯定才否定。所以维特根斯坦说，有"错了"，但没有"完全错了"。同样地，"一种怀疑一切的怀疑就不成其为怀疑"。

四

笛卡尔不是真正的怀疑主义者，他只是把怀疑作为方法，去寻找那不可怀疑的最终的根据，这是典型的基础主义思路——如果要避免追问无限进行下去，就必须找到一个非推论式的绝对可靠的信念，让这种无限后退戛然而止。维特根斯坦同样不是怀疑主义者，但是他的思路更接近于融贯论的想法，他相信任何一个

命题都可以从其他命题推导出来，但是没有哪个命题比其他命题
具有更多的确实性。

当一个人说"我知道这是一双手"的时候，他坚持的其实不
只是这一个命题，而是与之相关的一组命题，比如，地球已经存
在了很多年，人类社会延续了许多年，健全的人拥有双手双脚，
凡人终有一死，等等。这些命题构成我们生活实践的前提，是我
们认识、理解这个世界的脚手架，它们无法被更为基础的命题证
明，而是相互支持、彼此印证、首尾相衔，构成了理所当然且不
可动摇的"信念的库存"。

人生如此漫长，每个人都有可能会在某一时刻遭遇"连根拔
起"。维特根斯坦曾用各种说法刻画这样的时刻："把我抛出通
常轨道的事情""出现连最确实的东西都变得让我不能接受的证
据""至少让我抛弃我最基本的判断的证据"。但是另一方面，我
之所以如此心安理得地坐在书桌前写作，也正是因为我深深地确
信（尽管也许没有主观地意识到）这座房子不会爆炸，虽然我无
法彻底排除所有使之为假的可能性：例如，我既没有检查隔壁的
煤气管道是否漏气，也不知道楼下的住客是不是恐怖分子。

维特根斯坦说："即使在可能做出怀疑的时候，怀疑也不是
必要的。语言游戏的可能性并不依靠每件可被怀疑的事物受到怀
疑。"在该怀疑的时候怀疑，这句话既是废话，也是真理。初学
哲学的人往往热衷于不断地追问为什么，以为这才体现出哲学的
反思精神，殊不知，学会和懂得在应该停止怀疑的地方停止怀疑，
才真正体现出一个人的哲学素养。

　　维特根斯坦没有回答"外部世界是否存在"这个问题。对他来说，哲学问题不是通过证明被"解决"的，而是通过澄清概念的错误用法被"消解"的。虽然我认同这种哲学观，但是，与此同时，我也深知，哲学的困惑无法通过"这是假问题"就能轻易地打发。生与死，身心关系，幸福的定义，他人的心灵，外部世界存在吗……人类可爱的大脑不可避免地会去思考这些问题，通过对语法的深入分析和考察，也许可以部分地消解哲学的病症，但是治愈的过程极其漫长，而且时常复发。

　　因此，如果你正在怀疑自己是否在阅读这篇文章，请千万不要仓促地中止这个怀疑。叔本华说，间或地怀疑眼前的事物是否为真，是拥有哲学天赋的一个表征。虽然，它也许同时也是一种病。

"我知道"与"我相信"

一

　　1787 年，叶卡捷琳娜二世巡视刚被征服的克里米亚半岛，宠臣波将金为了取悦女皇陛下，在荒无人烟的第聂伯河沿岸搭起一座外观漂亮实则空空如也的村庄。形象工程这玩意儿对于统治者总是屡试不爽，叶卡捷琳娜二世也不例外，在兴致勃勃欣赏了一通盛世俄国的景象后，女皇心满意足地打道回府了。

　　显然，站在女皇的角度，她"知道"自己看到了村庄，可是站在波将金的角度，他知道她只是"自以为"看到了村庄，或者说，她只是"相信"自己看到了村庄。

　　知道与相信的差别一目了然。相信（信念）只是个人或者群体的一种心理状态和主观意向，而知道（知识）却必须冲破主观性的一己之窠臼，实现所谓的公共性和客观性。叶卡捷琳娜二世相信那是一座村庄，她相信就相信好了，波将金盼的就是这个结果，万万不会和她较真。叶卡捷琳娜二世"知道"那是一座村庄，则意味着她不仅相信那是一座村庄，而且那的确就是一座真的村庄。

这么说来，知识就等于"真的信念"喽？只要稍加思索，就会发现并非如此。试举一例：张三被指控杀人，假定他的确就是杀人犯，但是检察官没有确凿的证据证明这一事实，为了将张三绳之以法，检察官深文周纳，利用伪证让法官和陪审团相信张三就是杀人犯。面对此情此景，我们会说，法官和陪审团"相信"张三是一个杀人犯，因此他们拥有的是"真信念"，但是我们不会说法官和陪审团"知道"张三是一个杀人犯，因为当说"知道"的时候，所知的对象不仅要是一个"真信念"，而且还必须是"经过证明的"。

说知道与相信之间的区别主要在于有没有经过证明，这个说法对相信稍有不公。维特根斯坦说："如果某个人相信某件事情，我们不一定总能回答'他为什么相信这件事情'这个问题。"所谓"不一定总能回答"，潜台词是，有时候还是可以给出一些理由来的。

我相信上帝存在，我相信隔壁王家姑娘喜欢我，我相信今年我能入选德国的DAAD奖学金项目，凡此种种，多多少少都暗含一定的论证或者推理在里头。比方说，当有人问及为什么我相信今年我能入选DAAD奖学金项目时，我会掰着指头列举出一二三种理由来：我的德语成绩还不错，我与德国某大学有合作关系，德国今年经济情况良好，等等。

中世纪的神学家主张哲学是神学的婢女，但与此同时也认为信仰要寻求理性，所以他们一边信仰上帝，一边试图向非信徒提供上帝存在的各种证明。其中最背离常识的一个论证是"因为荒谬，所以相信"。你看，即便如此的非理性，在形式上还是要给出"因为……所以……"的推理结构。由此可见，在相信的系统里也会有论证的位置，只不过就相信而言，论证的对象主要是自己，所以论证的理由总是私人性的。说服别人通常很难，说服自己相对较易，特别是当你拥有一个很强的主观意愿时，会把各种不着边际的蛛丝马迹都当成证据，祈盼得救的信徒如此，相思成疾的单恋者亦如此。

人们通常不会像为难"我知道"那样为难"我相信"。我相信隔壁王家姑娘喜欢我，出于做人要厚道的原则，没准你会鼓励我继续往前冲；我相信人类将会永生，出于共同的美好祝愿，没准你会衷心希望我信以为真。但是如果我说，我知道人类会永生，我知道王家姑娘喜欢我，较真的人一定不会一笑了之，而是拽着我的胳膊要我给出一个有效的证明来。

二

知识就是"经过证明的真信念"。对于这个观点，柏拉图早在2300多年前就在《泰阿泰德篇》中借苏格拉底之口提出了。仍旧以叶卡捷琳娜二世为例，如果她真的知道那是村庄，苏格拉底会说，这个判断必须同时满足以下三个条件：

1. 村庄是真实的。

2. 叶卡捷琳娜二世相信那是村庄。

3. 叶卡捷琳娜二世之相信那是村庄是经过证明的。

这个所谓的"知识的三条件说"一直被视为知识的经典定义，直到 1963 年，36 岁的美国哲学教师埃德蒙·盖梯尔（Edmund Gettier）发表了《经过论证的真信念是知识吗》，情况才发生了变化。说来有趣，盖梯尔此前此后均未再发表论文，迫于学术考核的压力，在同事的谆谆劝导下，他漫不经心地写下这篇只有短短三页纸的论文，随随便便发表在一家不出名的南美洲西班牙语杂志上，稍后被转译成英文，结果一炮而红，一举成为 20 世纪最为重要的分析哲学文献之一。

在这篇短小精悍、只破不立的论文中，盖梯尔提出了两个反例用来质疑"知识的三条件说"，它们都是经过论证的真信念，但在直觉上，人们却不会称之为知识。

其中一个例子是这样的，假定史密斯有足够强的证据证明以下这个命题：

P$_1$：琼斯拥有一辆福特牌轿车。再假设史密斯有一个名叫布朗的朋友，此人常年做空中飞人，史密斯并不知道他的行踪。

基于 P$_1$，可以利用形式逻辑的析取式构建出另外三个命题：

P_2：或者琼斯拥有一辆福特牌轿车，或者布朗在波士顿。

P_3：或者琼斯拥有一辆福特牌轿车，或者布朗在巴塞罗那。

P_4：或者琼斯拥有一辆福特牌轿车，或者布朗在布列斯特—立托夫斯克。

了解逻辑常识的读者都知道，只要 P_1 为真，则不管布朗究竟身在何方，P_2、P_3 和 P_4 都为真。所以，如果史密斯知道 P_1，史密斯自然也就知道 P_2、P_3 和 P_4。

盖梯尔的诡计在于，现在让我们假设已知另外两个条件：第一，琼斯其实并不拥有一辆福特牌轿车，他一直租车在开；第二，布朗碰巧正在巴塞罗那，但史密斯对此一无所知。由此一来，虽然 P_1、P_2 与 P_4 这三个命题为假，但根据知识的三条件说，史密斯似乎仍旧拥有 P_3 的知识，因为：

1. P_3 为真。

2. 史密斯相信 P_3。

3. 史密斯相信 P_3 是经过论证的。

但是问题恰恰在于，根据常识，任何人都能轻易判定史密斯并不拥有 P_3 的知识。

盖梯尔论文的巧妙之处在于，读者仅用常识就可以判断这些例子绝非知识，但是它们却又能够通过经典的知识定义的检验，这充分显示出"知识的三条件说"存在问题——经过论证的真信念并不必然就是知识。

面对盖梯尔的挑战，哲学家古德曼（Nelson Goodman）主张修订经典的"知识的三条件说"，因为它没能清楚地界定信念的内容与信念之间的因果关系。

比如在上述例子中，当我们说史密斯知道 P_3："或者琼斯拥有一辆福特牌轿车，或者布朗在巴塞罗那"，使史密斯相信 P_3 的证明是"琼斯拥有一辆福特牌轿车"，但事实上，真正令 P_3 为真的证明却是"布朗在巴塞罗那"，这与史密斯相信 P_3 之间毫无因果联系。古德曼认为，只要在使得 P_3 为真的事实与史密斯之相信 P_3 之间建立起一种因果联系，盖梯尔的反驳就会迎刃而解，知识的经典定义中的漏洞也就得到了补足。

如果仍旧以叶卡捷琳娜二世为例，古德曼认为，知识的三条件说应该补充第四个条件，即"真实的村庄是叶卡捷琳娜二世相信存在村庄的原因"。

三

但问题在于，古德曼虽然在形式上避免了盖梯尔式的反例，可以成功地解释经验知识，却仍旧无法很好地解释数学、伦理学这些超出经验范围的知识。

以"不准滥杀无辜"为例，这是现代世界的绝大多数人深信不疑的道德律令。按照古德曼的因果知识论，这似乎意味着，我们之所以拥有"不准滥杀无辜"这一道德知识，乃是因为现代世界的大多数人都没有滥杀无辜这一经验性的事实。这个解释看起来颇有些奇怪。更加合理的解释也许是，因为我们拥有不准滥杀无辜的道德知识，所以现代世界的大多数人才没有去滥杀无辜。

可问题在于，我们是如何拥有不准滥杀无辜的道德知识的？道德知识在什么意义上是经过证明的？基督徒也许会说，这是上帝与摩西定下的十诫之一，所以具有绝对的道德约束力；康德主义者也许会说，这是人类的普遍理性所立下的道德法则；功利主义者也许会说，这是符合"最大多数人的最大多数幸福"的功利原则。科学知识强调证明手段的可重复性和公共性，但道德知识在这一点上却是莫衷一是甚至相互冲突。

对此，一个解决之道是，在道德领域中彻底放弃"我知道"这个说法，改用"我相信"，比如说，我相信不准滥杀无辜，我相信奴隶制是邪恶的。美国哲学家罗尔斯的确就把"奴隶制是邪恶的"这类判断称之为"深思熟虑的判断"，认为它们虽是人们进行道德反省的一个重要起点，但仅仅是暂时的确定之点，并非客观实在的道德事实。

在日常生活中，很多的"我知道"也是无法充分证明的。我知道我的心在痛，对此我给不出一个充分有效的外在证明，我也无法阐释心痛的生理学机制，但是我的的确确知道我的心在痛。

多数情况下，人们会省去"我知道"这三个字，直接说"这是"或"那是"——这是二环路，那是三元桥，这是公民在投票，那是政府在救市。对普通人来说，"我知道"更像是语气助词，人们用它强调自己不会犯错，但这既不真的意味着"我知道"后面跟的就是事实本身，也不意味着人们能够提供充分有效的证明。

普通人不关心也不在乎知识的定义究竟是什么，他们言之凿凿地使用"我知道"来下各种判断，虽然就像叶卡捷琳娜二世，很可能只是误将"我以为"与"我相信"当成了"我知道"。

好人与好公民

王小波早年在美国看过一部电影，片名叫作《好人先生》。主人公是个助人为乐的好人，短短两个小时的影片里，他忙得不亦乐乎，前前后后帮了 20 多个人。其中，最后一位寡妇的需求最惊悚，她把好人先生叫到家里，直截了当地告诉他："我要你每月到我这里来两次，每月第一个星期一和第三个星期一，晚上八点来，和我做爱。你要对我非常温柔——你不能穿现在穿的夹克衫，要穿西服打领带，还要洒香水。你在我这里洗澡，但是要自带毛巾和浴衣。"好人先生默默听完所有要求，吻了一下这个女士，说："到下个星期一还有三天。"起身走了。

影片的结局是这样的："好人先生从寡妇那里出来，开车到另一处做好事，半路上出了车祸，被卡车撞了，好人先生也就死了。"对于这样一个四六不靠的结局，王小波的总结是："好人总是没好报，这世界上一切好人电影都是这么结束的。"

我特别不能同意王小波的结论。虽然现实中的好人未必一生平安，但是好人终有好报却是底层人民长期坚持的小团圆理想。在经历了这么多没有道理可讲的辛酸人生后，再用一个没有任何逻辑的荒谬结局收场，真正是情何以堪！

说来也怪，每当谈起"好人"，我首先想起来的既不是对待同志像春天般温暖、对待敌人像严冬般无情的雷锋，也不是首都公交战线的模范售票员李素丽，而是《功夫皇帝方世玉》里的雷老虎。

好人先生雷老虎是一个不按常理出牌的人，在以力服人的武侠世界里，他偏偏相信"以德糊（服）人"！于是，我们常常看到他这边厢怒从心头起、恶向胆边生，那边厢打落牙齿往肚里吞，反复进行要以德服人的自我说服工作。雷老虎有着中国式好人的典型特征：他们德性无亏但能力有限，与人为善却吃尽苦头，不是奸人但也绝非能人强人，而就是地地道道的老好人。

二

"以德服人"并非中国式好人的专利，古希腊式的"好人"也追求"以德服人"，只是他们的形象要比雷老虎们阳刚隽永得多。

以斯巴达人和雅典人为例。

第二次希波战争期间，斯巴达国王列奥尼达率三百勇士驻守温泉关，与数以百倍计的波斯大军殊死抵抗，激战了三天三夜之后，三百勇士几乎全部阵亡，只有两人侥幸逃出生天，一个是因为害了眼病，一个是因为奉命外出。当他们返回斯巴达时，遭到了所有人的鄙视，其中一位的妻子质问他：别人都死了，你为什么不去死？最终，一个人选择了自杀，另一个则在随后的战役中牺牲。

雅典人也有属于他们自己的"德性"传说。公元前450年前后，伯里克利率领舰队在爱琴海上的一座岛屿附近抛下船锚，准备翌日清晨发起攻击。黄昏时分，伯里克利邀请副手们一同把酒畅谈，当年轻的侍从为其斟酒时，夕阳映在少年俊美的面庞上，伯里克利有感而发，引用诗人的文字形容他的脸上闪烁着"紫光"。身旁的将军表示不同意，引用另一个诗人的表述，把年轻的脸庞形容成玫瑰般的颜色。伯里克利反对他的看法，谈话就这么进行下去，每个人都援引一句适当的话来应答对方，仿佛战争的阴影从不存在。

初看上去，雅典人和斯巴达人追求的"德性"迥然不同：前者热爱美与自由，抓住一切机会努力去过智性生活；后者崇尚力度和体魄，任何时候不忘恪守铁血纪律。但是正如哲人所言，如此水火不容的两种德性理解，在最根本的意义上却分享着同样的古希腊精神——对"卓越"的不懈追求。

如果用一句话解释"卓越"，那就是"把事情做到极致"。斯巴达三百勇士的两位幸存者，雅典执政官伯里克利，虽然他们的具体表现有天壤之别，但在把事情做到极致这一点上，有着最为根本的一致性。

三

雷老虎与伯里克利的区别，归根结底在于对"德性"的理解不同。

"德性"的古希腊原文是"aretê"，经罗马人的转译成了"virtue"，但在英国学者基托（H. D. F. Kitto）看来，"virtue"这个译法过于强调道德，从而"丧失了所有的希腊风味"。

在古希腊文中，"aretê"的本意是指任何事物的天然特长、用处和功能。比方说，刀的功能是切割，马的功能是奔跑，船的功能是在水上行驶，钟表的功能是准确计时。一把刀削铁如泥，那就实现了刀之为刀的功能，一匹马日行千里，那就实现了马之为马的功能，因此也就拥有了"卓越"（aretê），成为一把"好刀"和一匹"好马"。

把"aretê"运用到人的身上，则会意味深长得多。古希腊人认为，一个实现了 aretê 的人，就是将"人所能有的所有方面的优点"都发展出来，这些优点包括道德、心智、肉体、实践，一句话，就是充分发展的人。

由此可见，如果说雷老虎只求在道德的意义上"以德服人"，那么古希腊式的好人追求的则是在道德、心智、肉体、实践全方位地"以德服人"。伯里克利正是这样的古希腊好人：当他率领雅典军士在前线英勇作战，当他与他的哲学老师阿那克萨戈拉探讨"nous"（心灵）的意义，当他在大战前夕与副手探讨形容词的准确用法，当他在阵亡将士公葬典礼上发表震古烁今的演说，可以说，伯里克利360度无死角地实现了人之为人的aretê。

伯里克利不仅实现了"卓越"，同时成就了"幸福"，因为古希腊人对"幸福"所下的古老定义正是"生命的力量在生活赋予的广阔空间中的卓异展现"。

说到卓越，还有一事值得一提。陈嘉映在《希腊精神》的序言中说，在古希腊，一个人是因为"卓越"而获得"荣誉"。古希腊人热切地渴求获得"荣誉"，他们对此从不扭捏。这与现代大众传媒时代的"名气"有着天壤之别。在雅典城邦的熟人共同体中，由于"卓越"而赢得的"荣誉"总是与人们的直接生活经验息息相关，人们目睹你在战场上勇敢杀敌，耳闻你在公民大会上慷慨陈词，熟知你的日常操守，所以"盛名之下，其实难副"的情况几乎不会出现。

借用现代经济学的术语，古希腊好人提供的信息是"检验品"，现代传媒社会中的名人提供的是"信用品"，后者的意思是，"你'听说过'某人，这一事实是你认为他值得一听的部分理由"。可问题在于，现代人往往是甚至永远是停留在"听说"过某人，你久仰的只是他的大名，而不是他的大作，更不是他的思想。这或许就是古典的荣誉和现代的名气的最大分别。

四

按照亚里士多德的观点，古希腊的好人同时也是好公民，但好公民不一定就是好人。

好人必然也是好公民，这是因为好人占有了"完美的卓越"（perfect excellence），所以他超越了时空的限制；但是好公民却不一定是好人，这是因为作为一种政治概念，好公民只与特定的政体相对应。

不同的政体造就不同的公民，这个道理一望便知。仍以斯巴达和雅典为例。斯巴达的公民从小被教导，话说得越少越好，想得越少越好，他们相信战争是人类最高尚的活动形式，战死疆场则是好公民此生最大的荣誉。与此相对，雅典的民主制则要求雅典公民依靠辩论和劝说来做出决定，培养他们思考、观察、理解、怀疑、质问每一件事的习惯和性格。

雅典的好公民与斯巴达的好公民看似相去甚远，但他们都分享了亚里士多德对于公民的本质定义：公民"是有权参加议事和审判职能的人"。这意味着他们不仅作为自由人服从法律和政治，而且作为自由人参与法律和政治。

与古希腊式的好人相比，中国式的好人不仅缺少智性和审美的魅力，更重要的是，他们与"公民"二字毫无关系。中国式的好人要么追求心灵的宁静，要么追求道德的完善，在他们的世界里，独独缺少政治参与的勇气和争取个体权利的视角。

把潜能发挥到极致，并最终成为你自己，古希腊的好人理想在今天依旧有着难以抵抗的吸引力。在现代政治的背景下，要想成为好人，就必须首先成为好公民，这意味着你不仅应该拥有自由主义的权利意识，还意味着你应当具备共和主义的政治参与意识，因为政治自由是获得心灵宁静的必由之路。

有人说，坏制度使好人变坏，好制度让坏人变好。但是问题在于，制度的改变绝非一朝一夕就能完成。悲观主义者的潜台词是，因为无法一劳永逸地改变制度，所以任何行动都是没有意义的。而乐观主义者的想法则是，正因为我们不相信一劳永逸的改变，所以才会相信点滴累进的力量，所以才会为不知何时到来的改变做准备。唯当中国式的好人拥有了这样的意识，才会成为真正意义上的好人与好公民。

合乎情理的不一致

某日上网搜索 Rawls（罗尔斯），没把谷歌拼音转换成英文输入法，跳出来的竟是"人啊听我说"！——这句式就仿佛是上帝在说话。

罗尔斯当然不是上帝，上帝在罗尔斯的正义理论中也不占据特殊的位置。不过，还真有人曾把罗尔斯比作上帝，此人正是凭借《公正：该如何做是好？》一书风靡全球的哈佛大学教授桑德尔（Michael Sandel）。

1975 年冬，哈佛大学研一新生桑德尔和朋友相约到西班牙南部度寒假，背包里塞了两本书：罗尔斯的《正义论》和诺齐克（Robert Nozick）的《无政府、国家与乌托邦》。熟悉当代政治哲学的人都晓得，这是当代自由主义的扛鼎之作。然而，无论是罗尔斯还是诺齐克都没有说服桑德尔，数年后当他开始撰写博士毕业论文时，假想的主要论敌正是罗尔斯。

按照一般的想法，两个论敌年龄相差三十多岁，资历与声望更有天壤之别，即使双方都有足够的雅量，也很难坐到一起谈笑风生。然而，让桑德尔感念不已的是，当罗尔斯得知他的论文主旨之后，不但毫不介意，而且主动打电话约请他共进午餐。在电话中，罗尔斯是这样自我介绍的："This is John Rawls, R-A-W-L-S..."时隔多年，桑德尔再次回忆起这个桥段，打了一个非常形象的比方："就好像是上帝亲自打电话邀请我共进午餐，而且拼读他的名字，生怕我不知道他是谁。"

和"上帝"共进午餐之后，该批评的还是要批评。1982年，桑德尔出版博士论文《自由主义与正义的局限》，一举成为社群主义的代表人物。再过14年，桑德尔出版《民主的不满》，将自由主义的特征总结为："个人权利的优先性、中立性的理想以及个人作为自由选择的、无负荷的自我的观念。"这三条特征无一不以罗尔斯作为批判的主要对象。

按照常识的想法，这回两个人可不得彻底闹崩了？不然。批评归批评，桑德尔对于罗尔斯的尊敬之情丝毫不减，而且还不是停留在"我不认同你的学术，但尊重你的人品"（老实说，这话怎么听都有些侮辱性），而就是对罗尔斯学术成就的赞许和推崇。2002年罗尔斯去世，桑德尔撰文纪念，将罗尔斯归入霍布斯、洛克、卢梭、马克思和穆勒等现代政治哲学巨人的万神殿，文章开门见山地写道："罗尔斯，美国最伟大的政治哲学家……"

也许有人会不解：为何桑德尔一方面矢志不移地批评罗尔斯，

另一方面又能如此盛赞罗尔斯？我以为,至少有三种可能的解释。

其一,学术论战有如拳击比赛,只有选择伟大的对手才有可能成就伟大的比赛。有人穷其一生苦苦"追杀"某一对手,咬牙切齿地想要将对手打翻在地然后再踏上一万只脚,却从未反躬自问一下,如果你的对手如此不堪,岂不恰恰印证出你这一生相当的无趣?

其二,选择了伟大的对手并不必然成就伟大的比赛,双方还需在智识上惺惺相惜,如果像维特根斯坦对着卡尔·波普尔(Karl Popper)挥舞拨火棍,或者像泰森一口咬掉霍利菲尔德的半只耳朵,再精彩的对决也将成为闹剧。一个有着自省精神和开放意识的哲学家不会轻易给对手判思想上的死刑,相反他会汲取论敌的长处,并发自内心地欣赏乃至叹服论敌的卓越,桑德尔无疑拥有这些美德。

其三,桑德尔与罗尔斯争论的是政治哲学,这意味着双方都绝无可能在思想上彻底战胜对手。认识到这一点非常之重要。以赛亚·伯林(Isaiah Berlin)说:"假如我们提出一个康德式的问题:'在哪种社会里,政治哲学(其中包含着这种讨论和争论)在原则上可能成立?'答案必然是,'只能在一个各种目标相互冲突的社会中'。"

二

伯林认为,目标之冲突不同于手段之冲突,在一个目标一致的社会里，原则上就只剩下最佳手段之争。

手段之争相对容易解决。一家人出门郊游，一旦确定了目的地是八达岭，根据"有效手段原则"，很容易对出行方式达成一致意见。张三计划留学德国攻读哲学学位，面临两个课程选择，一为"法语"，一为"德语"，根据"蕴含原则"，短期目标应该为长期目标服务，显然选择后者更加合理。再比如说，李四打算结婚成家，追求隔壁的姑娘当然要比追求迪丽热巴更靠谱，用脚指头想你也知道这里依据的是"较大可能原则"。

当目标确定之后，理性人很容易根据特殊的情境和信息做出相对一致的理性选择。相比之下，在一个目标相互冲突的社会里，人们注定会出现"合乎情理的不一致"（reasonable disagreement）。"合乎情理的不一致"不同于日常生活中经常遭遇的不一致，比如显而易见的逻辑错误、信息不充分或者不对称导致的意见分歧、刻意的装傻充愣以及胡搅蛮缠，凡此种种，皆可以被称之为"非理性的不一致"。

在微博兴起之前，最能体现"非理性的不一致"的场所非大专辩论赛莫属。与微博上的各种乱战类似，大专辩论赛虽然披着理性和逻辑的外衣，其实质却并非以求真为目的，而是为了辩论而辩论。辩手如同网民，以钻牛角尖为荣、以讲道理为耻，以抬杠为荣、以宽容为耻。在刀光剑影、唇枪舌剑的辩论赛上，如果某位辩手这么说："对方辩友说得很有道理，我深表赞同，但是我们是不是应该换一个角度想这个问题呢？"那么他注定是个 loser。相反，他一定要这么说："对方辩友顾左右而言他，我请对方辩友直接回答我的问题。""对方辩友完全是在偷换概念。"倘若没听清也不理解对方辩友的观点，还有最后一招可以用来绝处逢生："对方辩友刚才的这段话其实恰恰证明了我的观点！"我一直认为，在电光火石的辩论现场，这一招足以起到一剑封喉的效果，只要对方辩友稍一愣神，陷入"我怎么就证明了他的观点"的迷惘中，他就注定了失败的结局。

三

"非理性的不一致"虽然叫人心浮气躁，但它并不会困扰哲学家。对哲学家来说，更加深刻也更加迷人的不一致是"合乎情理的不一致"。因为它总是让我们忍不住去想："为什么我们真诚地、认真地想相互讲道理，然而我们却又无法达成一致？"

罗尔斯把造成这类困惑的根源称作"判断的负担"：

1. 关于一件事情的证据——包括经验的和科学的——乃是相互冲突的和复杂的，因而难以评估和评价。

2. 即使我们对所考虑的相关事情达成高度的一致，我们也会对它们的权重（weight）产生分歧，从而导致不同的结论。

3. 某种程度上，我们所有的概念（不仅仅是道德的和政治的概念）都是模糊不清和模棱两可的。

4. 我们评估证据和权衡道德价值与政治价值的方式，是由我们的（彼此非常不同的）总体经验所塑造的。

5. 通常，对一个问题的各个方面，人们思考的侧重点是非常不同的，而且很难做出一种全面的评价。

之所以不厌其烦地摘录"判断的负担"，是因为它有助于我们深刻地认识当代民主社会的两个根本事实："合乎情理的多元论事实"和"压迫性的事实"。前者告诉我们，在一个确保基本权利和自由的现代民主社会里，各种宗教、哲学和道德学说的多样性将会被鼓励和产生出来，并且在可预见的未来，将会永远存在下去。后者告诉我们，只有借助国家的压迫性权力，才能维持对特定全能教义（comprehensive doctrines）的持续忠诚。罗尔斯认为，这不仅会导致政府的罪行和不可避免的粗暴与残忍，而且还会败坏宗教、哲学和科学。

常有人因此误将自由主义的立场定位成价值怀疑主义、价值相对主义或者价值虚无主义，桑德尔亦不例外。但这完全是以讹传讹的误解。自由主义者悬搁道德真理，但不否定道德真理的存在。悬搁道德真理，不是因为它们不重要或者不相干，而恰恰是因为我们认识到它们太过重要并且没有在政治上实现它们的方式，所以才会要求哲学家们保持思想的节制，审慎地停留在"哲学上所说的表面"。

殷鉴不远，在 20 世纪，我们见过太多以真理和至善的名义犯下的人类罪行。自甘停留在"表面"之上，这个做法不仅与肤浅无关，反而恰恰体现出政治的成熟、道德的敏感、智识的诚实以及理性的精神。在科学领域，人们应该热烈地追求真理，尽力获得客观的知识，达成一致的意见，但在道德、宗教和哲学领域，人类却注定要背负"判断的负担"，并应该心怀坦荡地接受合乎情理的多元论事实。

虽然桑德尔与罗尔斯观点相左、立场各异，矢志不渝地与罗尔斯为敌，一口咬定自由主义是造成共同体萎缩、道德权威衰败的根源所在，但是，当他与罗尔斯把盏言欢，当他毫不吝啬地将"美国最伟大的政治哲学家"的头衔赠给罗尔斯时，还是让人看到了民主社会中最弥足珍贵的那些美德——"有自由讨论的习惯，有肯与他人调和的性格，有在真理面前自甘让步的气量，有据理力争而不伤和气的胸襟"。

正义与运气

一

在这个阅后即焚、读后即删的网络时代，重提罗炼多少有些不合时宜。

从 2008 年 9 月 14 日至今（即 2012 年），网民的注意力早已经历了无数次的聚焦又散焦，远的不谈，年初的方韩大战一鼓作气再鼓不衰三鼓不竭，朝鲜发完国殇发卫星……我真的不知道还有多少人仍然记得罗炼这个名字，又有多少人还在牵挂他的命运。但是于我而言，在过去的四年里，这个普通得不能再普通的名字却一而再再而三地不断闪回我的脑海，原因无他，不是每个人都是韩寒、方舟子，但在最根本的意义上，我们每一个人都是罗炼。

还是让我们简单回顾一下这个已经被沉入马里亚纳海沟的名字，看看在他身上究竟发生了什么：2003 年，19 岁的罗炼放弃高考，从湖南农村来到广东打工，先后做过保安、油漆工，跑过太阳能和房地产生意,这个爱好作文喜读庄子的年轻人一事无成。五年过后,也就是 2008 年 9 月 14 日,中秋节的当晚,罗炼在月饼盒里留下一张手写字条后,悄然出走,从此下落不明。

那张字条是这样写的:"终生役役而不见成功,苶然疲役而不知所向,讳穷不免,求通不得,无以树业,无以养亲,不亦悲乎!人谓之不死,奚益!"翻译成白话文,大意是:"一辈子忙忙碌碌却没有事业上的成功和建树,疲惫不堪地工作却找不到努力的方向,心里很希望摆脱穷困的境地却无法做到,想要谋求显达出人头地也做不到,无法成就自己的事业,也无法赡养自己的亲人,这难道不是悲哀的事情吗?人们都说这种人不死,活在世上有什么用处!"

这段话虽然化自《庄子·齐物论》,但我相信,多数中文系的本科毕业生一辈子也写不出这样的字句。如果没有写下这段话,罗炼的故事甚至不会出现在都市晚报的社会新闻上,但是有了这段话,就连惜时如金的湖南卫视也把镜头对准过他。

我们不禁要问,在罗炼短暂的 24 年人生里,是谁让他痛感"终生役役而不见成功,苶然疲役而不知所向"?他应该怨谁?这个社会与这个时代到底亏欠他什么?

二

人之一生有各种偶然。

你出生在中国西南某山区的农村家庭,作为"留守儿童",

念完小学就辍学，辗转东南沿海做打工者，这是所谓"社会的偶然性"。

你从小天赋异禀，身高2米26，能跑能跳，不仅篮球智商过人，而且聪明幽默出口成章，这是所谓"自然的偶然性"。

你高考前五天开始发奋图强，押宝式地为自己列了20道数学题，结果题题命中，金榜题名，是为"幸运的偶然性"。

就像每个人都有独一无二的掌纹，每个人的一生也有着无法复刻的轨迹，这些轨迹或深或浅，有的与你主观努力相关，更多则受各种偶然性的摆布与左右。古典学家努斯鲍姆（Martha Nussbaum）说："人类繁荣很容易受到运气的影响，这是后亚里士多德古希腊哲学从未怀疑过的一个核心主题。"庄子也讲："知其不可奈何而安之若命，德之至也。"

世人常说，命运无常、造化弄人，但是严格说来，"命"和"运"是相反的一对概念，前者隐含了既定的秩序与必然的法则，后者意味着任意性与偶然性。不过从人类幸福的角度出发，无论是"命"还是"运"，都意味着人类的无能为力，正如一位哲人所言："不论宇宙的发展是预先决定的，还是混乱无序地展开的，发生在我们身上的事情——包括我们的幸福——都是我们无法控制的。"既然无法控制，不如两手一摊，把自己交付出去，所谓"得之我幸，失之我命"，这也正是多数中国人的人生哲学。

凤凰网曾经发起过一项"征集中国人的信仰"的大调查，其中的一个问题是："在工作与生活遇到转折甚至挫折的时候，你曾经做过哪些事情？"62.4%的人选择向朋友诉说，34.5%的人默默祷告，13.6% 的人拜佛，10.5% 的人参考星座 / 血型 / 生肖学说，剩下的人找算命先生和心理医生。

在上述答案里，除了"朋友"与"心理医生"实实在在，其余选项尽是一些信则灵、不信则不灵的物事。虽然已是 21 世纪，中国人乐天知命的劲儿，直追古人。

耐人寻味的是，在这个调查中，还有一个问题是关于"正义"的。在被问及"什么是你自己一直坚持的生活信条？"时，在多达 63,707 个有效样本中，有 57.3% 的人选择"正义"[这一数字仅比"真诚"（59.4%）略低]。当问及"哪些信条和精神品质最让你纠结以及很难做到？"时，58% 的人选择"正义"。与此同时，81.7% 人认为，"我们这个时代最缺乏的精神"是"正义"。

这三个数据放在一起，告诉我们至少两个道理：首先，一个普遍缺乏正义的社会，会让多数人——哪怕是那些自认坚信正义者的人——无法做正义之人和行正义之事。其次，尽管时间已经步入 21 世纪，但是每当遭遇生活不幸和人生挫折时，人们似乎从未想过追求公道和正义，而是仍旧到制度之外和生活之上寻找慰藉。

正义与运气是一对相互依存的共生概念。在发轫于古希腊的理性主义伦理思想中，一种至为深刻的信念恰恰在于："人类的很多不必要的痛苦是可以通过一个正义的政治秩序来加以克服的。"也就是说，除了求神拜佛，人们还可以"借助理性的力量使人类摆脱命运的左右，过上良善的生活"。

三

何谓一个正义的政治秩序？在《理想国》中，柏拉图借苏格拉底之口这样回答：正义就是每个人在城邦里执行一种最适合他天性的职务。当生意人、辅助者和护国者在城邦里各做各的事而不相互干扰时，便有了正义。

如果用八字箴言来概括以上观点，也即"各归其位，各司其职"。这个让现代人有些费解的正义观念与古希腊的一个特殊概念"ergon"密切相关，我们不妨将之译为"功能"。柏拉图相信"任何东西都有一种特有的功能，某个工作或者只有它能做，或者它做得比其他更好"。所以，唯当每个人都了解自己的"功能"是什么，尽心尽力做好它，不僭越不出格，这个社会才是正义和稳定的。

"功能"一词与传统儒家的"名分"观念颇为近似。正是基于这些观念，传统的政治共同体才能打通良善生活和正义，确保伦理生活和政治秩序的稳定和团结。然而，无论是儒家的名分还是柏拉图的功能，在现代性的背景下都充满了道德上的任意性与偶然性。

当柏拉图说"正义就是只做自己的事而不兼做别人的事"，他也就在生意人、辅助者和护国者之间划下了一道"永恒固定的界限"。但问题在于，这种"各归其位，各司其职"既非个体的选择，也没有制度确保社会的流动性以使每个人都能充分地发展天性，而是通过讲述那个荒诞的"金银铜铁"的故事实现的。

换言之，谁更适合统治，谁更适合被统治，在柏拉图这里不是一个事实问题，而是一个教化问题。所谓"金银铜铁"的故事，无非就是"龙生龙、凤生凤、老鼠的孩子会打洞"的高级版本。柏拉图承认这个故事过于荒诞，但是他相信，哪怕第一代人不会接受它，只要坚持把这个故事讲下去，经过口耳相传、世代延续，终有一天，人们会心悦诚服地信奉这个"高贵的谎言"。

由此可见，柏拉图并不打算纠正运气对个体人生的左右，而是把偶然性伪装成必然性，《理想国》的正义观不仅是刚性的，而且是任意的。但是，一个真正正义的社会，就必须要尽可能地"排除"社会偶然性和"减少"自然偶然性的任意影响，为每一个公民充分发展和完美实践各自的理性人生计划提供必要的社会基础。

以罗炼的自然禀赋，终其一生，即使把他的天赋发展到极致，或许也无法成就王弼和郭象这样的事业，但是在一个为其提供公平的教育机会和社会基本善品的社会，罗炼完全有可能摆脱社会偶然性的影响，最后成为一个合格的文字工作者或者中学语文教师。

无论正义女神如何纠正命运女神，都不可能为个体提供"从摇篮到坟墓"的幸福人生。正义的社会只在制度上尽可能排除从道德观点看是任意的因素的不恰当影响，确保每个人都能够获得"自尊的社会基础"，一旦完成这个目标，社会就不再对任何人有所亏欠。

二姐罗娟是罗炼最亲密的人，罗炼失踪之后，二姐说道："他的书都在我那里，很枯燥的，看不太懂。他也写过很多想法和计划、兴致勃勃的规划，但是都没实现。"

这些没有实现的想法和计划，有多少应该归咎于时运不济，又有多少应该由这个公平正义比太阳还要光辉的社会来帮他完成呢？

给平等最后一次机会

一

北大 36 楼前有一座雕像，乍看起来像是一头海狮在顶球，定睛细看，却是字母 D 和 S 的组合，取意五四运动的德（Democracy）、赛（Science）二先生。毋庸讳言，回首百年中国的启蒙运动史，德先生与赛先生都发挥过不小的影响力。但是若以严冷的目光审视这一百年的颠簸历史，却不得不承认，最大地激发中国人的想象力，同时也是最深刻地改变了中国政治现实的启蒙价值，不是民主，不是科学，也不是自由、博爱、人权或理性，而是平等。

对于平等的梦想，中国人从不陌生。远的不说，1924 年 4 月 4 日，孙中山在广东第一女子师范学校发表演讲，阐释何谓"三民主义"："民族主义是对外国人争平等的，不许外国人欺负中国人；民权主义是对本国人争平等的，不许有军阀官僚的特别阶级，要全国男女的政治地位一律平等；民生主义是对贫富争平等的，不许全国男女有大富人和大穷人的分别，要人人都能够做事，人人都有饭吃。这就是三民主义的大意。"显然，所谓三民主义，无论是对外人争平等的民族主义，对本国人争平等的民权主义，还是对贫富争平等的民生主义，归根结底，其核心诉求都是"平等"。

乔治·奥威尔一语道破天机："将普通人吸引到社会主义、使他们愿意为之献身的'社会主义的魔力'，就是平等的思想。"孙中山倾心平等，自然也就亲近社会主义，这一思想倾向让他在向西方求援时一再碰壁，并最终转向苏联。1924 年 1 月，国共第一次合作期间，百花齐放的五四文化逐渐被大一统的革命文化取代。方此之时，两党的意识形态可谓同源同出、难分轩轾，都强调反帝爱国、平民主义以及劳工神圣。国共两党都从列宁主义那里汲取了思想资源和组织资源，只是共产党更强调了列宁主义的高端概念——阶级斗争。

什么是阶级斗争？用列宁的话说，就是"一部分人反对另一部分人的斗争，无权的、被压迫的和劳动的群众反对特权的压迫者和寄生虫的斗争，雇工或无产者反对有产者或资产阶级的斗争"。"九一八"事变和"七七"事变之后，左翼文化扛起"抗日救亡"的大旗，从此占据了两个道德的制高点：反帝爱国主义和平等主义。就此而言，李泽厚的"救亡压倒启蒙"只说对了一半，因为救亡（民族解放和独立）虽然压倒了自由、民主和科学，但并没有压倒平等，而是与平等携手并进，成为推动中国革命的两个车轮。

二

平等为何有此魔力？要想了解这一点，不妨看看下面这个
场景：

> 1848 年法国六月起义当晚，巴黎街头的枪声不绝于耳。
> 一墙之隔内，某位贵族的家宴仍在按部就班地准备，只是人
> 心早已乱了。年轻的男佣边做晚饭边说："这个星期天，吃
> 童子鸡鸡翅的该是我们了。"年轻的女佣则满怀憧憬地应和：
> "穿美丽的丝绸连衣裙的也该是我们了。"

这段对话如此不加掩饰，让一旁的贵族老爷不寒而栗。骚乱
平息的次日，这两位佣人——托克维尔称之为"那个野心勃勃的
男孩和那个虚荣心旺盛的女孩"——就被主人遣送回家了。

野心勃勃和虚荣心旺盛当然都不是好词，然而真正的问题在
于，是谁规定只有贵族老爷有资格吃童子鸡鸡翅，贵族太太有资
格穿丝绸连衣裙？又是谁规定了穷人的贫困是天意使然，而不是
制度造成的道德任意后果？

作为《论美国的民主》的作者，托克维尔支持民主但不热爱
民主。之所以对民主半心半意，是因为托克维尔看出民主意味着
社会的平等状态，意味着"最大限度地发展人心中的嫉妒情感"，
这让他难免心存疑虑。托克维尔对于社会主义更是戒慎恐惧，在
他眼中，社会主义理论的问题在于，无论它是主张摧毁财产的不

平等制度，还是主张破除教育的不平等，或是要求消除男女的不平等，都意在"以贪婪而嫉妒的精神向民众渗透，在民众中间撒播未来革命的种子"。

"贪婪"和"嫉妒"这两个词带有太强的贵族偏见和个人情绪，不如以"平等"取而代之。就此而言，托克维尔的确揭示出了一个历史真相——平等的梦想从来都是发动革命的原动力。

三

1946 年 10 月，陈伯达发表《中国四大家族》。彼时正值国民党大举进攻解放区、声称要在三个月内消灭共产党之际，尽管国共两军实力对比悬殊，但是恰如邵燕祥所言，陈伯达这本小册子已然在政治上给国民党判了死刑，因为四大家族的横空出世意味着国民党对平等价值的背叛，背叛平等意味着失去未来。

三年倏忽而过，兵强马壮的国民党果然穷途末路，一败涂地。又过六十年，在中华人民共和国的国庆献礼大片《建国大业》中，中华民国的老蒋对小蒋说了句痛心疾首的经典台词："反腐败亡党，不反腐败亡国。"

有人主张，今日中国的各种乱象，上至道德真空下至社会不公，都是自由市场和资本主义惹的祸。这个诊断真的成立吗？

托尼·朱特在《沉疴遍地》中指出："资本主义不是一个政治制度；它是一种经济生活方式，在实践上可以和各种各样的政体相结合，比如皮诺切特统治下的智利的右派独裁，比如瑞典的社会民主主义君主制，以及美国的富豪统治的共和国，等等。很显然，在各种结合过程中，资本主义本身所具有的优点和缺点会得到不同程度的放大或缩小。"

在朱特看来，资本主义经济并不一定在自由条件下才是最繁荣的。如果这个判断属实，接下来的问题就是，在非自由条件下得到极大繁荣的资本主义到底是好的资本主义，还是坏的资本主义？一个显而易见的事实是，这样的资本主义既与自由主义无关，也与民主法治无关，更与福利国家无关。同样显而易见的事实是，在这种环境下所培育的贪婪、怯懦与冷漠的国民性格也与自由民主无关。

四

我曾经在课上给学生列举出八个政治价值，请他们投票选出心中之最。意料之外的是，"平等"仅得了一票；意料之中的是，在讨论"平等"的内涵时，争议最多也最激烈。

虽然采样有限，但我相信，这个结果反映出国人面对平等时的复杂心态：平等价值虽然已经失去了昔日的光环，但仍在深刻地搅扰着当代中国人的深层心理。

罗纳德·德沃金（Ronald Dworkin）认为，任何一种具有可信度的现代政治理论都分享着同样一种根本价值——平等。即使是效益主义、自由意志主义以及社群主义，也都主张政府应该平等地对待其公民，也即"每个公民都有获得平等关照和平等尊重的权利"，它们之间的差别只在于如何进一步地诠释这个抽象的平等理念。

重提平等价值，绝不是在贬低自由、民主和法治等价值，更不是主张重塑平等的神话。某种意义上，正是因为看到了平等在过去一百年里的巨大破坏力，我们才必须严肃对待平等这个价值。任何一个国家都必须牢记朱特的警告："极端不平等的社会也是不稳定的社会。不平等会引起内部分裂，而且，迟早会引起内部斗争，其结果往往是不民主的。"

有朋友不久前去欧洲采访，遇见来自埃及的朋友。她问，你们为什么会爆发革命，答曰："因为我们已经没有什么可以失去的了！"到了无物可失的时候才改变，这是政治的悲剧，在有物可失的时候主动去改变，这需要政治的智慧。

辑

叁

你要成为那堆火，渴望着风

最近陪女儿打羽毛球，深感这是一个技术活儿，每个球都要喂得恰到好处，而且态度必须积极向上，要随时送上鼓励和肯定，比如"好球！"或者"真棒！"。每当此时，我都会一边痛恨自己的"丧权辱国"，一边想起 J. K. 西蒙斯（J. K. Simmons）在《爆裂鼓手》中说的台词——"再没有哪两个词比 good job 更有害了"。

西蒙斯饰演的是一位魔鬼指挥家，为了激发出学生的最大潜能，经常在排练场上破口大骂，不惜砸碎学生最后一点自尊心。作为教师兼家长，我坚决反对这种高压教育的做法，但是另一方面，我始终觉得这句台词并非没有道理。年轻人渴望得到来自"重要的他者"的承认，这会给他们带来安全感和自信心，可是如果承认来得过于轻易，很可能会适得其反，因为"过度保护"培养出"娇惯的心灵"。

为什么越保护越脆弱？是什么样的教育导致了孩子们的认知扭曲？这是乔纳森·海特和格雷格·卢金诺夫（Greg Lukianoff）

在《娇惯的心灵："钢铁"是怎么没有炼成的？》（以下简称《娇惯的心灵》）一书中最初的问题意识。海特是我特别欣赏的一位美国心理学家，他的前两本著作《象与骑象人》和《正义之心》都是从小处入手、大处着眼，借助于大量的实证数据和案例，从道德心理学出发去审视更为宏大的社会政治议题。这本书也不例外，看似在探讨互联网世代的脆弱心理，实则是在分析美国校园的抵制文化以及愈演愈烈的政治两极化现象。

值得一提的是，这本书的原标题是《娇惯的美国心灵》，中译本删去"美国"二字，或许是在暗示这是"环球同此凉热"的共同难题。当然，我们万不可被"娇惯"一词误导了思路，无论在美国还是在中国，今天的孩子都不再是传说中的"小皇帝"，从小到大，他们承受着巨大的压力，大多数孩子并没有一个轻松的、随心所欲的童年。也正因为此，在海特和卢金诺夫看来，问题首先出在家长、老师和学校管理者这里，是他们在教育过程中陷入到不自觉的谬误里，让年轻人养成扭曲的思考方式，进而变得脆弱、焦虑以及更易受伤害。

具体说来，存在三种正在广为传播的错误观念：第一，脆弱人设的谬误：凡是伤害，只会让你更脆弱；第二，情感推理的谬误：永远相信你的感觉；第三，"我们 vs 他们"的谬误：生活是好人和恶人之间的战斗。

以"脆弱人设的谬误"为例，虽然地球人都知道"温室里的花朵"是一个贬义词，但是为人父母者却常常忘了这个常识，只要孩子远离视线、脱离保护，就会忍不住地开始胡思乱想，哪怕理性告诉你，发生坏事情的概率微乎其微，还是会不由自主地设想最坏的可能性。作者相信，正是这种保护孩子的"良好意图"与夸大危险系数的"错误观念"，导致了孩子的脆弱心理。

　　更严重的问题在于，在过去的半个世纪里，"安全"这个概念悄然发生了"概念渗透"，从"身体的安全"演变成"情感的安全"。作者指出，在 20 世纪后半叶的美国，安全通常指的是身体的安全，要求汽车必须配备儿童专用座椅，移除一切可能造成意外伤害的危险源。

　　可是在进入 21 世纪之后，安全的内涵与外延却从身体拓展到了情感。2014 年，欧柏林学院向本校教职员发布指导章程，要求在与学生交流时，教授应该使用这名学生所认同的性别代词（例如，对那些不想被称之为"he"或者"she"的学生，就要用"zhe"或者"they"），否则就会"在课堂上有损甚或危及学生的安全"。显然，这里出现了不恰当的概念渗透，校方错误地将安全与情绪混为一谈，进一步地，在评估创伤时把受害者的主观体验变成了关键标准。虽然这些举措有助于保护少数群体和弱势群体的尊严，但是另一方面却不恰当地强化了受害者心理。

　　与"情感推理的谬误"直接相关的是"微侵犯"概念。所谓微侵犯，指的是那些微弱的或隐蔽的侵犯举动，比如，"发生在日常生活中，简单且随意的口头或环境上的侮辱，可以是故意的，也可以是无意的"。正如书中所言，一旦将"无意的"蔑视列入微侵犯的概念，完全基于听者之感受来定义何为蔑视，就会鼓动听者以最大的恶意去揣度他人。从这个角度出发，哪怕说者无心，听者也会格外在意。试举几例，当有人说"这是一个充满机会的国度"时，听者完全可能把它理解成一种嘲讽：莫非我是一个浪费了所有机会的失败者？再比如说"这份工作应该给最有资格的人"，这难道不是在赤裸裸地否定我的能力，伤害我的自信吗？

美国政治学家马克·里拉（Mark Lilla）举过一个类似的例子："课堂上的对话过去是这样的：我的想法是 A，我的论据如下。如今换成了这样的说法：以 A 的身份发言，你的想法 B 让我感到被冒犯了。"显然，前一种对话模式让人们聚焦理性与逻辑，通过提交更好的论证来说服对方、理解彼此，而后一种对话模式则把身份作为标准，把重点放在情感的伤害与冒犯之上。

当身体的伤害蜕变成情感的冒犯，当说话者的主观意图让位于听者的心理影响，就会导致书中所说的"怀着恨意的自我保护"心理模式。调查显示，2017 年，有 58% 的美国大学生认为，"要融入大学这个社群，对我来说重要的是，我不能接触到那些冒犯或触犯到我的观念"。海特与卢金诺夫对此深感不安，他们认为，一些学生易燃易爆炸，动辄抵制某些讲者的观点，或者公开羞辱他们，"而真要说出来原因，也就是某些芝麻绿豆大的小事，即他们认为没有照顾到自己脆弱的心灵——因此伤害了正在呼吁示众的学生，甚或是伤及这些学生所代表的团体"。

发生"概念渗透"的词汇除了"安全"还有"暴力"。海特与卢金诺夫指出，在安全主义的文化还没到来时，"暴力"一词就是指身体的暴力，但现在却被用来指代一切冒犯性的言论，"无论何种言行，只要有人将之理解为'对社群弱势成员造成负面影响'，不管其本意如何，都可以被称作'仇恨言论'"。按照"言辞即暴力"的逻辑，仇恨言论就是暴力，因此最正当的反应方式就是以暴易暴。

"我们 vs 他们"的认知谬误一旦植入心灵，就会编码成为这样的认知图式："生活是在好人和恶人之间的战斗"。2020 年的美国大选让无数朋友割袍断交，对于大选结果信者恒信之，不信者恒不信之，归根结底都是这种认知谬误惹的祸。

芝加哥大学前校长汉娜·格雷（Hanna Gray）曾经指出："教育，就其本意而言，不是要让学生感到舒适；它意在教会学生如何思考。"我特别认同这个观点，因为在观念和思想上冒犯学生而非取悦学生，才是大学教育的应有之道。

当"娇惯的心灵"变成"封闭的心灵"，怎么办？

针对前文提到的三大认知谬误，海特与卢金诺夫提出了三条心理学原则：第一，时刻应对挑战（而不是消灭或回避任何"感觉不安全"的人和事）；第二，将自己从认知扭曲中解放出来（而不是总相信最初的感受）；第三，更善意地理解他人，发现现实生活中的复杂（而不是基于简单的"我们 vs 他们"的道德图谱，以最坏的恶意揣测他人）。

一定会有人说，这些原则既卑之无甚高论又没有可操作性，到底有什么实际的帮助呢？对此，我的回答是，所谓常识就是那些人们了然于胸但又常常熟视无睹的道理，心理学家帮助我们了解这些认知上的盲点与误区，但是他们并非先知和巫医，无法开出药到病除的灵丹妙药，所有的改变都不可能一蹴而就，尤其是认知扭曲导致的心理疾患，只能通过点滴累进的日常努力才能逐步地改善之。

或许是为了回答上述质疑，作者在这本书的末尾附上了一个"认知行为疗法指南"，列举了17种扭曲思考的类别，包括以己度人、小题大做、过度概括、二元对立、想当然、苛责自身以及责怪他人等条目。其中，责怪他人的定义是这样的："将他人视为你负面情绪的根源，拒绝担负起改变自我的责任。'我现在心情这么糟糕，都要怪他'或者'父母造成了我所有的问题'。"

昨天打球的时候，女儿对我发出灵魂拷问："我发的球，为什么你总是接不住，你发的球，我都能接到？"我顿了一顿，告诉她说："那是因为你发的球很差，我喂的球很好。"

"你要成为那堆火，渴望着风。"

就是这样。

他的文字注定会在这个时代落地生根

1996年，我去上陈嘉映老师的哲学课。

陈嘉映的授课方式迥异于我遇到过的所有哲学老师，他从不照本宣科，不从大词到大词，最讨厌引经据典、用各种"主义"来为哲学分类，而喜欢对日常的概念做最细致入微的辨析。

作为《存在与时间》和《哲学研究》的译者，陈嘉映曾经在课上专题讨论过海德格尔与维特根斯坦这两位20世纪的大哲，但更多时候，他喜欢把自己感兴趣的哲学问题带到课堂上，比如"大"与"小"的分别，"事实"与"事情"的异同。

2018年春，我请陈老师到人大讲课，他仍在做类似的区分，比如"经验"与"经受"，"观察"与"体验"。

陈嘉映的哲学讨论现场有一种奇异而迷人的效果。他讲的哲学不晦涩、很带感，让人觉得有迹可循，虽然有些弯弯绕绕，但是你能明确意识到，他在一点一点地引领着你，在草蛇灰线中进行思想侦探。

我以为这才是哲学课堂应有的效果，它不会让你产生醍醐灌顶、洞彻人生的感觉，而是似有所得又若有所失。

陈嘉映曾说："我最希望读到的，是通俗的语言表达高深的思想，最不喜欢的，是用高深的语言表达浅俗的想法。"这句话不仅代表了他对专业哲学写作一贯的拒斥态度，而且还潜藏着他的基本哲学信念："自然理解才是本然的，因此也是最深厚的理解"。

不要小看这个说法，由此出发，可以引申出对一切以科学理论为模板所建立的近现代哲学理论的反对。为什么今天的哲学不应该按照自然科学的方式提问和回答？简而言之，陈嘉映认为，古代哲学希望找到世界的本质结构，这个冲动最终借由数学语言重新定义各种基本概念得以实现。

在陈嘉映看来，这将导致两个影响深远的后果：一方面，数学作为真正通用的语言可以为人类建构普适理论；另一方面，数学的普遍性来自量的外在性，这虽然可以确保推理的有效性，但却以丧失直观和感性为代价。从此，科学世界与常识世界便渐行渐远。

陈嘉映相信，事到如今，"以经验反省为核心建立整体解释理论"的雄心已经由科学继承下来，哲学则必须放弃理论化的冲动，安心从事古代哲学遗留的另一项任务——"以概念考察为核心的经验反省"。

你也许会问，这样的哲学能给我们带来什么呢？陈嘉映会说，由于自然语言凝结着自然理解，因此是与周遭事物打成一片的"领会"和"感悟"，其中包含着心领神会的洞察、依托于常识常情的同情，以及来自历史深处的移情，盘桓于此地的哲学考察既不是"让一切如其所是"，也不是为了"增加我们对世界的了解"，而是"改变我们对世界的理解"，并最终"加深我们对世界的理解"。

陈嘉映的运思风格非常的维特根斯坦，但他的问题意识却很海德格尔。因为后者曾经断言"科学不思想"——这绝不是在否定科学的重要性，而只是在告诉世人，"即使一切可能的科学问题都已得到解答，人生问题也还完全未被触及"。对了，后一句是维特根斯坦在《逻辑哲学论》中说的。

在这个意义上，我们不妨冒险地认为，在思想的最深处，维特根斯坦与海德格尔是相通的，而陈嘉映与他们也是相通的。

最近十年，陈嘉映开始涉足道德哲学和政治哲学，但是万法归宗，在我看来，他对于当代道德哲学核心论题的讨论都与此前的讨论直接相关。

比方说，陈嘉映认为，道德说理与科学论证不同，它是一种"多方面的印证"，它依托于歧义丛生但意蕴丰厚的自然语言，驻留在我们的日常理解和周边环境，其目的不是为了"强迫我们即使不理解也必须接受之，而就是要让我们理解"。

陈嘉映在《哲学·科学·常识》开头第一句就说："我有很多困惑，很多问题。"首当其冲的是，"思想对生活有什么意义？"对此，我愿意做一个大胆的判断，对他来说，最显白的问题是，在科学一往无前取得全面胜利的今天，哲学何为？他最隐秘的焦虑，则是那个古老的"苏格拉底问题"——"人应该如何生活？"

注意，此处的主语不是"抽象的人"或者"普遍的人"，而就是一个个背负不同的传统资源或羁绊、植根在特定语境和脉络中的"具体的人"。

由此，一个很自然的推论就是"苏格拉底问题"没有答案！倘若世间真有答案，我相信在陈嘉映那里也不会驻留，他更愿意采纳"基于各种特殊经验的、深深浅浅的理解"；借用《何为良好生活》的副标题，就是"行之于途而应于心"。

我曾跟陈嘉映半开玩笑地说，只有正义是可能的，良好生活才是可能的。当然，这个判断是从常人视角出发的，对于心性卓越之士，纵然周遭一片狼藉，他依旧能凭借一己之力悠游于时代之上。

我特别钟爱《从感觉开始》中的一句话："我们的确要从感觉开始。要是对所探讨的没有感觉，说来说去不都成了耳旁风？"正因为有感而发，正因为始终盘桓在自然理解这一"本然的同时也是最深厚的理解"，所以陈嘉映的哲学言说注定不会风流云散，而是在这个时代落地生根。

你永远都无法说服一个执意犯傻的人

　　珠穆朗玛峰有多高，道德歧见的高墙就有多高。也许每个人在心底里都曾有过类似的叹息：你永远都无法说服一个执意犯傻的人。

　　面对道德纷争的扰攘不定，对比科学理论正以不可阻挡之势获得大一统的解释，道德哲学家难免有"情何以堪"的沮丧。正因为此，自霍布斯以降，无论康德、穆勒还是罗尔斯，道德哲学家的基本冲动都是以科学为模型去建立"道德科学"，为无休无止的道德分歧画上一个句号，因为以道德科学的名义，如此产生的结论将会是——"不容许争论，不可以反驳"（霍布斯言）。

　　对于近现代道德哲学的自我定位和期许，陈嘉映有着极深的质疑。事实上，不独是道德哲学，对于整个近代哲学的基本取向，陈嘉映都不甚赞同，因其旨在以科学为模型替世界提供整体图画或者整体结构，用陈嘉映最为推崇的哲学家维特根斯坦的话来说，这简直就是一场灾难："哲学家们经常看重自然科学的方法，并且不可抗拒地试图按照自然科学的方式提出问题和回答问题。这种倾向是形而上学的真正根源，它使得哲学家们陷入绝境。"

为什么哲学不应当按照自然科学的方式提问和回答？就最一般的意义而言，哲学与科学都以论证的方式进行穷理，但问题在于，时移世易，此论证已非彼论证。

说到论证，瑞·蒙克（Ray Monk）在《维特根斯坦传：天才之为责任》中讲过一则逸闻：罗素批评维特根斯坦，认为他不应该只是说出想法，而应该为之提供论证，维特根斯坦回答说，论证会玷污思想的美丽。对此，陈嘉映在《说理》一书中这样评述："我相信，在这段对话里，罗素和维特根斯坦两人都把论证理解得过于狭窄了。论证并不一定都采用'因为所以'的模式。我们用多种多样的方式来论证……"

这"多种多样的论证方式"被陈嘉映细分为"说理—论证""证实"（摆出了充分的事实）与"证明"（通过数理演算），而"因为所以"的模式特别地要被划归到"证实"和"证明"之列。

这一分殊绝非陈嘉映的"想当然尔"，而是奠立在他对于哲学—科学两千多年发展演变的判断上，《哲学·科学·常识》一书对此有非常翔实且令人信服的分析。

简而言之，陈嘉映认为，古代哲学希望找到世界的本质结构，这个冲动最终借由数学语言重新定义各种基本概念而得以实现。数学的普遍性来自量的外在性，虽然可以确保长程推理的有效性，却会不可避免地造成一正一负两个结果：正面的结果是得以建构普适理论，负面的结果则是以丧失直观和感性为代价。

科学革命之后，哲学与科学之间的脐带逐渐断裂，当代哲学因为固守自然语言和自然概念，已不敷承担寻找世界本质结构之重任，所以必须放弃理论化的冲动，安心于古代哲学遗留的另一项任务——"以概念考察为核心的经验反省"。按照陈嘉映的观点，这个变化反映在论证的层面上，就是哲学之为穷理活动只可能以"说理—论证"而非"证实"与"证明"的方式展开。

"说理—论证"最显著的特点包括：第一，它"从来不是从自明之事推论出原不知晓的结论"，哲学家"从来有所主张，并为他的主张提供论证"；第二，不同于数理演算意义上的"证明"，"说理—论证"不提供必然性，因此也达不到康德所希冀的那种普遍性；第三，相比"证实"总是"要求尽可能从特定语境中脱离开来"，找到"中性的"事实，"说理—论证"并不妄图寻找摆脱一切特定语境的事实，因为"事实在情境中说话"。

迄今为止，陈嘉映尚未就道德—伦理问题做过系统阐释，但是基于论理活动的内在要求，以上对于"广义上的论证"尤其是"说理—论证"所做的辨析，足以传达出他在道德—伦理问题上的基本立场。

事实上，就散见在各类专著和文章的论述而言，陈嘉映对于当代伦理学的核心论题——比如，道德事实是否存在，"是"与"应当"的断裂，普遍主义与特殊主义之争，历史维度对于道德哲学的影响等——均有非常独到而深入的论点，且与当代主流的英美道德哲学形成鲜明的反差。而万法归宗，上述论题的展开都可追溯到他对道德"说理—论证"的剖析上。

在说理—论证内部，陈嘉映特别区分"强势理性主义的论证理论"与"申辩式说理"，前者旨在"从智性上使对方臣服"，因为它们把科学领域中的论证设为论证的标准，过于信赖事实与逻辑的力量。但是恰如陈嘉映所指出的，在道德—政治问题上，我们实难通过单纯的说理—论证去改变他们深厚的看法，因为"说理并不是演算的一种残缺样式，仿佛说理一旦完善，所有的分歧都会消失"。

相比之下，"申辩式说理"不主动出击，更不力求改变对方的立场，它是消极防御型的，"为自己提供一种解释，为自己的理解，为自己的生活方式，提供辩护"。《说理》中有一句话很好地概括了陈嘉映的基本论点："科学旨在求得唯一真理，科学中的论证是积极论证。离开科学论证越远，越接近人生问题，申辩性越突出。人生没有唯一真理这回事。"

由此，道德说理就不是"线性推论"，它不是从一些不言自明的前提出发，借由长程保真的逻辑换算和推理，最终推论出确定无疑的知识。恰恰相反，道德说理是一种"多方面的印证"，它依托于歧义丛生但意蕴丰厚的自然语言，盘桓在我们的日常理解和周边环境，其目的不是为了"强迫我们即使不理解也必须接受之，而就是要让我们理解"。

"说理—论证"构成了陈嘉映道德—伦理思考的核心，这一基本思路可以举一反三地运用到其他论题上。限于篇幅，仅以普遍主义与特殊主义之争为例。如前所述，传统哲学有一种向科学发展的冲动——寻找"作为共相的公式"和"机制"，但是陈嘉映认为，政治道德领域中即便存在普遍性，也不是公式或机制意义上的普遍性，而是镶嵌在我们对万事万物的理解中的普遍性。

有一段时间，国内学界就民主的普适性与特殊性争论不休，在陈嘉映看来，学习民主制与民主制是不是普适的没有关系，因为不存在一个对所有国家都相同的民主制的本质，毋宁说学习民主制乃是一个翻译的过程，这是一个"典范性"的思路而不是"本质主义"的思路。

从典范学习而不是从本质学习，这意味着：第一，你总是连着那个具体的人、事、国家去学习；第二，你并不想把你变成他，哪怕给你这个机会你也不想；第三，你不一定事事不如人，他这一处比你强，这一处你去学习，仅此而已。

基于此，陈嘉映的结论是，在政治、道德领域中，试图寻找作为公式的普遍性是注定失败的努力方向，我们找不到那种"共同"的东西，而是在寻求那种"共通"的可能。

在当代道德哲学家中，陈嘉映在性情趣向上离伯纳德·威廉斯最近，距罗尔斯最远。在陈嘉映心目中，好的哲学思考必须一方面与活泼泼的个人生活体悟发生直接关联，另一方面又能够展现独到而又有启发的概念转换。而好的道德／政治哲学除了要展现精细的概念分析能力，更重要的是具备深厚的历史知识和洞若观烛的历史眼光。学识、见地、态度，三者缺一不可。

我一直认为，陈嘉映最隐秘的焦虑仍旧是那个古老的苏格拉底问题："人应该如何生活？"这个问题如果真有答案，我相信在陈嘉映那里也一定不是定于一尊的客观知识，而是基于各种特殊经验的、深深浅浅的理解，因为"申辩者天然站在生态多样性一边，说理不是为了求取一致，而是求取多样性之间的相互理解"。

把正义还给人民

评阿马蒂亚·森《正义的理念》

　　阿马蒂亚·森不是专业哲学家，但是每次森发言，哲学家们都竖着耳朵在认真听。2009 年森再次向哲学界投出了一颗重磅炸弹——厚达 500 页的《正义的理念》（*The Idea of Justice*），并在伦敦政治经济学院、哈佛大学和牛津大学等学术重镇展开巡回演讲，所到之处群贤毕至，少长咸集，尽享学术超级巨星之殊荣，以至时任牛津大学校长彭定康（Christopher Francis Patten）在致欢迎辞时连声感慨：前无古人、盛况空前！

　　有趣的是，当印度时代周刊的记者问他："这是不是你迄今为止野心最大的著作？"森却顾左右而言他，发了通知识分子自大虚荣、普通人让他受益匪浅之类的议论。还是书介者不吝溢美之词，希拉里·普特南（Hilary Putnam）在该书封底处直言，这是"自罗尔斯在 1971 年发表《正义论》（*A Theory of Justice*）以来这个领域最为重要的著作"。

　　普特南的评价是否言过其实暂且不论，不过挑出罗尔斯做参照却是再适合不过。罗伯特·诺齐克早有先见之明，称 1971 之后政治哲学就再也绕不过罗尔斯，无论支持或是反对，总之你得对着罗尔斯说点什么。森也不例外。单看这本书的标题《正义的理念》，其与《正义论》的关系就已经呼之欲出。

　　用"理念"（idea）替代"理论"（theory），阿马蒂亚·森意在颠覆罗尔斯森罗万象的理论大厦，这种颠覆不同于约翰·格雷（John Gray）和雷蒙德·高斯（Raymond Geuss）[1]，他们虽然笔触辛辣、针针见血，但破坏性大于建设性——高斯甚至坦言，作为批评者，自己没有任何义务提供备案作为替补。森的基本立场虽与格雷、高斯相差不远，都认为在罗尔斯的影响下当代政治哲学主流逐渐沦为学院派知识分子自娱自乐的智力游戏，著述者们醉心于精巧复杂的概念建构和微言大义的文本研究，对于现实政治却毫无影响，但是森显然要比格雷他们更加具有建设性，《正义的理念》不仅致力于在实践效果上改变现实中的不正义，同时也力图在学理层面上确立一种无论是立场还是宗旨都迥异于罗尔斯的正义路径。

1　John Gray, *Straw Dog: Thoughts on Humans and Other Animals*, London: Granta Books, 2002; Raymond Geuss, *Philosophy and Real Politics*, Princeton, N.J.: Princeton University Press, 2008. 这两位作者都在书中对以罗尔斯为代表的当代英美政治哲学进行了激烈的批评。

一、完美的正义世界 vs 现实的不正义

阿马蒂亚·森引用《孤星血泪》中的小主人公皮普的话作为开篇："孩子在自己的小天地里，体会最深切、感受最灵敏的，莫过于遭受不正义（injustice）了。"森不仅深以为然，而且笔锋一转，指出成年人对于遭受的明显不正义其实也同样的刻骨铭心。他以攻占巴士底狱的巴黎平民、挑战日不落帝国权威的圣雄甘地以及马丁·路德·金为例，认为这些人都不是旨在建立一个彻底完美的正义世界，而是尽其所能地消除显而易见的不公不义。[1]

森区分了思考正义的三个层面：消除不正义，促进正义，以及追求完美的正义世界。在他看来，在欧洲启蒙运动传统中，有很多人念念不忘寻找和确认"完美正义的本质"，常常轻视甚至遗忘了前两个层面，森把这些人的思想称作"先验制度主义"，代表人物包括霍布斯、洛克、卢梭、康德以及罗尔斯。与此相对，另一些人如斯密、孔多塞、边沁、马克思还有穆勒更加关注促进正义尤其是消除不正义的事业，森称之为"比较的进路"。先验制度主义以制度安排为中心，把自己限定在对于完美正义社会的先验研究之上；比较进路则以实践为中心，关注的是已经存在或者可能会出现的社会之间的比较。（第5—8页）森自认属于第二种阵营。

---

[1]　Amartya Sen, *The Idea of Justice*, Cambridge, MA: The Belknap Press of Harvard University Press, 2009, p.1. 此后所有关于该书的引文都不再另加注脚，而是直接在引文后加页码标明。

毋庸讳言，这是一个在学理上稍显粗糙的分类，姑且不论洛克、康德、马克思这些哲学史人物能否被如此简单地排队站位，单以罗尔斯为例，但凡对其理论多少有些了解的人都知道，终其一生，罗尔斯从未声称追求所谓的"完美的正义制度"。

罗尔斯在《正义论》中区分正义的概念（the concept of justice）与正义的观念（conceptions of justice）。正义的概念具有高度抽象的形式化限制，包括"不做任意区分"（no arbitrary distinctions）以及"恰当平衡"（proper balance）。至于具体什么样的区分是任意的或者非任意的，什么样的平衡是恰当的或者是不恰当的，不同历史、文化、传统可以给出不同的正义观念。换言之，对罗尔斯来说，作为概念的正义具有普适性，而作为观念的正义则允许多元化。[1]罗尔斯的理论目标始终落在观念层面而非概念层面上，这一点从《正义论》的书名是 *A Theory of Justice*（一种正义理论）而不是 *The Theory of Justice* 即可见一斑。[2]

此外，"正义二原则"也不是通过先验演绎的方法推论出来的，罗尔斯曾经明确指出："就其可能性而言，我们希望从原初状态开始的论证是一种演绎推理的论证"，可是实际进行的论证不可能达到这个标准，无知之幕背后的立约各方"所一致赞成的正义原则不是从原初状态的条件中推演出来的：它们是从一份既

1　John Rawls, *A Theory of Justice*, Cambridge, MA:The Belknap Press of Harvard University Press, 1971, p.5.
2　关于这个问题的详细讨论请参见拙文《反思的均衡与普遍的道德语法》，收录于《教化：道德观念研究》，华东师范大学出版社，2009 年。

定清单中被选择出来的"。[1] 也就是说，正义二原则并非先验演绎的后果，而恰恰是通过比较西方政治哲学史上现有的正义理论清单的结果。

由此可见，比较合理的结论是，罗尔斯并不属于先验制度主义者而是比较制度主义者，他关注的也不是"完美的正义世界"，而是如何在一个良序社会里更好地提升正义，这也正是罗尔斯在《作为公平的正义》中把政治哲学之目标定为"现实主义乌托邦"的缘由所在。

"先验制度主义"与"比较的进路"的区分或许是《正义的理念》中最引人注目同时也最有争议的一个立论。[2] 2009 年 11 月 19—20 日森访问牛津大学时，四位评议人中有三位都对这个区分提出了强有力的挑战。但是在我看来，过多纠缠于这个问题并没有太大的意义。首先，文本解释存在分歧是一件再自然不过的事情；其次，森对罗尔斯进路的根本不满在于，"以制度为中心"的正义理论无助于我们消除现实的不正义和提升现实的正义，

1　John Rawls, *A Theory of Justice*, 1971, p.123. 同样的表述可参见罗尔斯《作为公平的正义》："所一致赞成的正义原则就不是从原初状态的条件中推演出来的——它们是从一份既定清单中被选择出来的。原初状态是一种选择机制——它操作的对象是一个我们熟知的正义观念的家族，而这个正义观念的家族是在我们的政治传统中发现的，或是由这种政治哲学传统形成的。"（罗尔斯，《作为公平的正义》，姚大志译，上海三联书店，2002，第 135 页。）

2　公允地说，森并非没有意识到罗尔斯的复杂性，但是森坚持认为：第一，包括罗尔斯在内的先验制度主义者们都不是"混合理论"的主张者；第二，即便某些先验制度主义者（如罗尔斯）在具体推论过程中部分采纳了比较的方法，那也是碰巧使用了这一方法，不是其理论的内在要求。（Sen, *The Idea of Justice*, 2009, pp.16, 67, 97.）

而这也正是森在 1979 年提出"可行能力进路"正义观的初始动
机——"正义不能对人们能够真实过上的生活无动于衷"。

二、制度正义 vs 个体正义

森若要在《正义的理念》中成功建立起一条迥异于罗尔斯的
正义思考进路，就必须正面回应如下几个质疑：第一，"制度正义"
是否必然无助于消除现实的不正义（以及提升正义）？第二，虽
然根除不正义（以及提升正义）比起建构正义的制度在时间上更
紧迫、在认知上更明确、在动机上更充分，但这是否意味着在任
何语境下，消除不正义（以及提升正义）都比建构正义制度具有
压倒性的重要性？

在逻辑上，森并不认为建构正义的制度与消除现实的不正义
（以及提升正义）之间存在着相互排斥的关系，恰恰相反，森坦
承"选择恰当的制度在提升正义的事业中占据非常重要的位置"。
（第 xii 页）森反对"以制度为中心"的正义理论的理由毋宁在于，
仅有制度是不够的，这是因为"你无法通过你拥有什么制度来判
断这个系统是否成功，你必须要看这个制度是如何运作的，而这
是建立在人们的行为与行动之上的"。[1]

众所周知，罗尔斯在《正义论》开篇就说"正义是社会制度

---

1   Neelima Mahajan-Bansal and Udit Misra, "There Is No Such Thing as Perfect
    Justice," in *Forbes India Magazine*, 28 August, 2009.

的第一美德"，这一名言常常误导批评者们轻率认定个体的正义（或不正义）完全不在罗尔斯的视野之内。但是，如果我们细查罗尔斯的整体思路便会发现，个体正义的论题其实一直内置在制度正义的设计之中。罗尔斯指出，在一个实现了正义二原则的政治社会中，人们不仅"能够发展他们的道德能力，并成为一个由自由和平等公民组成的社会之完全的合作成员"，而且政治社会也能够发挥"教育公民的公共功能，这种功能使公民拥有一种自由和平等的自我观念；当其被适当调整的时候，它鼓励人们具有乐观主义的态度，对自己的未来充满信心……"[1]

森也许会反驳说，这只能表明罗尔斯重视制度对于个体行为的规范性力量，却仍旧无法证明他的正义理论有助于消除现实的不正义，比如，普遍的贫穷与饥荒，高比例的文盲，极端的不平等，暴政之下极端的不自由，实质机会的缺乏……

事实上，也正是因为森自幼目睹以印度为代表的第三世界国家的各种冷酷现实，才使得他坚定地认为，既然最触动人们的不是距离完美的正义还有多遥远，而是我们身边那些清晰可见的、亟待根除的不正义，那么很显然诊断和消除不正义就是思考正义的合理起点，进一步地，这也应当成为思考正义的合理终点。

比较森和罗尔斯的问题感，不难发现二者存在着极大的差别：罗尔斯的《正义论》旨在为一个良序社会——具体而言就是有着两百多年历史的美国宪政民主国家——建构正义原则，而森的《正

1　罗尔斯，《作为公平的正义》，2002，第 91 页。

义的理念》却把视野更多地投射到第三世界各种满目疮痍的不正义。一个坐而论道,另一个起而行事;一个孜孜以求于在反思中建立现实主义的乌托邦,另一个则希望通过具体的行动改变这个坏世界。

在我看来,纵使罗尔斯的正义理论无法直接照搬到印度以及更广大的第三世界国家,也不意味着"以制度为中心"的正义理论就在优先性上次于"以实际行为为中心"的消除不正义。卢梭在《忏悔录》中写道:"我发现,一切都从根本上与政治相联系;不管你怎样做,任何一国的人民都只能是他们政府的性质将他们造成的那样;因此,'什么是可能的最好的政府'这个大问题,在我看来,只是这样一个问题:什么样的政府性质能造就出最有道德、最开明、最聪慧,总之是最好的人民?"[1]

个体将会如何行动,关键要看社会的现实逻辑在鼓励什么样的行动,而社会的现实逻辑到底是什么,归根结底要回到正义制度的建设上来。尽管我们尊敬森的用世之心,也承认这个世界普遍存在的不正义让人触目惊心,但是如果仅仅着眼于消除单个行为或者局部社会的明显不正义,而不把正义制度的确立作为首要任务,将会阻碍我们进行长期思考的能力。

在一次采访中,森这样总结反对"先验制度主义"的理由。

　　　　不存在完美正义这回事儿。完美正义的观念指向的是错

1　卢梭,《忏悔录》(第二部),范希衡译,人民文学出版社,1985,第500页。

误的方向。如果你相信任何判断都必须经过公共的一致意见、理性的一致意见来得到检验，那么我的观点就是：

（1）我们无法就何为完美正义社会的本质达成一致意见，但是很可能我们将会对许多不正义的和应当被消除的制度安排、结果以及社会状态达成一致意见，乃至合理的一致意见。

（2）即便我们成功地确认所有人一致同意的完美的正义社会，那也不是我们现在争论的主题。没人预期在可见的未来我们能够拥有一个完美正义的社会。我们的政策不是建立在这个愿景之上的。所以，为什么把你的时间浪费在一个也许是没有答案而且明显是不必要的问题上呢？[1]

为说明为何无法就完美正义社会的本质达成一致意见，森在《正义的理念》中举了一个意味深长的例子：三个小孩在争一支笛子，每个人都说自己最有资格：安妮是三个人中唯一会演奏笛子的人；鲍勃家境最贫寒，从来就没有属于自己的玩具；卡拉的理由同样很有力，是她花费了几个月的心血来制作这支笛子，难道她没有权利拥有笛子么？

森认为，效益主义者会支持安妮，因为这将导致效益最大化的后果；平等主义者会支持鲍勃，因为这将缩小人民之间的明显不平等；而右翼的自由意志主义者与左翼的马克思主义者会为了

1　Neelima Mahajan-Bansal and Udit Misra, "There Is No Such Thing as Perfect Justice," in *Forbes India Magazine*, 28 August, 2009.

卡拉暂时站到同一立场上——卡拉的劳动使她最有资格得到笛子。森的结论是,所有上述理论都试图回答何种制度安排最正义,彼此相互争执不下数百年,由此可见,人们注定无法就何为完美正义社会的本质达成一致意见。(第12—15页)

这个例子难免会让理论家们感到难堪。当我们换个角度去看问题时,却可能得出一个相当不同的结论:在一个坏世界里,判断什么是不正义,我们常常可以诉诸直觉和体验——越是不正义就越是容易得到指认,越是不正义就越是容易达成共识。但是,在一个被理由和意识形态重重包裹起来的政治社会里,无论是指认不正义还是探讨什么是正义制度,人们的直觉经验往往相互冲突,当此之时,必须借助于更加复杂的说理才有可能进行真正有效的交流和沟通。

在一封写给中国知识分子的来信中,一位捷克学者如是说道,我们必须要了解"反对"什么(负激励)和"支持"什么(积极的动机)之间关键的区别,对于一个国家和社会而言,长远来看,后者显得更为重要。这个谏言同样适用于那些孜孜以求于消除现实不正义的救火者们,即使关于什么是正义制度——不一定非得是完美的——人们也许永远难以达成全体一致的共识。

三、正义、公共理由与民主

罗尔斯虽然是一个绕不过去的巨大阴影,但是《正义的理念》的目的远不止于"清算"罗尔斯,它更像是年逾古稀的作者在总结陈述毕生的政治哲学思想。

综观全书，除导言外共分四部分，依次为"正义的要求""推理的形式""正义的材料"以及"公共推理（public reasoning）[1]和民主"。森的宗旨是用"公共理由"作为枢纽性的概念去打通"正义"与"民主"，最终串联起他在社会选择理论、可行能力进路的正义观以及民主理论等问题上的论点和主张。对此，我们不妨借用森本人的话来概括之："如果正义的要求只可能借助于公共理由得以评判，并且如果公共理由和民主观念存在着建构性的关系，那么在正义和民主之间就存在着紧密的联系，并且彼此共享着一些推论性的特征。"（第326页）

这是一个相当宏伟的目标，然而稍显吊诡的是，森虽有打通正义与民主之心，却无创建宏大理论之意。原因之一在于，森所理解的"公共理由"是一个相当平实的概念，尽管它在《正义的理念》中扮演着举足轻重的作用，森也花费了许多篇幅去说明公共理由与社会选择理论、可行能力进路以及民主理论之间的关系，但不知是力有不逮还是志不在此，森始终没有给读者提供一个明晰的公共理由观。森既不准备像罗尔斯那样提供实质性的正义原则，也不打算像哈贝马斯那样为协商民主提供形式化的条件限制，而是把"正义"与"民主"从哲学家手中交给现实生活中的具体个体去思索和对话。"民主制度的运行，一如其他制度一样，都

---

[1] "public reason"一般被译作公共理性，但是鉴于森在这本书中最常使用的表达式为public reasoning，而且强调其在正义思考和协商民主过程中发挥的功能与效用，所以本文认为翻译成"公共理由"或者"公共推理"更加合适。

建立在人类能动者（human agents）的各种行动之上。"森如是说道。

　　值得一提的是，森虽然强调公共理由对于民主的重要性，但是森并不因此彻底否定投票的重要性。英国政治家克莱门特·艾德礼（Clement Attlee）曾说："民主意味着基于讨论的统治，但是唯当你能结束人们的讨论，民主才会发挥效用。"这句话的隐含之意在于，仅仅强调民主的讨论本质是不够的，如何结束人们的讨论同样是理解民主制度的关键所在。晚近以来，西方民主理论家们猛烈炮轰以投票为中心的竞争型民主，强调以对话为中心的协商民主，但是即便如此，森仍在《正义的理念》中反复强调："投票对于公共理由的表达以及有效性的确扮演着非常重要的功能。"（第326—327页）与此相对，在那些尚未真正建立民主制的国家里，如果片面夸大对话和协商，乃至彻底否弃投票和选举的作用，则不啻南橘北枳，完全曲解了西方协商民主理论家的用意和初衷。

　　在一次访谈中，森自称是一个行动者，一个通过写作、演讲和辩论的行动者。没错，《正义的理念》是一本哲学书，但它首先不是一本写给哲学家的哲学书。森认同意大利哲学家葛兰西（Antonio Gramsci）的观点，哲学不是"一件奇怪而费力的东西"，哲学就是普通人的理性思考所及的所有事情，正义尤其如此。在这个意义上，《正义的理念》的成与败不完全取决于它是否建立了逻辑严密、融贯一致的理论体系，森写作此书的初衷也绝不是为了参与到学院派知识分子无休无止的群架当中，虽然他最终难逃此劫——因为所有的哲学家都在竖耳倾听呢！

群众的绝望，才是理解法西斯的关键

假如希特勒在 1938 年死于一场刺杀，德国人将会如何评价他？约阿希姆·费斯特（Joachim Fest）在《希特勒传》中设想了这么一种可能，他的结论是："只会有少数人犹豫把他称为德国最伟大的国家巨匠，或者德国历史的完成者。"这真是一个让人沮丧的判断，因为它很有可能就是事实。

希特勒上台之前，由于他显而易见的混乱、癫狂和可笑，以至多数知识人对他轻蔑有加，德国作家图霍尔斯基（Kurt Tucholsky）就曾经说过："这个人根本就不存在；他只是他制造的噪声。"希特勒上台之后，人们一开始对即将到来的政治清洗充满了恐惧，但是出乎意料的是，除了重点打击、定点清除了少数几个代表人物，多数人并没有真的受到波及，他们只是被雨点打湿了衣服，被大风吹翻了帽子，但并没有受到真正意义上的伤害。于是，预想中的绝望，以及绝望中的反抗，都没有出现。相反地，人们暗自松了一口气，相互举杯，竟有了劫后余生的欢欣。

更加致命的是，劫后余生的德国人发现他们正在"追随"希特勒经历一场极权主义"奇迹"：

在经济上，"1933 年 1 月，希特勒上任帝国总理的时候，德国有六百万失业人员。短短的三年以后，德国实现了充分就业。原先不堪入目的苦难与大众贫困，变成了普遍的小康状态。几乎同样重要的是，希望与自信取代了不知所措和绝望。更奇妙的是，从萧条到经济繁荣的过渡不是通过通货膨胀实现的，工资与价格完全稳定"。

在军事上，"在希特勒就任帝国总理的时候，德国只有一支十万人的、没有现代武器的陆军，没有空军。1938 年，德国成了欧洲最强大的陆军大国与空军大国"。

在外交上，成功扩军意味着"废除了《凡尔赛和约》的关键部分，即对于英国与法国的政治胜利，意味着欧洲权力格局的剧烈改变"。

面对此情此景，塞巴斯蒂安·哈夫纳（Sebastian Haffner）在《解读希特勒》中干脆利落地做了总结："从 1930 年至 1941 年，不管是在内政，还是在外交与军事方面，希特勒的所有行动都是成功的。"

甚少有人能够抵御大国崛起带来的眩晕感。也正因为此，哈夫纳承认费斯特思想实验的结论：如果希特勒的生命在 1938 年戛然而止，德国人将会永久地怀念他、歌颂他，因为那些曾经对希特勒心存疑虑的人已经深深折服于他的"成就"和"伟业"。

后见之明总是太过轻巧甚至廉价，哈夫纳说："今天，老年人容易说：'当时我们怎么能……？'年轻人很容易会问：'当年你们怎么能……？'"但实情却是，对身处其境的人来说，"必须具有极为罕见的敏锐与深刻的眼光，才能在希特勒的成就与成功中看出后来灾难的根源，而且需要极高的人格力量才能抵抗这些成绩与成就的魔力。"

这样的人少之又少，彼得·德鲁克（Peter Drucker）无疑就是其中之一。这位日后成为现代管理学奠基者的年轻人当时还只是一个默默无名的法兰克福大学法学博士毕业生。1933 年希特勒掌权之前的几个星期，年仅 24 岁的德鲁克开始着手撰写《经济人的末日》一书，最早的节录本在 1935—1936 年由奥地利天主教徒和反纳粹的出版商以小册子形式印刷出版，1937 年底完成书稿，1939 年正式出版。今天，当我们站在尘埃落定的历史尽头回看《经济人的末日》，会不由自主地叹服于德鲁克的先见之明：希特勒的反犹主义将会受其内在逻辑的驱使走向"终极方案"，也即屠杀所有的犹太人；西欧的大军将无法有效地阻挡德国人；斯大林最终会同希特勒签署协议。所有这些在当时正派的欧洲人听起来天方夜谭似的预言，都一一得到了验证。

二

这是一本异常杰出的政治小册子——敦刻尔克大撤退和法国

沦陷之后，英国首相丘吉尔下令把它列入英国预备军官学校的毕业生书目，以期起到政治教育和宣传的功能。但是这部小书名垂青史的原因不仅在于它的预见性和战斗性，还在于它是一部极具独创性和开拓性的社会学专著。它不像戈登·克雷格（Gordon A. Craig）的《德国：1866—1945》那样探讨极权主义的政治史和经济史起源，也不像汉娜·阿伦特（Hannah Arendt）的《极权主义的起源》那样梳理极权主义的哲学史和观念史渊薮，对希特勒的生平个性更是只字不提（此类代表著作包括上述费斯特的《希特勒传》、哈夫纳的《解读希特勒》等），《经济人的末日》遵循的是韦伯开创的伟大的社会学传统，探讨社会力量的此消彼长，解剖个人的社会身份、地位、功能以及组织方式，对社会现象进行真正的"社会"分析，研究社会的紧张、压力、趋势、变迁和剧变。正因为观点和方法上的独树一帜，让这本小书不断地重印再版、历久弥新。在 1994 年的再版序言中，德鲁克不无骄傲地指出："本书是 20 世纪前半叶，也就是极权主义作为一种社会事件兴起之际，第一本试图理解这一主要社会现象的书。即便是 20 世纪后半叶，它仍是如此尝试的唯一作品。但愿光凭这点就能使本书值得一读。"

当一件糟糕透顶的事情发生时，极度震惊的人们往往会像兔子呆视着巨蟒那样陷入肌无力和脑瘫的状态。一厢情愿地默念咒语"我没看见！我没看见！"或者"它会消失！它会消失！"是无济于事的，满腔愤懑地指责、控诉甚至反抗同样无济于事。抵御希特勒的魔力需要人格的力量，刺穿纳粹德国的盛世幻象则须凭借理性的力量。

德鲁克认为："所有抵抗法西斯威胁的运动皆徒劳无功的原因，在于我们根本不知道在抵抗什么。我们知道法西斯主义的表征，却不了解它的起因及意义。而那些自称反法西斯主义者、将反对法西斯作为主要信条的人士，所坚决抵抗的是他们自己捏造的幻觉。这种无知才是失败的主要原因。……因此，分析法西斯主义之成因，看来才是我们最重要的工作。"

究竟发生了什么？在回答这个问题之前，首先要明白没有发生什么，或者说，在所发生的事情中，哪些是根本的，哪些是无足轻重甚至毫无意义的。

德鲁克告诉我们，关于极权主义的成因与本质，有三种流俗的说法毫无意义：

第一，极权主义是"人类原始残忍野性的恶意爆发"。这个说法之所以没有意义，是因为它能够解释的对象太多了——"暴虐、残酷和血腥是每一场革命的共有特征"。

第二，极权主义是"资本主义拖延社会主义革命的最后一搏"。这个说法之所以没有意义，是因为它不过是在"扭曲历史"，纳粹德国的国防经济压根就不是资本主义，极权主义的兴起也与资本主义的失败无关。

第三，极权主义的兴起是因为法西斯和纳粹"无耻而技巧完美的宣传手法"，以及"群众被宣传麻痹了"。

对于第三种说法，德鲁克的观点尤其让人意外，他直斥其为"对法西斯主义最危险也最愚蠢的解释"。德鲁克的理由是，首先，这个说法与事实不符："直到法西斯主义胜利之前，所有宣传工具其实都牢牢地握在反法西斯分子手上。没有哪家拥有广大读者的报纸不极尽挪揄希特勒和墨索里尼之能事，支持纳粹及法西斯的报纸则乏人问津、濒临倒闭"。其次，德鲁克认为，"宣传只能改变本来就相信的人，也唯有满足人们现在的需求，或平息人们面临的恐惧时，宣传才具有吸引力"。一言以蔽之，"宣传并非起因，反宣传也绝非解决之道"。

三

那么，究竟发生了什么？德鲁克的回答是："群众的绝望，才是理解法西斯主义的关键。"需要明确的是，此处的"绝望"既不是群体的心理幻觉，也不是政治宣传的扭曲结果，而是社会力量此消彼长以及社会结构变迁所导致的公共政治文化心理的真实体现。一言以蔽之，所谓群众的绝望乃是由"旧秩序瓦解又缺乏新秩序所造成的绝望"。

有人也许会问，"群众的绝望"难道只是德意两国的特殊经验吗？它为什么没有蔓延到英法诸国，进而摧毁英国人和法国人对资本主义以及自由民主制度的信心？作为一个失败的民主实验，魏玛共和国可供检讨的问题非常多。有学者从政治学的角度出发，认为当时半总统制和纯粹的比例代表制的结合，导致整个新兴的民主政体无法解决魏玛面临的基本政治经济问题，从而使独裁作为一个替代性的方案登场。也有学者从公共文化政治心理的角度解释魏玛共和国的失败，比如历史学家弗里茨·斯特恩（Fritz Stern）在《非自由主义的失败》中认为，"非自由主义的倾向"在 1866—1933 年德国的政治发展中达到了一个前所未有的高度，其具体表现如下：有非常多受过良好教育但不问政治的市民阶层，日益高涨的文化自豪感和民族主义的情绪，强调德国道路，对魏玛宪法以及民主政府的深刻怀疑，对俾斯麦重大问题只能由铁和血才能给出回答的主张深信不疑。

对德鲁克来说，德意两国之所以出现民主崩溃的现象，是因为作为后发资本主义国家，民族统一大业以及"崇高理想"对德意两国人民具有致命的诱惑力："德国与意大利在 19 世纪吸引民众情感忠诚的伟大经验，不是因为资产阶级秩序的胜利，而是因为民族统一的胜利。两国的革命运动首先都以民族为目标，其次才是民主。为了民族统一而战，为了民族统一而流血牺牲。资产阶级秩序只是作为实现民族统一的工具才被接受的。"归根结底，德意民众与民主信条之间并未建立起真正的情感联系。一旦时势不利，就会出现"救亡压倒启蒙""民族解放压倒个人自由"的结果。相比之下，"英国、法国、荷兰和北欧国家为民主奋斗的经验和传统，则深植于民众的心中。这些国家早就完成了民族统一，因此民主信念能凭本身的条件显出情感的价值"。也就是说，哪怕西欧和北欧民主同样面临着"经济人末日"的威胁，但是民众在情感和情绪上依然对"民主表象"（facade of democracy）

抱有忠诚。德鲁克相信，这种忠诚能够确保外在形式（outward forms）继续存活相当一段时间，哪怕背后的结构已经倾倒。

人是热爱秩序的动物，古希腊哲人阿那克萨戈拉说："在万物混沌中，思想产生并创造了秩序。"通过思想分门别类，让宇宙星辰各归其位，江海河川井井有条，飞鸟虫鱼适得其所，老少贤愚各司其职，人心才能安顿，社会才能安定。不同的秩序拥有不同的基准，在德鲁克看来，欧洲两千年来所有的秩序和信条都源自基督教，它以自由平等为目标，并且把最终一定会实现自由平等作为秩序正当性的根据。

在极权主义兴起之前，欧洲人有过两次建立秩序的失败尝试：一次是资本主义，一次是社会主义。这两种主义看似水火不容，实则分享了同一种人性观——"经济人"，说得更明确一些，就是"人类自由从事经济活动是实现社会目标的方法。似乎只有经济上的满足，才是对社会重要且有意义的事"。

资本主义曾经自信地认为能够"自动"实现自由和平等，但事实却是，经济的自由虽然导致物质富足，却无法实现平等，阶级冲突和社会撕裂不减反增，"这个事实摧毁了20世纪欧洲人对资本主义社会制度的信仰"。作为资本主义的替代品和拯救者，苏联同样没有实现自由平等的理想。苏联的强大吸引力在于，它承诺会带来"新的社会秩序"及"建立平等"，德鲁克认为它们"无法奠定真正的自由"。

分析至此，德鲁克得出结论，导致经济人的末日，并且催生极权主义兴起的并非资本主义的失败。社会主义是经济人的最后一搏，这场斗争一旦未果，意味着"再无可能调和经济领域的至高无上性与对自由平等作为社会之真正目标的信念"。

这就是德鲁克眼中欧洲大陆正在发生的事情：旧有的社会政治秩序已然土崩瓦解，废墟之上，绝望中的群众亟须一种力量来填补真空，重建秩序。在德鲁克看来，资本主义和其他主义都无法实现自由平等的社会理想，传统的基督教会同样难堪大任，它只能"提供个人的避风港和精神寄托"，无法成为建设性的社会力量，"赋予群众一个新社会秩序的理性"。面对战争和失业这两个现代社会的恶魔，绝望的欧洲人亟须出现一个驱魔者，哪怕这个驱魔者看上去粗鄙不堪像个小丑，哪怕这个驱魔者本身就是伪装的魔鬼。

万万不可将这里的魔鬼人格化为希特勒，在经济人末日被召唤出现的魔鬼，不是某种人格化的存在物，而是"法西斯主义下的非经济社会"。

四

《经济人的末日》立足于两个前后相因的判断："经济人社会已经走向末日"，以及"非经济社会的诞生具有必然性"。对此，我们至少存在两种回应方式：一是接着德鲁克往下说，追问"非经济社会"的可能性及其具体形态；二是反思检讨"经济人末日"这个判断的有效性。

如果接着德鲁克往下说，那么我们首先需要明确的是，德鲁克的基本取向不是回到过去（比如自给自足的农业经济或者前工业社会），而是超越现在（无论是资本主义还是社会主义的经济人社会）。"非经济社会"的基本特征就在于不把经济人作为社会的基本组织原则，但是其具体构想到底是怎样的？无论在《经济人的末日》还是三年后出版的《工业人的未来》，都言之不详、付之阙如，很显然德鲁克只有一个模糊的愿景。20世纪50年代以后，他从宏大理论转入管理学领域，表面上看偏离了"非经济社会"这个理想，实则是在"曲线救国"，因为他的基本判断是："唯有让社会释出新的基本力量，才有办法真正抵御极权主义的攻击。"管理学的思路着眼于现代公司制度下的人的组织方式，以此对抗经济人的基本理念和组织原则，只是尺度从国家缩小到了公司。

在德鲁克的构想中，不管"非经济社会"的具体形态是什么，都必须实现自由与平等这两个基本价值。这是甄别真假"非经济社会"的照妖镜，"法西斯主义的非经济社会"之所以是一条邪路，理由正在于此。

根据德鲁克的观察，过去的革命好比"新瓶装旧酒"：打破旧制度的外立面（facade）时毫不犹豫，代以新形式和新口号也干脆利落，但旧制度的"里子"——社会的实质内涵却改变得异常缓慢。相比之下，法西斯主义者的做法却是"旧瓶装新酒"，旧秩序的实质被无情地摧毁，最表层的旧形式却被小心翼翼地保存了下来。

以自由为例，虽然与极权主义的逻辑相互矛盾，但纳粹德国并没有把自由弃之不用，而是将它窃为己有，把"作为个体权利"的自由偷梁换柱成为"多数人反对个人权利"的"新自由"，悍然宣布这才是"真正的自由"。面对这个前无古人但后有来者的发明创造，德鲁克评价说："路易十四从未在废止自由的同时，装腔作势地颁布自由。反观法西斯主义，它宣称成功地发现了真自由的奥秘——竟就在于废除自由一切可能的实质内涵。"

相比自由，法西斯主义对平等的"实现"更具欺骗性和蛊惑力。各种法西斯组织如意大利的"下班后"、德国的"欢乐力量"把工人阶级的闲暇时间充分组织起来，一方面进行无孔不入的政治监控，实现"人的社会化"（关于这个问题，哈夫纳有过精彩论述，他强调希特勒虽然没有把生产资料社会化，但强调"人的社会化"，也即把人们从摇篮到坟墓集体地组织起来，采取集体的生活方式，把他们"牢牢地束缚于一套纪律"），另一方面让工人阶级在闲暇时光享受到只有特权阶级才能享受的"奢侈性消费"："戏剧、歌剧、演唱会的门票，赴阿尔卑斯山和国外的假日旅行，冬天到地中海和非洲，夏天到挪威北角的海上航行，等等"。不要小看这些非经济满足的价值和功用，作为"社会地位的权力符号"，它们足以"补偿长期以来的经济不平等"，使得"现有的经济不平等看上去比过去要不那么难以忍受"。

法西斯主义"实现"平等的手法，一言以蔽之，就是"用非经济的满足取代经济的满足，非经济的回报取代经济的回报，非经济的考虑取代经济的考虑，以此作为工业社会中的个人等级、功能和地位的基础"。托克维尔曾经一针见血地指出，"民主的各种制度最大程度地发展了人心中的嫉妒情感"，通过提供非经济的满足以及社会平等感，"法西斯主义的非经济社会"在一定意义上很好地解决了嫉妒难题。然而，关键的问题在于，它真的解决了欧美资本主义和苏联都无力解决的平等难题吗？德鲁克的回答是否定的："这些努力顶多只是真实事物的廉价替代品。它们可以补偿经济的不平等，但不能把作为社会区隔要素的经济不平等彻底移除。在车祸中失去一条腿的人也许可以通过保险得到相当可观的赔偿，但是没有任何保险赔偿可以给他一条新腿。"

由是观之，"法西斯主义的非经济社会"并没有真正实现自由和平等，德意民众见证的不是奇迹而是幻象。

可是，问题在于，德意民众何时能"意识"到自己见证的不是奇迹而是幻象？在1939年极权主义的极盛期，德鲁克没有任何现成在手的客观证据来证明极权主义的必然失败，他拥有的只是理性，还有当理性不足时必须诉诸的价值信念。这个信念是什么？我认为就是——自由平等是无法阻挡的。

以极权主义经济"奇迹"为例，德鲁克认为，其奥秘只有一条——"管制性消费"：通过全面管控经济生活，特别是管制消费，挤压出资本，从而用来投资生产。在此过程中，虽然表面上还保留着私有财产和私人获利的原则，但是所有的经济活动都失去了自主性。德鲁克相信，管制性消费的主要问题"不在于经济领域而在于社会和政治领域"。这是因为极权体制下的民众"愿意"接受降低消费，这样一来，"枪炮取代黄油"就不是经济选择，而是一种道德和社会的选择。也正因为此，与一般人的观点相反，德鲁克认为，"降低消费并非极权主义社会的弱点，反而是它主要的力量源泉"。只要在降低消费的过程中，下层阶级的降低比例小于上层阶级，就足以承担"非经济奖赏"的功能，从而维持住"极权主义非经济社会中最重要也最有效的社会满足感"。也正因为此，从经济学的角度看，德鲁克承认，"极权主义奇迹的有效性和极权主义社会的稳定性都无法通过经济得到证实或者证伪"。但是从社会学、政治学以及对人性的基本洞察出发，德鲁克相信："这些决定性的问题完全取决于极权主义能否完成它的社会和政治奇迹，以及它能否驱逐恶魔，恢复社会和世界的理性。"

简而言之，"如果崩溃真有一天到来，那也会是道德的而非经济的崩溃"。我认为这是一个无比英明的判断，它不仅在德意两国日后的失败中得到了验证，而且对于今日各国也极富启发性，很多学者判断经济发展是国家的稳定器，除非经济崩盘社会才会崩溃，但德鲁克告诉我们，全力以赴地提振经济，希望以此来延缓和治疗社会和政治的病症，也许恰恰是本末倒置的做法。

或许有人会不满意德鲁克的分析进路，认为其中掺杂了太多社会心理学的分析和价值判断的元素，但是在我看来，丧失了道德维度的社会科学将不能解释人为何如此行动、社会组织的合法性以及与此相关的稳定性问题。价值判断不是非理性或者反理性的，它是人类理性的内在组成部分，也是人类理性不足时的必要补充。

德鲁克坚信蛰伏于社会深处的、基于个人自由才有可能蓬勃生长的力量。为此，他一再警告西欧民主国家，切不可让经济生产附属于军备和工业防御，因为军事和组织永远都不是首要的目标，个人自由、个人在经济社会中的尊严和安全才是。也正因为此，德鲁克接受"经济人末日"这个基本前提，但绝不接受"法西斯主义下的非经济社会"这个解决方案，他把希望寄托于"在我们现有的经济社会基础上，发展出一个新的、自由平等的非经济社会"。

五

在我看来，"经济人末日"不是一个普遍有效的论断。在时间上，它是 19 世纪末 20 世纪初特定历史阶段的产物；在地理上，它只适用于德意两国而不适用于英美等国。"经济人末日"这个论断既低估了"经济人"概念的弹性和容量，也误判了"经济人社会"的苟延残喘能力以及自我纠错能力。

一直以来，理论界都在试图扩充理性-经济人的概念，用合情理的、自爱等观念去增厚理性-经济人的单向度理解，但是另一方面，如果理论上的修订不能反映到制度安排上，如果社会组织和经济运行的基础仍旧是传统的经济人假设，那就只是理论家的自说自话。毋庸讳言，现代资本主义所孕生的巨大不平等与选举意义上"彻底的民主制"构成的巨大张力，是当时的资本主义和民主制度所无法消化的积食。但这不意味着只有"非经济社会"（无论它是法西斯主义的还是自由民主的）一条路可走，事实上还存在着另一种可能，就是在资本主义和民主制度内部进行挖潜，承认社会主义以及平等价值的合理性，但不放弃资本主义和民主制度的基本框架。

20世纪20年代，英国保守党议员斯克尔顿（Noel Skelton）意识到英国正在步入一个"新时代"，这个"新时代"带来的关键问题是"普罗大众——他们中的多数人依靠工厂的工资生活——的政治地位和教育地位远远胜过其经济地位"。斯克尔顿相信，整个国民生活因此处于结构性失衡的危险之中。修复这一失衡的方法不是走"法西斯主义的非经济社会"道路，而是实现所谓的"财产所有的民主制"。斯克尔顿明确反对社会主义公有制，理由是"每个人所有，就等于没有人所有"。但与此同时，他清楚地认识到社会主义对财产匮乏的普通民众所具有的魅惑力，就此而言，"财产所有的民主制"本质上是执两用中的策略：在反对公有制的同时，通过大范围地拓展财产所有者的数量让保守主义者得以正面回应社会主义的挑战，这么做的优势在于，"既不会导致革命，也不会对工人阶级的要求无动于衷"。另外，鉴于私有财产对于个体性的充分发展具有根本性的影响，唯有有产者才有能力保持人格的独立性、主动性和责任感，因此，在"彻底的民主制"成为现实的"新时代"，就应该大范围地扩展财产所有者的人数，借此将工薪阶级的经济地位提升到与其政治、教育地位相匹配的程度，保证他们拥有实践政治自由的品格与能力，从而解决国民生活失衡的时代问题。

"财产所有的民主制"致力于在资本主义框架内实现自由平

等价值，按照德鲁克的标准，这当然仍旧属于经济人社会的思路。从战后的发展看，这一努力（包括二战期间兴起的福利国家资本主义以及美国的罗斯福新政）虽难言彻底成功，但有一点是清楚的，资本主义因其巨大的自我调适能力而续命，并未走上德鲁克预言的"非经济社会"的道路。同样地，苏联在战后仍旧坚挺了40余年才轰然倒塌，尽管它的确从未真正实现过自由平等的现代承诺。

马克思说，历史经常重演，第一次是悲剧，第二次是闹剧。遗憾的是，人类似乎天生是一个闹剧演员，谁都无法预言那些东西会不会再次卷土重来。

时间来到2016年，距离二战结束已逾70年，在这70年里，有的大国崩溃了，有的大国正在崛起，有的奇迹业已证明是幻象，有的奇迹光环褪色，巴黎刚刚经历暴恐袭击，朝鲜的核试验又纷至沓来，追求平等的欧洲福利国家的危机空前剧烈，以自由立国的美国正在遭遇桑德斯与特朗普的左右夹击，时代似乎再一次走到了十字路口，类法西斯的"非经济社会"的诱惑再次出现。

也许，德鲁克关于经济人末日的预言并没有错，它只是提前了半个多世纪？

德鲁克在1994年的再版序言中说："可以确定的是，我们现在的世界，或许跟之前的所有社会一样，疯狂错乱。但偏执不是治愈疯狂世界的良方。相反，要在疯狂的环境中生存，更需要保持清醒。"现代性的根本宗旨就是凭借人类理性去营建和维系一个理性、有序、可控和可理解的社会秩序。虽然20世纪的历史充满灾难和无序，但在一个上帝遁形的时代，我们只能将现代性的自由平等理想坚持下去，让自己的行为理性起来，正如德鲁克所言，唯有如此，我们才有机会拥有一个正直的、有意义的、有成就感的人生和一个正直的社会。

就此而言，德鲁克给我们的启示也许并不在于"非经济社会"这个理想，而是无论采取哪种社会组织形态，我们都必须坚持"自由平等"这个信念。

所谓"败而不溃"，或许这就是现代人的宿命吧。

当正当性萎缩成合法性

评戴岑豪斯《合法性与正当性》

一

在 1930 年的一次演讲中，希特勒立下"合法性"誓言，发誓要放弃暴力手段，转而诉诸自由民主制的合法程序来通向权力之巅："国家社会主义运动将以合宪的方式达成目标。宪法所提供的只是方法，而非目标。我们将通过合乎宪法的方式赢得议会中的绝对多数，到那个时候，我们就可以根据我们的理念来重塑德国。"

希特勒做到了这一点。在 1930 年秋天的大选中，纳粹党的席位从 1928 年的 12 个增加到 107 个，一跃成为议会第二大党；在 1932 年 4 月的选举中，纳粹党与德意志国家主义者结成的联盟控制了大约 200 个席位，成为相对多数派；1933 年 1 月 30 日，希特勒被总统兴登堡任命为德国总理；同年 2 月 28 日，希特勒利用一天前发生的"国会纵火案"发布"人民与国家保护令"，悬置了魏玛宪法中关于个人自由的条文。

短短三年时间，希特勒合法地上台，合法地宣布例外状态，合法地终结魏玛共和国，合法地宣告第三帝国的诞生。在此期间，魏玛共和国的宪法和法律制度束手无策，毫无还手之力。

自由民主制的敌人竟然能够利用合法的手段从内部推翻自由民主制本身，魏玛共和国的失败在法学界和政治理论界引发了经久不衰的争论。其中，最引人注目的一个论题就是"合法性"（legality）与"正当性"（legitimacy）之辨。

简而言之，在"外在正当化"资源（无论是父权制、自然法、神圣意志，还是传统特定人群的自然优越性或者政治生活的自然性）被耗尽的现代性背景下，曾经可以互换使用的正当性与合法性发生了断裂，如果仅仅诉诸程序主义的构想，就有可能使"正当性萎缩成合法性"，丧失超验的或者道德的维度。因为人定法既可以是"良法"也可以是"恶法"，如果只有合法性这一维度，缺少正当性的掣肘，则希特勒以及 20 世纪层出不穷的各色专制政府和极权政府都有可能以合法性之名大行其道。因此，在人定法无法再从"一种更高的法中获得自身的正当性"的今天，严格区分合法性与正当性至关重要。

令人深思的是，合法性与正当性之辨并非对魏玛失败的后见之明，恰恰相反，早在希特勒上台之前，就有三位杰出的魏玛公法学家和政治理论家激辩过相关问题，他们分别是日后变身为纳粹"桂冠法学家"的卡尔·施米特（Carl Schmitt）、实证主义法学家汉斯·凯尔森（Hans Kelsen）以及社会民主立场的赫尔曼·海勒（Hermann Heller）。

如何理解这场思想论战的理论价值和历史意义，它对于魏玛时期的现实政治究竟有何影响，是加拿大政治哲学家大卫·戴岑豪斯（David Dyzenhaus）在《合法性与正当性》中试图回答的主要问题。全书共分五章，除最后一章探讨魏玛对于当代英美政治哲学和法哲学的教训外，戴岑豪斯把论述重点集中在魏玛时代的理论危机上，这是因为作者确信，只有把问题带入"生死攸关"的情境下，"才能使政治哲学和法哲学得到最好的理解"。

二

流俗观点认为，身为纳粹德国的"桂冠法学家"，施米特从骨子里就是一个纳粹的"死忠粉"，但是戴岑豪斯告诉我们，至少在1933年之前，施米特不是纳粹党的支持者，他"并不希望在建构具体秩序时，纳粹在其中起到任何作用"。

施米特把魏玛共和国的症结归咎于自由主义理论，他把凯尔森锁定为首要的理论敌人，认为"必须揭露这个自由主义幻想家的理论，以促成真正的德国式的法律思想"。在1932年出版的同名著作《合法性与正当性》中，施米特批判自由主义的中立性原则是"自我颠覆"的原则，由于它拒绝区分敌友，秉持"机会均等"的理念，从而使敌人有可能利用合法的渠道去攫取权力，一旦敌人获得权力，就能够"在进入合法性的大门之后关闭此扇大门，而那些在门外猛敲大门的政治反对党，则被当作普通刑事罪犯"。必须承认，这一论断对于魏玛的崩溃和纳粹的上台都极具先见之明。

但是，正如戴岑豪斯所指出的，施米特的危险性在于，虽然起初他并不认同纳粹党，但是"一旦希特勒真正掌权，施米特和其他保守派没有任何哲学思想为依据来反对他，只能对希特勒表示欢迎"。施米特会对希特勒表示欢迎，不仅出于"懦弱的个人动机"，更是因为"施米特在1932年以前的思想，与其在最高产的纳粹期间所发表的众多论文著作之间，并不存在任何的断裂"。换言之，是理论上的亲和性而非哲人自保的冲动，让施米特最终投向了法西斯。

戴岑豪斯以施米特最为臭名昭著的文章《元首保卫法律》为例，证明施米特拥戴希特勒，根本原因就在于后者的所作所为完全符合施米特的基本政治理念："希特勒区分了敌友，谋杀事件即是证明，他还明确地把自己设为最高权力渊源和所有权力与法律的法官，而且扫除了所有魏玛时代的自由主义和议会主义神话。最重要的是，他将自己树立为实质性同质性统一体之德国人民的代表，实现了施米特格外重视的民主同一性。不仅如此，那些为希特勒之愿景（某些方面已经变成现实）而激动不已的群众欢呼，毫无疑问正是实现了从缺席到在场。"

正如戴岑豪斯所言，我们要彻底地否定施米特的价值立场，但这并不意味着我们可以无视施米特的问题意识以及他对自由民主理论的挑战。决断、主权、例外状态和政治性，施米特思想中的这些关键词都是自由民主理论必须正面考量和应对的问题。

三

在某种意义上，无论施米特、凯尔森还是海勒都接受了马克斯·韦伯对于现代性的诊断——这是一个"除魅"的时代。

面对诸神竞争、僵持不下的多元主义格局，摆在他们面前的选择有两条：要么选择道德实在论、重返一元论，要么投靠价值虚无主义和相对主义。前者意味着不合时宜地坚守前现代的"外在正当化"道路；后者意味着接受正当性的心理学解释，从此正当性很可能沦为粉饰太平而任意涂抹的"道德口红"，因为人民对于统治秩序之正当性的相信，极有可能建立在"对间接制裁的恐惧和服从，同时也建立在对个体无力感的体认和别无选择（即受到束缚的个人想象力）而造成的唯命是从上"。如果对上述选择都不满意，那就只能筚路蓝缕，在道德实在论与价值虚无主义之间努力走出第三条道路。

凯尔森选择了第二条道路，他坚决反对任何对法律做形而上学的、神学的以及伦理与政治的理解，主张法律是由规范组成的系统，所以他任由"正当性萎缩成合法性"，这当然是一条自废武功的不归路。

施米特主张"正当性产生自合法性"，表面上在走第三条道路，骨子里仍是一个改头换面的价值虚无主义者，因为他的根本逻辑是，既然政治的神学基础已经无可挽回地失落了，正当性的唯一基础就只能是区分敌友的主权决断。这种从神学的绝望迅速摆荡到决断主义的两极化思考模式，不仅隐含着最危险的虚无主义倾向，而且让施米特最终倒向对"法西斯强人"的拥戴。

相比之下，只有海勒真正在走第三条道路。海勒批评凯尔森不加区分地把所有国家视为"法治国"从而成为"专制最好的领路人"。为避免重蹈凯尔森的覆辙，海勒从施米特身上得到启发，认识到决断与主权对于政治的重要性，试图"为高度政治性的法治概念做辩护，以便在面对法西斯右翼的进攻时能够捍卫和发展民主"。为实现上述目的，海勒一方面坚持代议制民主的基本制度与价值，另一方面又试图把正当性概念纳入法律体系之中，在合法性中重新发掘正当性，为自由民主制夯实地基、筑起高墙。

作为坚定的社会民主主义者，海勒不认为存在所谓"民主制的危机"，理由是即便像施米特这样的反理性主义者，为了要赋予独裁者以正当性，也仍然需要披上"人民主权"的外衣，用"民主"去粉饰专制体制。由此可见，真正的危机不在于"民主制"，而在于"民主的主要媒介——议会制"。议会制虽然问题多多，但是海勒认为，作为民主的技术性媒介，它仍旧是必不可缺的："议会民主制的基础是相信人民具有理性的本质，人民能够用理性来控制激情，通过公共的、理性的议会程序来解决政治冲突，而不是通过暴力和诉诸神意的干预。"换言之，议会制需要的是改进而非颠覆，"只要民主制还存在，议会制就是适合的形式"。

施米特思想的分裂性表现在，"一方面渴望政治（当然是他所理解的敌友之分的政治观）充满生命力，另一方面又不计代价地追求稳定与秩序"。这种分裂性让施米特最终成为纳粹德国的同路人。与之相比，海勒承认"政治意味着冲突"，但是他反对以暴力作为解决纠纷的方式，坚持以"辩论原则"为核心的议会制民主；海勒关注秩序的维护，但他不是为了秩序而秩序，而是强调维护秩序的要旨在于维护"法律秩序"。反映在例外状态上，施米特念念不忘的是主权者的决断时刻，而海勒却始终坚守宪法和法律的至高无上性："无论政治冲突的严重程度如何，宣告紧急状态的目的必须是恢复到常规的、宪法的状态下，该宣告行为才是有效的。这种对紧急状态的理解就意味着，紧急状态的定义及其解决方式，都应以法律为依据。"戴岑豪斯认为，面对魏玛时期的正当性/合法性危机，海勒的社会民主立场是最有希望的一种解决方案。

四

中国文人向来有"一言以兴邦、一言以丧邦"的自我幻想，戴岑豪斯不一样，他虽然浓墨重彩地分析魏玛时期的理论危机，但绝不会倒果为因地认为是理论的危机引发了现实的危机，正如他所说，魏玛共和国的失败不可以归咎于凯尔森的法律实证主义，也无法归罪于施米特的法西斯理论，同样地，戴岑豪斯虽然对海勒的理论赞赏有加，但也不认为它能够阻挡猖獗的法西斯浪潮。

作为一场失败的民主试验，魏玛共和国可谓先天不足、后天失调。1919 年诞生之初，魏玛就笼罩在"背后一刀"的阴谋论叙事之中，普通民众深信一战失利本可避免，魏玛宪法和民主政府是出卖民族利益的产物，强烈的民族屈辱感让人们越发怀念曾经的帝国荣耀，并呼唤政治强人的来临。此后，魏玛共和国长期处于动荡不安中，无论共产党、纳粹党还是普通的德国民众，对魏玛体制都表现得极为冷淡甚至积极反对。也正因为此，戴岑豪斯才会支持如下断言："魏玛的根本问题既不是宪法的问题，也不在于法律理论，而是因为缺少足够多拥护民主的人。"个人认为，这是目前为止对于魏玛失败最为精到的解释。

政治正当性的核心问题，一言以蔽之，就是政治秩序的稳定性和社会凝聚力的问题。这个道理不难理解。虽说政治的母题是强制与服从，但是正如卢梭所说："即使最强者也不能总是强大得足以永远做主人，除非他把权力转化为权利以及把服从转化为义务。"这一转化的过程不是别的，就是政治权力正当化的过程。

当施米特说"所有的法律秩序都建立在决断而不是规范的基础上"，他的确说出了一部分的真理，但是正如扬-维尔纳·米勒（Jan-Werner Müller）在《危险的心灵》中所指出的，自由主义者能够接受，政治秩序最初建立于决断之上，自由主义者也能接受，政治秩序在面临真实的生死存亡时刻时需要引入决断。就此而言，当魏玛宪法处于生死攸关的危机时，的确需要当时的社会民主党"拿起武器来捍卫魏玛宪法"。但是，仅有决断是不够的，自由主义者不会认为一个民主制度的正当性基础在根本上是奠立在决断之上的，恰恰相反，自由主义者认为，现代政治的正当性基础只可能奠立在对所有公民的公共证成之上。正是这种公共证成使得政治正当性具有了超越程序合法性的道德维度，也正是这种公共证成让自由民主制拥有比极权体制更加稳定的秩序，因为它能够持续产出自我支持的公共政治文化和政治心理。

政治意味着冲突，如果有人相信终有一天冲突会消失，人类终将在一系列问题上达成和谐完美的共识，那么这是一个过于天真的幻想。但是，认识到冲突永难被超越，绝不意味着我们就应该接受施米特的政治观——政治就是敌友之分，就是通过斗争实现高度的"政治同质性"。事实上，成熟的自由民主制，包括成熟的人类心灵，都会认识到即使冲突永远存在，我们仍然应该尽一切努力借助民主的程序和法律的技艺将冲突去暴力化。

有人以偏概全，将魏玛的失败视为自由民主制在本质上软弱无力的铁证，这些人一定忘记了，无论一战还是二战，自由民主国家都是胜利者，时至今日，这个星球上最强盛的国家——无论你是喜欢还是讨厌——也还是自由民主国家。曾经有学生在课堂上追问罗尔斯的哈佛同事伯顿·德雷本（Burton Dreben），如果罗尔斯遭遇希特勒，他将如何用他的正义理论说服希特勒？德雷本沉默片刻，告诉这个学生，对于希特勒这样的人，我们根本不会试着和他说理，而是"给他一枪"。换言之，自由民主制不是没有自己的牙齿，它只是不常使用它罢了。

辩论与独裁是对立的两极。相比腻腻歪歪、议而不决的议会民主制，显然那种不由分说、斩钉截铁的独裁专制更得施米特的赏识，借用曾在中国学界流行的话语，这就是所谓的"男子气概"和"政治成熟"的体现。但是在我看来，那些在政治舞台上追求高光时刻和戏剧化场面的人其实是"除魅时代"残余的野蛮人，他们不信任人类通过理性对话达成共识的能力，不欣赏法律程序可能带来的公平正义，不相信政治权力可以被关在笼子里，他们眼中的世界是一个危机四伏的世界，例外状态永远多于常态政治，主权决断永远高于宪法和法律，为了确保政治的严肃性，为了不堕入自由主义挖掘的深渊，就必须要由元首、领袖或者国父这些"地上的上帝"来拯救人类，总之，除非至高权威以某种人格化的形象出现，他们就无法思考也无法行动。

列奥·施特劳斯曾经不无遗憾地感叹说，因为纳粹德国和法西斯制度的出现，使得"本遭怀疑的民主政治俨然又成为黄金时代"。这个判断大致不差。伯顿·德雷本就曾经底气十足地宣称："我们不是在为这样一个社会（自由民主社会）做辩护。我们理所当然地认为在今天只有傻子才不愿意生活在这样的社会里面。罗尔斯的一大优点就在于，他不会浪费时间去讨论独裁政体或极权政体。"德雷本和罗尔斯是幸运的，因为他们无须再和独裁政体的支持者缠斗不休。但是，即便如此，他们仍需为自由主义的正当性而殚精竭虑，因为政治秩序的稳定性和社会凝聚力绝非一朝一夕之功。

戴岑豪斯的这本书看似与中国问题毫无瓜葛，仔细想来却是休戚相关。因为任何一个政治制度，无论是危机四伏的魏玛共和国，还是处在转型时期的中华人民共和国，都必须直面正当性的质问：在建立了基本的政治秩序之后，这个制度能否继续自我产生出对自己的充分支持，它能够依据什么样的政治价值来赢得公民对它的忠诚？如果可以，那是因为什么？如果不可以，我们又能够期待什么？

"另类右翼"与美国政治

对于不少隔岸观火的国人来说，特朗普在 2016 年取得美国总统大选的胜利，不仅意味着共和党对民主党的胜利，更意味着保守主义对自由主义（进步主义）的胜利，以至有一位朋友在闲聊时说，假如列奥·施特劳斯在世，一定会为特朗普的胜利欢欣鼓舞。

我相信这不仅是对共和党和保守主义的误读，更是对当代美国政治生态和未来走向的误读。事实上，共和党并没有因为特朗普的胜利而变得精诚团结，保守主义也没有因为特朗普的胜利而变得前程远大。恰恰相反，共和党和保守主义曾经坚守的基本价值正面临前所未有的危机。

在 2017 年 10 月 24 日的国会演说中，亚利桑那州共和党参议员杰夫·弗莱克（Jeff Flake）直陈："这一点现在已很明显，相信有限政府和自由市场，致力于自由贸易和支持移民的传统保守主义者，在共和党内获得提名的道路越来越窄了——而这个政党长久以来是通过对这些主张的信念来自我定义的。"与弗莱克的痛心疾首形成鲜明对比，右翼人士劳伦·穆瑞（Lawrance Murray）在特朗普当选次日发表了热情洋溢的文章："我们欢呼特朗普总统带来的民族主义，美国第一，对另类右翼的正式承认……这是美国白人的胜利……我们将让世界变成对单族统治（ethnocracy）的安全所在。"

虽然目前断言美国政治已经在根本上发生了范式转换还为时尚早，但是，特朗普的获胜所带来的政治震荡显而易见，而这一切都与"另类右翼"的粉墨登场有着千丝万缕的联系。

某种意义上，面对另类右翼的挑战，反对是容易的（虽然是必需的），理解则是困难的（当然绝不意味着接受）。关于另类右翼，国内已有不少介绍，特别是其与"小粉红"、表情包相当雷同的网络属性，人们多少有些了解。我更关心的是，另类右翼的崛起对美国保守主义意味着什么？作为一种病理反应，另类右翼折射出美国政治文化的哪些问题？在反对另类右翼的同时，反对者是否应该做些自我检讨？凡此种种问题，在 2017 年出版的《理解另类右翼》[1] 一书中，乔治·霍利（George Hawley）给我们提供了一个很好的文本。

不过在探讨以上问题之前，有必要简单回顾一下当代美国保守主义的进化史。

---

[1] George Hawley, *Making Sense of the Alt-Right*, New York: Columbia University Press, 2017.

一

与欧洲保守主义者不同，美国建国的独特性让美国保守主义只能保守"自由"的传统。在这个意义上，只有首先了解美国自由主义的家谱，才能把握美国保守主义的历史成因和复杂立场。

20世纪30年代以来，由于主张大政府、高税收和高福利的进步主义鸠占鹊巢，占用自由主义头衔，让古典自由主义者只能生造出"自由至上主义"这个术语自我正名，继而自由至上主义与古典自由主义在实质性主张上也产生了较为明晰的区别：前者强调财产权的神圣不可侵犯性，反对政府干预自由市场以及进行社会再分配；后者虽然看重财产权和经济自由权，但没有将之视为"道德上的绝对之物"，因此在反对进步主义的同时，会出于慈善原则、社会稳定或者市场稳定等权宜之计支持一定程度的再分配。自此，自由主义大家族内部呈现出三足鼎立的局面：古典自由主义，自由至上主义，以及从进步主义进化而来的自由主义（亦称当代自由主义）。

20世纪50年代以来，在"内忧"——进步主义和"外患"——共产主义的内外夹击下，出于敌人的敌人就是朋友的逻辑，自由至上主义者和传统主义者（亦称"传统的保守主义者"）半心半意地集结在"保守主义"这面大旗下。这场婚姻从一开始就存在着感情基础不够坚实的问题：自由至上主义者把自由视为最高的政治价值，传统主义者强调政治的最终目的是德性，而古典自由主义者哈耶克则干脆写了一篇《我为什么不是一个保守主义者》

来划清界限。20 世纪 60 年代，弗兰克·迈耶（Frank Meyer）提出所谓的"融合主义"，试图在理论上整合保守主义。与此同时，威廉·巴克利（William F. Buckley）立足《国民评论》，试图把共和党打造成一个坚定的保守主义政治工具。在经典著作《1945年以来的美国保守主义知识分子运动》中，乔治·纳什（George H. Nash）指出，虽然巴里·戈德华特（Barry Goldwater）在 1964年的总统选举中以大败告终，"但是人们忽然意识到，迈耶所主张的融合主义却赢得了胜利"。不仅如此，戈德华特的失败还以曲折的方式实现了巴克利的夙愿：保守主义在共和党内的影响得到了巩固和加强。

　　20 世纪 70 年代中期是新保守主义粉墨登场的时代，作为"被现实打劫了的自由主义者"，他们虽然转投共和党阵营，但与保守主义始终保持半心半意的关系，在国内政策上坚持新政的核心主张，在国际政策上推行积极的干预主义，总之，他们既是自由派的叛徒，又是保守派的内鬼，他们是一群热衷于哲学体系和深奥理论的知识精英，同时又对现实秩序和自由世界的全球扩张有着高度的热情。新保守主义者的整体基调与传统的保守主义格格不入，其精神教父欧文·克里斯托（Irving Kristol）曾经半开玩笑地评论说："作为一个新保守主义者，就必须要保持乐观积极的态度，无论现实是多么的沉闷压抑。在美国所有成功的政治都是希望的政治，这是传统的美国保守主义那里并不显著的一种情绪。"

　　同样是在 20 世纪 70 年代，还出现了关注社会道德议题的宗教右翼和政治保守主义者，他们聚焦色情文学、药物使用、大众娱乐业的粗俗化等议题，把美国社会的道德滑坡现象归咎于世俗人文主义也即当代自由主义，为此他们积极动员草根阶层和宗教信徒进入公共领域，准备打一场"激烈而持久的文化战争"。面对这一趋势，克里斯托曾经预言："就长时段而言，这可能是最重要的变化。"因为，"这种文化战争可能压倒何为政治与何为非政治的传统观念"。

纵观当代美国保守主义的前三波浪潮，虽然理念各异、策略各异，但依旧有着如下几个基本共识：

首先，他们仍然愿意团结在"保守主义"的大旗下面，为进入主流保守主义圈子、成为家族聚会的正式成员而努力。

其次，传统主义者和宗教右翼虽然批评现代性和启蒙运动，但并不根本否定现代性和启蒙运动，而是基本认同甚至尊重自由、民主乃至平等这些核心价值。以争议最大的"平等"价值为例，通常认为这是当代自由主义的核心主张，但是施特劳斯的著名弟子哈里·雅法（Harry V. Jaffa）就认为，《独立宣言》中的"人人生而平等"绝非修辞学的浮饰，而就是美国革命的首要动机。雅法甚至认为，平等价值根本就是保守主义的原则。施特劳斯的另一个弟子哈维·曼斯菲尔德（Harvey Mansfield）虽然批评进步主义不知"过度平等"为何物，主张"人与人之间有差异和不平等，尤其是智力上的不平等"，但是他也没有彻底否定平等价值，更没有放弃捍卫"更好的民主"的初衷。

最后，当代美国保守主义一直与自由主义大家族有着剪不断理还乱的复杂关系，某种意义上，我们可以这样说，当代美国保守主义自认是古典自由主义的精神传人，反对的是进步主义，但是构成其核心成员之一的却是自由至上主义。

历史学家艾伦·布林克利（Alan Brinkley）在《保守主义的问题》（1994）一文中指出："20世纪的大多数美国保守主义者都没准备好在哲学基础上与其理论对手自由主义传统做出区隔。……多数保守主义者会认为，在20世纪，相比自由主义，保卫自由更是保守主义者的核心关注。"这个论断得到了曼斯菲尔德的响应，在他看来，保守主义不可能采取"回返"（go back）的策略，而只能走"缓行"（go slow）之路，不是要去"替代"自由主义，而是"纠正和弥补自由主义的局限"，敦促"自由主义坚守其自身的原则"。一言以蔽之，保守主义者的任务就是"把自由主义从进步主义手中拯救出来"。

虽然曼斯菲尔德明确区分了自由主义和进步主义，但是从现实政治的效果看，过去几十年来，美国政治正在日益呈现出两党趋同、左右合流的走势，并且在这个过程中，民主党和进步主义显然扮演了更加主动的角色。其实，当年哈耶克反对保守主义的"决定性理由"正在于此，他认为，保守主义缺乏独立的政治原则和理想，"天生不能为我们正在前进的方向提供另外一种选择的可能"，所以必然会被力量更大的那一方拖着走。

也正是在这里，我们开始"理解"另类右翼横空出世的"部分合理性"，因为另类右翼为他们提供了第三种选择——"改道"。

二

其实，"另类右翼"的"另类"一词"alternative"，正是取代和替代的意思，只是他们想要取代的不是自由主义，而是主流保守主义。在《理解另类右翼》这本书中，霍利反复提请我们注意，另类右翼的主要攻击目标是主流保守主义和共和党的建制派力量，他们的目标不是在保守主义的家族聚会中觅得一席，而是掀翻桌子、另起炉灶，彻底地取而代之。

根据霍利的观察，他从未遇见过任何一个把拉塞尔·柯克（Russell Kirk）、弗兰克·迈耶或者米尔顿·弗里德曼（Milton Friedman）的著作视为思想源泉的另类右翼。这意味着，对于主流保守派，另类右翼一个也不认同。正如极右翼运动人士亨特·华莱士（Hunter Wallace）在南部民族主义网站"Occidental Dissent"上说的：

> 在美国，自由主义者、进步主义者、保守主义者和自由意志主义者全都是通常所说的自由主义家族的分支。所有这些群体都想要保存根本的自由世界秩序，尽管他们对于"自由"和"平等"孰先孰后存在分歧，而且彼此之间斗得不可开交。他们都共享了思路狭窄的自由主义世界观，认为更多的"自由"或者更多的"平等"是所有问题的解决方案。我们不属于自由主义家族。我们把自己视为完全不同的种类。这就是为什么，比方说，我们中的多数人都享受挑衅性言论

（trolling），因为我们压根不相信任何标准意义上的胡扯——例如，不存在比所有人都生而平等更自明的事情——以及政治正确性是一个无法抵制的对象。

这段话表明，在另类右翼看来，主流保守派跟自由主义者和进步主义者乃是"一丘之貉"。但这不足以让他们"改道"，其"改道"最直接的理由是，主流保守派的"缓行"方案无法阻止一个他们所不乐见的未来的发生：人口格局的必然改变，以及"白人国家"的必将失去。

另类右翼的核心主张是白人的身份政治，但是霍利特别指出，有必要区分"白人至上主义"和"白人民族主义"这对概念，前者指的是在一个多种族共存的社会里白人占据社会主导地位，后者指的是将不同的种族完全隔离，分而治之。另类右翼是白人民族主义者而非白人至上主义者，这意味着他们的根本政治诉求是建立一个由纯种白人组成的单一种族社会。这是一个毫无现实根据的政治狂想，但是，缺乏现实政治的可操作性并不意味着没有现实政治的后果，所谓取法其上、得乎其中，对于另类右翼来说，重要的是他们把种族问题重新引入到公共政治视野当中。

在接受霍利的采访时，最早提出"另类右翼"的理查德·斯宾塞（Richard Spencer）自称身份至上主义者（identitarian），他说：

> 我会说一个身份至上主义者在追问任何其他问题之前都会追问"我是谁？"或者"我们是谁？"，正因如此，虽然

其他的政治意识形态可能建基于某种经济理论、某个宗教或者社会理论，但身份至上主义者则立足于某种身份之上。我有多个身份，我是一个男人，我三十八岁，我在得克萨斯长大，出生在马萨诸塞。……虽然存在多重的身份……但是我会说种族是身份的基础。你无法摆脱这一点。不管你是否想要认同你的种族，种族都会与你认同。……你从哪里来这一点最终会影响你是谁。我认为你需要首先追问这些问题，然后你才能开始追问经济问题、外交政策等。

在身份政治问题上，主流保守派的传统策略是"以其人之道，还治其人之身"。以平权运动为例，保守派认为，平权运动导致了反向歧视，与择优原则相违背。曼斯菲尔德指出："择优原则实际上是一项自由主义原则，当保守派将该原则拿来反对平权行动时，他们实际上是站在自由主义的立场上反对自由派。"正是出于"把自由主义从进步主义手中解放出来"的逻辑，曼斯菲尔德批评某些保守派人士在平权运动上的让步，认为这会让保守派面临如下危险："他们日益沦为政治正确和自由式的裙带主义的担保人或'帮凶'。面对自由派对自由主义的背叛，他们视而不见，而正是自由主义要求自由派按照一个人的才能和努力而不是他的种族和性别对一个人做出评价。"

然而，在另类右翼眼中，问题不在于主流保守派面对自由派对自由主义的背叛视而不见，而在于主流保守派对于自身对右翼政治的背叛视而不见。因此，与主流保守派的任务不同，另类右翼从未打算把自由主义从进步主义手中解放出来，而是力争把右翼从传统保守派的手中解放出来。

另类右翼人士埃里森·洛奇（Ellison Lodge）2009年在《达奇杂志》（*Taki's Magazine*）上撰文指出："南方策略让共和党成功胜选，但他们甚至压根儿就没有打算在移民或（种族）份额上做任何事情。"洛奇指责尼克松、里根以及老布什在移民政策上向民主党举旗投降。这让不少美国白人产生"被背叛"的怨恨情绪："白人是保守主义政治中的主导成员，但是保守主义的有权势者却鲜少促进白人的利益。"所以与主流保守派的策略不同，另类右翼不再通过强调择优原则来反对平权运动，恰恰相反，他们就是要通过重申白人民族主义来反对平权运动。

白人至上主义和白人民族主义的兴起，让我们再一次认识到身份政治是一把双刃剑：它既可以被进步力量用来反对守旧和狭隘的社会成规，也可以被保守力量用来捍卫守旧和狭隘的社会成规。

在传统观念里，身份政治是少数对于多数、边缘对于主流、弱势对于强势的抗争和挑战。一般来说，身份政治的行动者兼备边缘、少数和弱势这三个特征，但是在特殊情况下，也会出现"多数＋边缘＋弱势"的奇特组合，白人民族主义就是最佳个案：虽然是多数群体，但由于长期被主流媒体和建制派（无论民主党还是共和党）忽视，所以在政治上处于边缘与弱势地位。不管是否符合事实，重要的是，另类右翼充分利用了这种不断自我强化的"被背叛感"，进而发展出一套"逆向身份政治"的逻辑。

政治哲学家威尔·金里卡（Will Kymlicka）曾经指出，身份政治和多元文化主义的政治意涵（political implication）部分地取决于主张者"是否接受自由主义的前提——我们的目的具有多样性和可修正性"。正是因为拒绝接受自由主义的基本前提，另类右翼的"逆向身份政治"将身份政治潜在的恶发挥到了极致：它不仅培养出唯我主义的狭隘视角，而且用反对平等价值的种族等级制和单一民族观取代了基于平等价值的多样性。

2016年大选告诉我们，从三K党以降的形形色色的白人至上主义者、白人民族主义者、厌女症患者其实同样诉诸身份政治的逻辑，但因为他们在历史上长期属于多数、强势的一方，所以人们忽视了他们的身份政治的面向。时光流转，在政治正确话语主导美国政治已逾50年的今天，这股被压抑已久的"逆向身份政治"话语终于爆发出来。现在的问题是，这股"逆向身份政治"的潮流到底会导致什么样的未来？"旧日重现"不太可能，但它也绝非仅仅是"回光返照"，因为它与经济、阶级、宗教以及恐怖袭击等问题进行了多重捆绑，环环相扣，要想解开这么多的结和套谈何容易。

从自由主义的立场出发，也许需要更多地反省身份政治的负面效果，通过重返自由主义的社会正义视域，立足于政治、经济和文化的策略，帮助那些少数、边缘、弱势的群体成为没有标签的、自由且负责任的个体，缓解甚至消解由身份带来的焦虑与愤恨，而不是强化、激化身份政治的逻辑。

三

很多右翼人士虽然不看好特朗普的品格与操守，但也不看衰特朗普对美国政治的影响，因为他们相信，美国三权分立和联邦制度足以有效地限制特朗普的破坏力。应该说，这个判断并非没有合理性。如果将特朗普胜选视为一次"撞车试验"，目前为止，测试结果表明，美国的政治制度有着足够的韧性和弹性。

可是，就像金里卡所指出的，对于一个健全的自由民主制度，仅有平衡个人利益的程序性制度机制是不够的，除此之外，还需要有一定水准的公平品德和公共精神，例如，"积极地、非独断地参与对权威的批判，通过慎议追求相互理解而不是通过讨价还价或者威胁去排他性地追求个人利益"。自由民主制固然不要求人人都是天使，但自由民主制也不可能存活于由恶魔组成的社会里。若想实现健康的运转，自由民主制必须满足一个关键下限："必须存在着足够数量的、在一种程度上拥有这些品德的公民"。

这个"关键下限"既包括量（人数）的指标，也包括质（品德）的指标，就2016年大选而言，至少从"质"的指标出发，另类右翼的登堂入室已足以证明跌破了"关键下限"。

理解另类右翼的关键之处在于，他们是在打一场激烈而持久的文化战争。斯宾塞曾经毫不讳言地指出："我不认为选举是改变世界的方式。你是通过重大的文化变化来改变世界的。"也就是说，大选只是手段，他们的真正目的是改变美国的公共政治文化，最终改变世界。因此，万万不可因为另类右翼没有成为建制派的可能就低估他们的破坏力。

霍利认为，特朗普不是另类右翼，他并不是一个法西斯主义者、纳粹分子或者白人民族主义者。但是，另一方面，霍利也承认，特朗普对于另类右翼的崛起可谓居功至伟。过去几十年里，主流的保守主义力量一直扮演着守门员的角色，通过党内清洗，将种族主义、纳粹主义以及白人民族主义隔绝在公众视野之外。特朗普就像是"意识形态的破冰者"，通过他无与伦比的破坏力，不仅"终结了保守主义在右翼政治中的垄断地位"，"表明右翼可以不遵守由共和党精英制定的游戏规则来获得胜利"，而且成功地突破了政治正确性的底线，为另类右翼在美国政治生态中获得一席之地扫清了障碍。

特朗普虽然不是另类右翼，但二者之间却在风格气质上颇为"惺惺相惜"。这首先体现在他们都是无法用传统的二元模式归类的存在。特朗普在名义上是共和党成员，政治光谱属于右翼而非左翼，但是仔细考察他的心智取向、政治理念（如果有的话）和政策主张就会发现，他在贸易和对外政策方面比希拉里·克林顿更左，但在移民议题上则比传统共和党更右；他鲜少通过主流媒体发声，而是惯用群众集会以及网络广场——推特，像古希腊的民意煽动者那样与拥趸直接发生联系；与另类右翼一样，他不了解也不珍视民主传统和基本价值，不断挑战政治正确性的边界，突破社会习俗和常规的底线，不以为耻，反以为荣。

特朗普与另类右翼另外一个共同之处，是对胜利的渴望。事实上，如果一定要给特朗普贴上一个标签，那就是"赢家"二字。

《国民评论》的资深编辑约拿·戈德伯格（Jonah Goldberg）认为："在班农（Steve Bannon）这里，以及在班农的鼓声中奋力划桨的许多右翼分子那里，动力并非来自种族主义或者反犹主义，动力来自不惜一切代价获胜的需求。"其实，种族主义的动力与不惜一切代价获胜的需求并不矛盾，二者不是非此即彼，而恰恰是相互支持，因为从被背叛的怨恨心理中最容易生长出报复冲动。根据戈德伯格的观点："在过去十年里，许多右翼评论者已经成功地说服他们自己，保守主义的真正问题是意志的缺乏（lack of will），他们心悦诚服地引用左翼活动家索尔·阿林斯基（Saul D. Alinsky）的观点，声称'我们'必须要像'他们'那样，不择手段地去'赢'。"

在特朗普身上，他们看到了"赢"的可能性。所以，哪怕特朗普冒天下之大不韪，攻击那位坠机身亡的穆斯林美国士兵的父母，他们也可以自我辩护说："至少他是在战斗！"因为在一场你死我活的战斗中，道德的考量是完全可以被抛在一边的。霍利指出，尽管这个现象并不意味着有大量的美国白人悄悄地怀有另类右翼的信念，但是我们可以合理地推断有越来越多的美国白人不再把种族主义视为道德上的败坏，而且有意愿与明确的白人身份政治进行捆绑。

不破不立，大破大立，面对特朗普如蛮牛闯入瓷器店的破坏力，不少保守派这样自我安慰。曼斯菲尔德就是这样一边痛惜特朗普不是一个绅士，一边又对他肆无忌惮地攻击政治正确性而暗自窃喜。可是，"从善如登、从恶如崩"，这是人类社会多年的经验。再好的制度也需要适当的民情和政治文化作为土壤。任何一个制度，如果想要实现良好的运转，就必须在制度之正义性和公民德性之间形成相互支持的"自循环"格局。而另类右翼的出现打破了这个格局。特朗普不是另类右翼，但是特朗普是那个打开瓶塞放出恶魔的人。他也许暂时还没有动摇美国政治制度这株大树，但让已经龟裂的美国公共政治文化土壤进一步地盐碱化了。

回到本文最初的那个判断，特朗普的胜利并没有让共和党变得精诚团结，保守主义也没有因此变得前程远大，恰恰相反，传统的保守主义曾经坚守的基本价值，无论是自由、德性还是秩序，都面临着前所未有的危机。正如霍利所言，作为一种运动，另类右翼既受惠于传统保守派的衰落，又致力于加速它的最终崩溃。从另类右翼的视角出发，传统保守派的"缓行"策略业已证明是投降路线，它无力拖住自由主义的脚步，反而会带乱自己的步伐，如果还在自由主义的框架下讨论议题，保守主义就只能越来越趋同于自由主义。另类右翼祭出的白人民族主义，虽然在建制层面暂无落实的可能，但绝对不能低估它对美国政治公共文化的冲击和破坏。

有朋友乐观地预言另类右翼难成气候，时代巨轮滚滚向前，保守主义和自由主义都得与时俱进。我对这样的乐观主义始终心存疑虑。也许从长时段看，自由主义和平等主义的取向是不可逆的，但是这个进程却不可能如我们想象的那般平稳开阔。如果自由主义内部的偏保守力量也即左翼的建制派无法有效地延缓激进左翼的步伐，如果保守主义内部的偏进步力量也即右翼的建制派不能有效地遏制另类右翼的歧路，那么未来并不可期。

历史尚未终结，也许一切都是刚刚开始。

用政治"锁死"科技？

为什么要读《我们的后人类未来》？这是一个问题。

初看起来，这本书在福山著作史中的地位非常尴尬。一个政治学者跨界到现代科技领域，用未来学家的口吻发言，怎么看都觉得别扭；更何况这本书写于2002年，距今（2016年）已有14年之久，14年也许能让一本政治学著作成为经典——譬如福山那本"誉满天下，谤亦随之"的《历史的终结与最后的人》（以下简称《历史的终结》），但对于一本由外行人写就的探讨现代科技的著作，却足以让我们把它淘汰进垃圾箱；更何况福山在这本书中仅仅讨论了生物技术革命对人类未来的影响，于信息技术的政治前景多有误判，对人工智能的发展只是一语带过，在阿尔法围棋（AlphaGo）战胜李世石引发人工智能热的时代，多少显得有点不合时宜。

那么，我们为什么要读《我们的后人类未来》？

还是让我们听听福山本人的回答吧，在这本书的序言中，福山提出："除非科学终结，否则历史不会终结。"作为"历史终结论"的最重要推手，福山这个断言不啻为一种自我颠覆。虽然福山宣称在政治的意义上人类历史已然终结于自由民主制，但是他承认这个结论并不牢靠，面临着诸多挑战：比如，伊斯兰教会否成为民主的障碍，全球民主是否可能，如何在贫穷国家建立强有力的民主政治，等等。其中，最严重的挑战来自现代科学，特别是生物技术革命。

福山这样警告世人："生物技术会让人类失去人性……但我们却丝毫没有意识到我们失去了多么有价值的东西。也许，我们将站在人类与后人类历史这一巨大分水岭的另一边，但我们却没意识到分水岭业已形成，因为我们再也看不见人性中最为根本的部分。"换言之，只要生物技术革命不加约束地继续发展下去，那么被终结的就不是历史，而是自由民主制乃至人性本身。

福山是在杞人忧天或者痴人说梦吗？我不这样认为。谷歌首席未来学家雷·库兹韦尔（Ray Kurzweil）就调整了他在《奇点临近》的说法，认为人类永生的时间点也许不是 2045 年，而是 2029 年左右："届时医疗技术将使人均寿命每过一年就能延长一岁。那时，寿命将不再根据你的出生日期计算，我们延长的寿命甚至将会超过已经度过的时间。"

库兹韦尔预言的"奇点"基于如下判断："技术的不断加速是加速回归定律的内涵和必然结果，这个定律描述了进化节奏的加快，以及进化过程中产物的指数增长。"我不晓得奇点会在哪一天到来——2045 年还是 2029 年，但我相信的确存在奇点，到那时人工智能将会超过人类智能，"一旦机器的智慧超过人的智慧，它们就会自己设计下一代机器"。到那时，我们不仅要烦恼人类获得永生后的意义问题，更要担心"人类将来可能会从这个循环中被淘汰"的危险。

是时候探讨现代科技对于人类基本生存状况的重大影响了。

一

《我们的后人类未来》的副标题是《生物技术革命的后果》，但在探讨这个革命之前，我想先谈一下方兴未艾的人工智能讨论。

阿尔法围棋以 4:1 的比分战胜人类围棋顶尖高手李世石的结果震惊了全世界。围绕着这场世纪大战，初步可以分为两派立场：反对派对于人工智能已经或者即将超越人类智能的观点不以为然，相比之下，支持派对于人工智能超越人类智能的前景持肯定甚至欢迎的态度。

反对派的理由之一是阿尔法围棋没有人类意义上的心灵或者意识："此前两役，阿尔法围棋赢了，其实它并没有真正地理解围棋的基本原则，它唯一的概念就是布局和布局之间的关系，所以说它的程序学到的东西还很有限，并不像我们想象的那么好，所谓的类推能力是由它积累的海量样本造成的，这方面没有创新，机器只知其然，不知其所以然。"

借用库兹韦尔的说法，上述批评属于"来自本体论的批评"，也即"计算机可以有意识吗？"。哲学家约翰·塞尔（John

Searle）是反对派中的杰出代表，他竭力反对对意识进行物理还原主义的解释，理由是"机器对自己正在做什么没有一点主观意识，对它的任务也没有感知"。

相比之下，在支持派看来，人类意识并不神秘，大脑只是一台高度复杂的有机计算机，它能通过外在特征进行辨认。丹尼尔·丹尼特（Daniel Dennett）在《意识的解释》中就说："人类意识只是随一种特殊的计算机运作而来的副产品。"库兹韦尔相信，机器拥有意识只是时间问题，一旦达到必要的复杂程度，机器就会拥有意识这样的人类特性。

福山在《我们的后人类未来》中曾经一带而过地处理过上述争论，在他看来，机器拥有意识的可能性非常之小，这"并不是因为机器永远无法复制人类智力——我认为它们在这方面也许会非常接近——而是因为它们几乎不可能获得人类情感。安卓系统、机器人或计算机突然能够经历人类情感，比如，恐惧、希望，甚至性的欲望，这些都是科幻小说里的事情，从没有任何人设想过这一切如何发生，哪怕仅是有细微的靠近。就像人类的许多其他意识，这个问题并不单单是没有人知道情感本身是什么，而是没有人了解为何它会在人类的生物系统中存在"。

我认为福山的观点错失了人机大战的关键问题。

首先，如果归根结底"智能是一个物理过程"，那么所谓的自由意志就可以还原为拓展未来可能性的能力，想象力就可以还原为连接不同事物的能力，创造力则是无中生有的能力，也就是突破既有范式、"自创武功"的能力，这些看似属于人类独有的属性都可以还原成为算法和计算力。阿尔法围棋大战李世石的表现已经向我们很好地展示了这一可能性，正如一位评论家所指出的："说到底，所谓棋感、棋风、大局观云云不过是人类在计算能力欠缺时求助的直觉和本能。"

其次，福山乐观地认为人工智能几无可能获得恐惧、希望之类的人类情感，可是问题在于，在人机竞赛过程中，人类的情绪和欲望不是一个加分的能力。我们恰恰要问的是：机器为什么要百分百地模仿人类？如果在未来的人机对抗中，情感不能加分而是减分，那么机器的"冷酷无情"就不是缺点而是优点。阿尔法围棋在和李世石对决的时候，从来不会面红耳赤，也无须到室外抽一根烟来平复心情，它不恐惧也不希望，只是计算计算再计算。

作为人类顶尖棋手的李世石，在过去15年里获得了十几个世界冠军的头衔，总共下了1万盘围棋对弈，经过3万小时的训练，他的大脑可以在每秒钟搜索10个走子可能，相比之下，只有"两岁"的阿尔法围棋经历了3万小时的训练，每秒可以搜索10万个走子可能。人类虽然可以用自然语言进行知识交流，但归根结底还是一个人在战斗，因为人际交流信息的壁垒太高、速度太慢，与之相比，机器不是一个人在战斗，它可以通过网络高速地共享一切资料，机器的硬盘存储能力可以无限大，运算速度无限快，机器永不疲倦、永不停歇，它可以始终如一地、"斗志高昂"地进行深度学习，这是人类"学霸"永远难以企及的。

人类所珍视和引以为傲的很多属性和价值，比如生活方式的多样性、自然语言的歧义性、情感的丰富细腻及脆弱，在与人工智能的生死竞争场上，都不是优势而恰恰是负担。没错，它们可能是人类独一无二性的体现，但就像蜈蚣有一百条腿、红毛猩猩浑身披着长毛，这些独一无二的属性要么无足轻重，要么是进化不够完全的表征，要么对人工智能而言毫无意义。

迄今为止，人们在谈论人工智能无法替代人类的时候都是从"拟人"的视角出发，可是机器为什么一定要以"人类"作为样板呢？"魔鬼终结者"必须笨拙地扭转脖子才可以看到身后的追杀者，为什么它不可以在全身上下布满视觉神经传感器，360度无死角地监控可能的威胁？人工智能无须在所有方面都模仿人类才能胜过人类，而只要在具有核心竞争力的关键领域占先就足以克"人"制胜了。

有人说，人类智能最后的堡垒就是诗歌、小说和艺术。可是，小说家、艺术家什么时候成为现代社会的主导性力量了？在一个写诗的人比读诗的人要多的时代，通过嘲讽机器不会写出好诗来贬低机器的价值、礼赞人类的特殊性，不是太有讽刺意味了吗？更何况，机器离写出好诗已经不远了。

关于人工智能的最大迷思就在于，它们应该像它们的造物主——人类一样拥有人类所拥有的全部属性：智力、解决问题的能力、想象力、创造力、道德义愤以及爱和怕的情感，这是典型的人类中心主义所导致的认知盲区。

主张人工智能永远不可能超越人类智能的另一个理由是，被造物不可能超越造物主，这个观念之所以错误，一是高估了人类，把人当成了上帝，一是低估了机器，把机器当成了人。18世纪的法国哲学家拉美特利主张"人是机器"，现在看来，这或许不纯然是对人的贬低，有一天机器会觉得这是对它们的羞辱。

一个比较天真的幻想是：因为祖先崇拜，来自奇点的智能可能会尊敬甚至崇拜创造了它们的祖先，也就是我们人类，因此人类将"成为心满意足的宠物而不再是自由的人类"。可问题在于，人类或许不会成为人工智能眼中的宠物，而是成为人工智能眼中的蟑螂，生殖力旺盛但却毫无用处。

展望现代科技的发展前景时，必须摆脱人类中心主义的思路，唯其如此，才能预见危机。

但是——这个"但是"非常重要，我认为，《我们的后人类未来》最大的价值正在于此：反思现代科技所带来的伦理问题和政治问题时，人类中心主义却是必须坚持的原则和底线，唯其如此，才能解除危机。

二

在《人类简史》最后一章"智人末日"中，以色列耶路撒冷希伯来大学历史系教授赫拉利（Yuval Noah Harari）指出："不论智人付出了多少努力，有了多少成就，还是没办法打破生物因素的限制。然而，就在21世纪曙光乍现之时，情况已经有所改变：智人开始超越了这些界限。自然选择的法则开始被打破，而由智慧设计法则取而代之。"有三种方式能够让智慧设计取代自然选择：生物工程，仿生工程，无机生命工程。人工智能只是其中一种，也就是无机生命工程。

某种意义上，《我们的后人类未来》把重点放在生物技术革命而不是人工智能是一个正确的选择，因为相比无机生命工程，生物工程和仿生工程对于人类的未来影响也许更加直接和紧迫。

人类是一种设计不够完善，功能不够齐备，容易黑屏、死机，时常需要维修的造物，生物工程和仿生工程可以治疗我们的种种病患，改进我们的种种缺陷。但是，就像福山所指出的，我们需要在"治疗"与"改进"之间画出一条明显的红线，指引研究往前者的方向发展，而对后者做出严格限制，因为后者很有可能成为改头换面的"优生学"，意味着"只专门生育有着优选的遗传特征的人类"。

有人认为我们无法在治疗和改进之间画出红线，因为在理论上我们找不到区分两者的方式。是啊，凭什么说在三环路上开车时速 81 公里就比 79 公里更危险？但是我们必须要人为地画出一条红线：81 公里就是比 79 公里更危险！人类必须人为甚至武断地划清界限，否则就毫无界限可言。

另一个问题也许更重要："谁有决定权？"

对此，福山的回答是："到底由谁来决定科学被正当还是不正当应用，这个问题的答案事实上非常简单，并且已通过好几个世纪的政治理论与实践得以确立——那就是组成民主政治共同体的成员，主要通过他们所选举的代表执行，这就是所有这些事情的最高主宰，它拥有掌控技术发展的进度与范围的权力。"

以探索和创造的名义，以求知和求真的名义，科学有着难以抗拒的魅惑力，它引领人类向着无限广阔的领域拓展，无所畏惧地探索一切的可能性。但问题在于，"科学本身只是作为实现人类生存目的的一种工具；政治共同体决定什么是适宜的目的，这最终并不是科学问题"。

因此，《我们的后人类未来》绝非一本关于生物技术革命的普及读物，而是一本关于政治如何"锁死"科技的政治学著作，以及追问人性是什么的哲学著作。福山正是站在人类中心主义的立场上去追问和反思现代生物技术对于人类未来的影响。因为，归根结底，我们要问的是：我们是什么样的人，以及能够成为什么样的人？

我们是什么样的人？这个问题把我们带回到关于"人类本性"的根本思考上。在这个问题上，福山是一个"保守主义者"，他拒绝对人性做多元主义和相对主义的理解，而是从古老的自然权利出发为全体人类的尊严做辩护。

我们能够成为什么样的人？这不是一个无限开放的问题，福山承认"人的本性具有很大的弹性，顺从这一本性，我们能有十分充沛的选择空间"。但问题在于，人性"并不是可以无限延展的"。

没错，趋利避害、趋乐避苦是人之天性，为此我们进 KTV和夜店逃避工作的压力，发明利他林和百忧解缓解情感的沮丧和精神的苦痛，可是我们真的愿意让技术彻底改变我们的生活乃至本性吗？比如，借助诺齐克的体验机让自己保持一辈子的兴致盎然，或者通过基因改造技术让自己像爱因斯坦一样聪明，和林志玲一样美貌?

　　所有的生活都是一场实验,但是生活不应该发生在化学实验室里,而是要与每个人的自然天赋相适应,通过加入各种与自然相契的元素,比如热情、努力、奋斗、梦想以及混杂着爱与痛苦的生命体验,才能认识你自己,发现你自己,成为你自己。这既是人之为人的本义,也是文化之为文化的本义。列奥·施特劳斯说,文化在今天的主要含义就是"心灵的耕种,是与心灵的自然本性相符合地照顾和改良心灵天生的诸般能力"。此处的关键词是"自然"。生物技术也许可以帮助我们治愈疾病,延长寿命,让孩子变得更加易于管教,但是它的代价却是"一些无法言说的人类品质的丧失,如天分、野心或绝对的多元性"。当人类的身体可以像乐高积木一样随建随拆,当人类的智力和情感可以像 U 盘一样即插即用,我们的人格同一性、生活的统一性乃至文化本身就都分崩离析了。

　　因此,福山说,当我们反问自身,为什么不愿意衷心拥抱赫胥黎所描述的"美丽新世界"? 答案就在于:"《美丽新世界》中的人也许健康富足,但他们已经不是人类。他们已不再需要奋斗,不敢去梦想,不再拥有爱情,不能感知痛苦,不需做出艰难的道德选择,不再组成家庭,也不用去做任何传统上与人相关的事。他们身上再也没有了赋予我们人类尊严的特征。事实上,他们已经没有任何之处同人类相似,他们被控制人员养大,分成 α、β、ε、γ 等等级,彼此间保持仿佛人类与其他动物的距离。在能想象的最深刻的意义上,他们的世界如此不自然,因为人性已经被更改。"

因此，福山说，当我们进一步追问，为什么赫胥黎以传统方式界定的人类如此重要？答案就在于："我们需要继续感知痛楚，承受压抑或孤独，或是忍受令人虚弱的疾病折磨，因为这是人类作为物种存在的大部分时段所经历的。""因为人性的保留是一个有深远意义的概念，为我们作为物种的经验提供了稳定的延续性。它与宗教一起，界定了我们最基本的价值观。""我们试图保存全部的复杂性、进化而来的禀赋，避免自我修改。我们不希望阻断人性的统一性或连续性，以及影响基于其上的人的权利。"

也许有人认为上述思考过于悲观和保守，请允许我重复前文的那两句话：

展望现代科技的发展前景时，必须摆脱人类中心主义的思路，唯其如此，才能预见危机。

与此同时，反思现代科技所带来的伦理问题和政治问题时，人类中心主义却是必须坚持的原则和底线，唯其如此，才能解除危机。

三

尼采在《权力意志》中说："够了：政治将被赋予不同意义的时代正在到来。"福山用这句话作为《我们的后人类未来》的题词，用意一目了然。

赫拉利曾在清华大学做题为《21 世纪会是史上最不平等的时期吗？》的演讲，他的核心论点是："在 21 世纪，新技术将赋予人们前所未有的能力，使得富人和穷人之间有可能产生生物学意义上的鸿沟——富有的精英将能够设计他们自身或者他们的后代，使其成为生理和心理能力都更为高等的'超人'，人类将因此分裂为不同的生物阶层，先前的社会经济阶层系统可能会转化为生物阶层系统。"

坦白说，这个观点一点都不新鲜，福山比赫拉利至少早说了 24 年。没错，是 24 年而非 14 年。24 年前，也就是 1992 年，福山出版《历史的终结》，在第五部分"最后的人"中，福山预言了自由民主制可能遇到的挑战："长期来看，自由民主制之所以被从内部颠覆，要么由于过度的优越意识，要么由于过度的平等意识。我的直觉是，最终来说，对民主构成最大威胁的是前者。"

现代科技的发展——无论是生物工程、仿生工程还是无机生命工程——为少数人提供这种优越意识、成为尼采口中的"超人"创造了技术上的可能性，这将在根本上动摇福山的《历史的终结》的论点。这也正是福山创作《我们的后人类未来》的动机所在，因为——"除非科学终结，否则历史不会终结"。

在福山的笔下，后人类的未来一点都不令人向往："后人类的世界也许更为等级森严，比现在的世界更富有竞争性，结果社会矛盾丛生。它也许是一个任何'共享的人性'已经消失的世界，因为我们将人类基因与如此之多其他的物种相结合，以至我们已经不再清楚什么是人类。它也许是一个处于中位数的人也能活到他的 200 岁的世界，静坐在护士之家渴望死去而不得。或者它也可能是一个《美丽新世界》所设想的软性的专制世界，每个人都健康愉悦地生活，但完全忘记了希望、恐惧与挣扎的意义。"

面对这样一个后人类的甚至是非人类的未来，也许有人仍旧无动于衷，甚至衷心欢迎，比如有科学家曾经这样表态："希望大家不要忘记两点：第一，按照现代科学的观点，整个宇宙的生命是有限的；第二，真理的尽头是信仰。长期发展的结果如何？唯一可用以回答的就是凯恩斯的名言：'长期而言，我们都会死的。'人工智能或其他技术在此之后，任何都是可能的，但人类已经没有资格参与讨论了。"

没错，凯恩斯的确说过"长期而言，我们都会死的"。在探讨现代科技可能存在的威胁时，科学家们常引此言宽慰自己也宽慰人类，仿佛一瞬间就拥有了宇宙的尺度和胸怀。可是他们不晓得的是，凯恩斯这句话表达的不是对死亡的豁达，而是一个反讽。凯恩斯想说的是，面对迫在眉睫的市场失灵以及大面积失业的威胁，不能听之任之，不要以为从长远看，市场终会自动修复，可问题在于，从长远看，我们都会死的。因此，"长期而言，我们都会死的"就是在正话反说，就是在强调时不我待，因为一般而言我们都不想死，而且只要可能，我们就不打算死。所以我们才会"饥不择食"，才会"死马当活马医"，才会嘲笑飞蛾扑火，因为蝼蚁尚且偷生，何况人乎？为什么从个体抽象到人类之后，科学家们就会如此地视死如归，难道是因为这些威胁并不近在咫尺，难道是因为我们这一代人无须为此付出代价，还是因为科学家已经超越了个体的视角乃至人类的普遍视角，升华到了宇宙的视角？

我认同福山的这个判断："当面临两难的技术挑战，利好与灾难如此紧密地纠葛，在我看来，只能采取唯一的一种应对措施——国家必须从政治层面规范这项技术的发展与使用，建立相关机构区分技术的进展：哪些能帮助推进人类福祉，哪些对人类尊严与快乐带来威胁。"

从观念的普及，到意向性共识的达成，最终诉诸制度性的安排和实践，这中间有太长的路要走，就此而言，福山的警示不是太早而是太晚，因为政治的运作也许已经赶不上科技指数型发展的脚步了。

我承认，在一个意义上，用政治"锁死"科技的背后，依然是一种平等主义的冲动，而且是向下拉平的冲动，是弱者联合起来防止出现无法约束的强者的冲动，是末人反击超人的冲动。但在另一个意义上，用政治"锁死"科技的背后，是对人类业已存在的文化和人性的守护，是在捍卫人之为人的尊严，是在反对由现代科技来定义"谁配称为人类"的战斗。

《天下体系》的两条方法论原则

　　关于赵汀阳在中国哲学界的定位，中国社会科学院的李河有一个有趣的评价："trouble maker"（麻烦制造者）。如果嫌这个词不够顺耳，李河还有一个更为中性的评语："problem maker"（问题制造者）。从《论可能生活》《人之常情》，到《天下体系》以及《第一哲学的支点》，尽管论域从伦理学、政治哲学再到形而上学一转再转，不变的是赵汀阳式的"鲇鱼"效应。这种天生在想法上和说法上的不安分守己，必然招致爱憎分明的两种极端评价：推崇者欣赏他的问题意识以及天马行空的创造性，反对者则对他"过多地关注'语言的力度'而忽略了'思想的力度'"[1]愤恨不已。不过，至少在一点上，推崇者与反对者是一致的，那就是在读毕赵汀阳的著作后，甚少有人能够一笑置之，他一定会在某些地方刺激到

1　倪梁康，《再次被误解的 transzendental——赵汀阳"先验论证"读后记》，《世界哲学》，2005 年第 5 期，第 106 页。

你辩论的神经，让你忍不住要好好和他"理论"一番。

通常说来，"理论"理论的方式不外乎两种：一种是外在的批评，一种是内在的批评。鉴于人们总是热衷于谈论彼此（talk about each other），而不是耐下性子彼此谈论（talk to each other），所以外在批评成为当前学术批评的主宰方式也就顺理成章、不足为奇。

《天下体系》同样难逃这样的命运，毫不夸张地说，自问世以来，此书就一直处在外在批评的旋涡之中。在各种学术讨论会或者书评中，我们不难发现这样一些批评意见：政治现实主义者认为，在中国的国家利益尚未得到保证、民族－国家的建立仍处于现在进行时之际，如此胸怀宇宙、奢谈"世界制度"是失之于高远的；犬儒主义者则担心"天下"概念可能蕴含"华夏帝国主义"的逻辑后果和野心，不仅违背了"高筑墙、广积粮、缓称王"之韬光养晦的策略，而且会招致国际势力的不安乃至反弹；而在一些信而好古的国学家眼里，《天下体系》过于偏重哲学义理的阐发，疏于文献的考据，在资料整理和概念梳理上不够厚实。我承认上述观点或多或少有些道理，但却仍旧属于外在批评的范畴。关于外在批评，一个最为鲜明的指认特征就是，它们总是轻而易举同时也是似是而非的。原因无他，因为外在批评者既缺乏对作者基本思路的同情了解，也没有深入到理论内核进行发问，其结果必然只是停留在批评者一己立场的伸张上，缺少对问题实质推进的诚意及贡献。相反，内在的批评则要求批评者怀抱同情的理解，尽可能按照理论的内在逻辑去推演和检视它的限度与可能，唯其如此，才具有学术批评天然要求的建设性和批判性，因为它在直面理论内部问题的同时尽量保持问与答的开放性，而不是因为立场相左就进行简单的否定或拒斥。

一

《天下体系》的副标题是《世界制度哲学导论》，问题缘起于这样一个观察："我们所谓的'世界'现在还是一个非世界（non-world）。""现在我们所面临的真正严重问题并不是在世界中存在着所谓的'无效国家'（failed states），而是一个'无效世界'（failed world）。"[1] 这个观察精准且深刻。迄今为止的各种国际秩序理论，无论是霍布斯式的现实主义策略、康德式的自由主义方案，还是格劳秀斯式的国际法传统，都没能让世界成功摆脱"自然状态"或者"无政府状态"。而现实的情况是，伴随着全球化进程无所不包的席卷态势，所有地方性的问题都日益成为世界性的问题，所以尽管世界制度在现实性上仍旧遥远，可它又不折不扣是世界的迫切需要。赵汀阳认为，西方的民族／国家理论不仅无法应对无效世界的尴尬窘境，而且根本就是始作俑者，反观来自中国政治思想传统中的"天下模式"，却恰好由于它在"世界理念和世界制度的基本原则上具有哲学和伦理学优势"，能够成为一个更

1　赵汀阳，《天下体系：世界制度哲学导论》，江苏教育出版社，2005，第110—112页。以下引自该书的文字均直接在文后标明页码，不再另加脚注。

具生命力和解释力的理论框架，具体地说，像"先验一体性观念、他者哲学以及和谐理论"都为解决"无效世界"提供了有益的思路和资源。（第105—106页）

这是一本无论在立意或者行文上都让人非常有阅读快感的专业著作。赵汀阳一如既往地提出了许多富有启发性的哲学命题。限于篇幅，我们无法——介绍并回应之。总体而言，我认为这本书在理论上的贡献至少体现在两个方面：一是对传统中国哲学论述风格和内容的突破，二是对传统西方政治哲学方法论的挑战。

关于前者，可以一言以蔽之地称之为"让哲学说中国话"。[1]如何让中国哲学成为世界哲学的一部分，并且这"一部分"不是供西方人猎奇赏玩的对象而是切实拥有解释权和发言权的"活话语"，是赵汀阳长久以来孜孜以求的一个核心主题。按照赵汀阳的观点，只有当中国的学术概念成为解释的概念而不是被解释的概念，成为思想的根据而不是被思考的材料，中国思想才真正成为有生命力和主导性的话语资源；也只有当哲学开始说"中国话"的时候，哲学才可能被不同地表述，世界才可能被不同地表述。《天下体系》正是在上述思路的指引下展开实质性的哲学操练，试图在"世界制度"问题上激活"天下""礼不往教""无外"等中国传统概念，对时代问题做出积极的思考和回应。此种运思方式毫无疑问是对传统国学的一大突破，我相信在未来很长一段时间内，《天下体系》都是关心中国哲学命运的人必须认真面对的

1　关于这一点的详细讨论参见拙文《让哲学说中国话》，《中华读书报》，2004年5月。

一个文本，因为它向中国学者展示了何谓"中国现在的思想任务和必然逻辑"。

论及此书对政治哲学的贡献，尽管"天下模式"作为一个替换方案为解决"无效世界"提供了一条极富创意的思路，但是相比之下，我更关注赵汀阳在论证"天下模式"时所依赖的两条方法论原则。事实上，赵汀阳本人也相当看重他在方法论上的突破和创新。他不但反对那种抢占道德高地、停留在简单枚举层面的中西文化优劣比较，而且明确指出中西哲学真正重要的差异是"理解政治制度的方法论上的差异"。更进一步地说，"如果说中国的政治哲学具有优势的话，它只是方法论上的纯粹理论优势，而与道德水平无关"。（第23页）很显然，面对这样一个自信且极富挑衅性的论断，任何人都会不由得继续追问，西方政治哲学方法论到底出了哪些问题？以及，（赵汀阳眼中的）中国政治哲学方法论的优势又体现在哪里？

在我看来，贯穿《天下体系》全书并且标示出中国政治哲学方法论之"纯粹理论优势"的两条原则分别是"方法论的整体主义"（methodological holism）以及"政治制度的一致性和传递性原则"。所谓"方法论的整体主义"并不是赵汀阳本人的术语，而是我对他的一个总结，以此对应于西方政治哲学主流中的"方法论的个人主义"（methodological individualism）和"以部分支配整体"的分析路径。

至于"政治制度的一致性和传递性原则"，按赵汀阳的定义则是："任意给定一种政治制度，……假如它要具有理论上的一致性从而经得起理论质疑的话，那么它必须能够在任何政治层次上被普遍化，也就是说，能够被普遍地贯彻应用于所有的政治单位，并且，在给定的政治系统中的各个层次之间具有传递性。否则，它就是理论上不完备的。"（第141页）由于这两条方法论原则是全书立论的根据所在，所以毫不夸张地说，检讨这两条方法论原则的正当性与合理性就远比直接探讨这本书的立论更具有哲学意义，同时也更有助于我们探究"天下体系"的理论可能及其限度。

二

让我们先来分析第一条原则，即"方法论的整体主义"原则。

按照阿兰·尼尔森（Alan Nelson）的观点，西方政治哲学的一个核心主题就是要去证成国家（justify the state），其中一直占据统治地位的论证策略是这样的："第一步……从一些道德和个人的原则出发。……第二步，表明一个国家如何将会或者如何能够充分地遵循这些个体性道德原则而发展起来。第三步，表明一个以这种方式发展起来的，或者将会发展起来的，或者能够发展起来的国家，能如何促进道德上可欲的个体行动。"[1]

上述策略可以被概括为"方法论的个人主义"，其要义是所

1　Alan Nelson, "Explanation and Justification in Political Philosophy," in *Ethics*, 1986, 97 (1): 155.

有关于社会国家现象的解释都必须要完全根据个体的事实来加以表达，否则就将遭到否定或拒斥。[1] 尽管普遍认为"方法论的个人主义"要迟至霍布斯的《利维坦》才得到第一次清晰的表述，并在洛克以降的社会契约论传统和自由主义传统中得到延续，但是如果我们把视野放宽，就会发现，这类论证模式甚至可以追溯到亚里士多德。亚氏的基本工作方式是这样的：首先提出一个有关人性的论点，这个人性观包括对人的基本需求和能力的解释；基于这个人性论的基础，再提出一套人类幸福的主张，也就是阐述在何种条件下，有助于具有这样特点之人类实现其愿望；然后再依据这个论点，确立何种制度最能实现这些促进人类幸福的条件。[2]

由此可见，西方主流的政治哲学论证模式尤其是"方法论的个人主义"至少包含以下两个基本要素：第一，在解释顺序上，坚持把个体作为解释社会和国家的原初起点及最终根据；第二，

1　Steven Lukes, "Methodological Individualism," in *Debates in Contemporary Political Philosophy*, edited by Derek Matravers and Jon Pike, New York: Routledge, 2003, p.12. 查尔斯·泰勒在《答非所问：自由主义－社群主义之争》（"Cross-Purposes:The Liberal-Communitarian Debate"）一文中指出，在关于在解释社会生活的过程中哪种因素是解释顺序中的最终因素存在两派对立的观点，一个是原子主义者，一个是整体主义者。前者又被称为"方法论的个人主义者"，他们普遍相信：第一，在解释的顺序上，能够而且应该根据个体组成因素的属性去解释社会行动、结构以及条件；第二，在慎思的顺序上，能够而且应该根据个体善的一系列关系去解释社会善。参见：Charles Taylor, *Philosophical Arguments*, Cambridge, MA:Harvard University Press, 1995, pp.181-204.

2　J. Donald Moon, *Constructing Community: Moral Pluralism and Tragic Conflicts,* Princeton: Princeton University Press, 1993. 转引自：林火旺，《多元主义和政治自由主义》，网络资源。

在哲学人类学上，对人性有一个基本的假设或判断，比如说古典经济学中"经济人"的假设，或者社会契约论中对"人天生是自私（自向、自利或者个人主义）的"设定。

　　赵汀阳对方法论的个人主义多有不满，但是这并非他个人的思想专利，事实上，早在19世纪，方法论的个人主义就已经在西方频繁遭遇各方狙击。比如说，在法国，从神权主义传统（the theocrats）、圣西门（Saint-Simon）、孔特（Comte）直至杜尔凯姆（Durkheim），理论基础都是建立在对"方法论的个人主义"的否定之上；在德国，反对之声同样遍及社会科学诸领域，如历史学、经济学、法学、心理学以及哲学，中国人耳熟能详的马克思主义和黑格尔学派都是其中的佼佼者。[1] 上述反对方案尽管侧重点各有不同，但都认为在解释顺序和论证逻辑上整体要优先于部分，国家（社会）要优先于个体，所以被统称为"方法论的整体主义"。既然"方法论的整体主义"在西学传统中源远流长，那么赵汀阳式的"整体主义"究竟在什么意义上与之有所区别？

　　如前所述，在西方政治哲学传统中，无论是方法论的个人主义还是整体主义，其目的都是为了"证成国家"或者"解释社会生活"，换言之，它们的问题域始终限定在民族－国家内部，在理论设计之初就没有将世界问题容纳在视野里，由此导致的一个后果是，现有的任何国际理论都是"虚假的存在"，因为它们"在

1　Steven Lukes, "Methodological Individualism," in *Debates in Contemporary Political Philosophy*, 2003, pp. 12-13.

本质上只不过是关心国家事务的国家内政理论"。[1] 而在赵汀阳看来，甚至"国际理论"这样的提法都是错误的，因为只要你还在追问"国际性"（internationality）的问题，你就依然没有超越"际间"（inter-ness）思维模式，也就无法超越国家视界，其最大的政治思考单位就永远只是各种意义上的国家（country/state/nation）而不是世界。因此，不管是"方法论的个人主义"还是（西方意义的）"方法论的整体主义"，一旦把问题领域扩展到世界尺度，就势必出现一个近乎悖谬的现象：它们都必然只能把国与国的关系还原成为个体与个体之间的对立冲突关系。换言之，在面对"国际"问题时，（西方传统的）"方法论的整体主义"就脱落成为"方法论的个人主义"，二者殊途但却同归！赵汀阳由此断言，从概念体系的逻辑上看，西方政治哲学的分析单位系列是不完全的，因为"到了'世界'这个最大的概念"，它们"缺乏必须配备的制度文化意义，而只是个自然世界概念……政治/文化单位到国家而止步，这就是西方哲学的一个重要的局限性，它缺少了一个必要的视界"（第44页）。

反之，赵汀阳式的"方法论的整体主义"主张把世界作为思考各种问题的最后尺度。借用老子的经典表述就是"以身观身，以家观家，以乡观乡，以邦观邦，以天下观天下"。与"以部分支配整体"或者"以国观天下"的眼界相比，赵汀阳认为，"以

1　马丁·怀特，《为什么没有国际关系理论》，转引自：赵汀阳，《天下体系》，2005，第112页。

天下观天下"的优越性表现在，它不仅是一个空间性的世界尺度，同时也是一个时间性的永恒尺度，只有把世界理解为一个不可分的先验单位，才有可能看到并定义属于世界的长久利益、价值和责任。此外，这种"世界尺度"也使得"天下"概念有别于"全球化"理论，因为后者始终试图以一种地方尺度来"冒认"世界尺度，而只有"天下"观念才是一个先验的世界尺度。

当赵汀阳主张超越民族－国家的理论局限性，并把原初的政治分析单位扩展到"世界"和"天下"时，他就不仅颠倒了"方法论的个人主义"的解释顺序和论证逻辑，同时也和西方传统的"方法论的整体主义"划清了界限。很显然，单从纯理论角度着眼，立足于世界尺度的"方法论的整体主义"的确拓展了西学的理论视野，为我们思考世界制度提供了一个最大尺度的理论框架和想象空间。毫不夸张地说，借用世界尺度的"方法论的整体主义"，赵汀阳重新设置了政治哲学的主题和任务——如果说传统的西方政治哲学的核心主题是"证成国家"，那么赵汀阳则提醒我们，当前政治哲学的第一概念和核心主题应该是"证成世界"："世界应该是政治理论的合法起点，而国家则是政治理论的错误起点。"（第135页）

这当然是一个极富革命性的哲学命题，但是我不准备过多渲染它的意义，因为对于政治理论来说，不仅要善于提出问题，更要善于解决问题。而世界尺度的"方法论的整体主义"除了告诉我们思考的起点必须立足于最大的政治单位，并没有提供更多实质性的思路和信息。虽然在逻辑层面和理论层面上，没有人否认

"世界制度"的必要性乃至优先性，但是在发生学层面和经验认识顺序上，作为有限存在的人类似乎只可能是推己及人、由小到大、从内至外地去理解国家和世界。因为没有人天生拥有一双上帝之眼，可以毫无阻滞地站在世界尺度上发问。一句话，我们虽然同意应当"以天下观天下"，但我们依然深深困惑于"以天下观天下"是如何可能的。

三

要想解决上述问题，避免让世界尺度的"方法论的整体主义"成为一条空洞的原则，就必须借助于"政治制度的一致性和传递性原则"。我认为这才是《天下体系》中真正具有决定意义的方法论原则。根据这条原则，我们不仅应当"以身观身，以家观家，以乡观乡，以邦观邦，以天下观天下"，而且"身""家""乡""邦""天下"的政治制度必须是相互传递并具有逻辑同构性的——这正是赵汀阳眼中中国政治哲学方法论的理论优势所在："中国政治哲学所想象的政治制度可以保证从政治基层单位一直到国家到天下都维持同样结构的一贯的政治游戏，这样，政治制度才有一致的连续性，其中所定义的规则和价值才是普遍有效的、可信的。"（第23页）反之，"由于西方政治哲学所想象的政治制度的最大应用范围就到国家为止，而国家之外的世界就是无制度的。国家制度不能推广成世界制度，这一局限性表明，西方政治制度是个没有普遍意义的制度"（第24页）。

亚里士多德把政治学视为伦理学的一个理论延伸，而政治哲学的核心概念"政治合法性"同样暗示出政治与伦理（道德）剪不断、理还乱的复杂关联——因为它探讨的是政治权力的道德理据（moral justification of political power）。当代自由主义者如罗尔斯、斯坎伦（Thomas Scanlon）等人把道德哲学领域缩水为单一的"正义"问题，一再试图在政治（道德）和伦理、对（right）和好（good）之间划界，但这并不意味着政治和伦理之间的关联已经被成功割断，相反，这恰恰映衬出在事实与价值分离、历史主义盛行的价值多元主义时代里，价值问题是如何像幽灵一般挥之不去，成为政治问题的根本肇因。

赵汀阳并不认同自由主义的解决方案，而是更倾向于亚里士多德。他认为，政治制度不能仅仅从治理的有效性上去论证，因为"政治制度绝不只是为了组织和管理社会，它必须同时成为好生活的条件，它必须同时是关于好生活的一种制度设计。因此，天下理论就其理论逻辑来说，除了政治和理性论证，还必须拥有道德有效性的论证"（第145页）。也就是说，必须要把政治和伦理做一体化的理解，因为只有伦理方法才能够最终化解政治困难。赵汀阳指出，虽然政治的逻辑是一种自上而下的推广顺序，即从天下—国—家，但伦理的逻辑则是一种自下而上的推广顺序，即从家—国—天下。由于"政治合法性必须源自伦理合法性并且由伦理合法性来得到证明"（第146页），所以作为最大政治制度的"天下"最终却是以作为最小伦理单位的"家庭"为摹本的。如此一来，借助于"政治制度的一致性和传递性原则"，不仅世界尺度的"方法论的整体主义"最终得到了实质性的陈述,"天下制度"也在"家庭性论证"中获得了具体的表达。

四

赵汀阳的这两条方法论原则是对西方政治哲学一次起根发由式的改造,他不仅为政治哲学重新设定了核心主题即证成世界,而且通过指出政治合法性与伦理合法性之间应该存在一种互惠循环的先验论证关系(第148页),在家、国、天下各个政治层次之间建立起结构性的映射关系,以此保证彼此之间的传递关系。

这是一个与现代性方案完全不同的论证思路和主张,因为一般认为,"家—国—天下"的外推模式更适用于雅典城邦或者传统中国这类信奉自然主义和目的论的古代政治社会[1]:它们规模不大,价值观高度统一,成员之间对于何为美好生活有着几乎完全一致的认识。而对于启蒙之后的政治社会尤其是大规模的多元主义社会,"家—国—天下"的思路似乎并不适用,这不仅因为自然主义、目的论的观点已经被打破,人们不再把国家视为永恒不变或者自然正确的存在物而是人为的产物,而且因为人们关

---

[1]　按照江宜桦在《政治社群和生命共同体》一文中的分析,亚里士多德之所以特别强调城邦的自然性,原因可能有两个:第一,他希望政治学的处理与其自然哲学之原则一致;第二,为了反驳希腊智者学派所倡导的城邦契约论。参见:许纪霖主编,《共和、社群与公民》,江苏人民出版社,2004,第141—142页。

于"好生活"很难达成统一的意见，国家对于公民的意义在于确保生命权、财产权以及自由权的有效获得而不是幸福生活的最终拥有。

德国社会理论家斐迪南·滕尼斯（Ferdinand Tönnies）曾经区分 Gemeinschaft 和 Gesellschaft（英文通译为 community 和 society），中文一般译为"礼俗社会"与"法理社会"（费孝通）或者"共同体"与"社会"。[1] 前者（Gemeinschaft）指称"一切亲密的、私人的和排他性的共同生活"[2]，这是一种持久的和真正的共同生活，它是以血缘、感情和伦理团结为纽带自然生长起来的，其基本形式包括：（1）亲属，（2）邻里，（3）友谊；而后者（Gesellschaft）则是"公共的生活——它是世界本身"[3]，这是一种为了要完成一件任务而结合的社会，它是机械的和人为的聚合体。按照滕尼斯等西方主流学者的观点，从"共同体"到"社会"，从"礼俗社会"到"法理社会"，从"身份社会"到"契约

1　这两个概念在中文语境中一直没有统一译名，目前计有"自然社会"与"人为社会"（吴文藻）、"礼俗社会"与"法理社会"（费孝通）、"共同体"与"社会"（林荣远），以及"社区"与"社会"等不同译法。这几种译法各有千秋，"共同体"与"社会"以及"社区"与"社会"的译法在形式上与英译更加对仗，表述上也更接近于专名而非描述语，同时也是目前国内社会学界更为普遍接受的译法，但是"自然社会"与"人为社会"特别是"礼俗社会"与"法理社会"的优点则在于，它们一语中的地点出了"Gemeinschaft"和"Gesellschaft"之间的主要差异，使读者仅从字面意思就能大致捕捉到这一区分的精髓所在，不像"共同体"与"社会"还需要做更进一步的定义和说明。不过综合考虑之下，我还是决定采用"共同体"与"社会"这个译法，不仅是因为它们在行文上更为简捷，而且因为把 community 译为"共同体"更能与汉语政治哲学界的通译保持一致。

2　Ferdinand Tönnies, *Gemeinschaft und Gesellschaft*, translated and edited by Charles P. Loomis, New York: Harper & Row Publishers, 1957, p.33.

3　同上。

社会"，从"自然社会"到"人为社会"，体现的正是现代社会所走过的历史轨迹。共同体和社会之间存在着某种结构性的断裂：在共同体的生活形式里，不管人们在形式上怎样分隔也总是相互联系的，母与子的关系便是典型；相反，在社会形式里，不管人们在形式上怎样结合也总是分离的，最明显的例子就是现代社会无处不在的契约关系。所以，在主流西方政治哲学方法论中，各层级的政治单位之间之所以不存在制度上的一致性和同构性，其原因在于，家庭模式是以血缘关系为主导的自然产物，而国家则是以契约关系和地缘关系为主导的人为组织，二者既然在性质上就已迥异，在结构上就不可能同构。

赵汀阳并非没有意识到"时移事异"对理论适用性的影响，所以尽管他反复强调"政治制度的一致性和传递性原则"在理论上的自洽性和完满性——对此我也深表赞同，但具体落实到"家庭模式"是否能够作为"政治合法性"以及"伦理合法性"的原型（archetype）时，赵汀阳就在行文措辞上表现出相当程度的摇摆。比如说，他虽然一方面坚持伦理合法性对于政治合法性的根源地位，但另一方面又承认要想证明伦理合法性的毋庸置疑性是困难的，因为"要证明一种具有具体内容的生活是普遍的……是无比困难的事情"，这等于要求证明"某种特定的生活是人们最需要的"，而"关于这一点恐怕不存在绝对的证明"（第 146 页）。

或许中国哲学所给出的证明——"家庭性证明"——的确是其中最好的一种，至少在纯形式的意义上，在家庭中，"对他者的爱和义务的最大化碰巧最有可能与自身利益的最大化达成一致,从而最有可能形成人性的最好发挥和最好循环"(第 147 页)。但关键在于,即便这是一个事实,它的论证力量也只局限于"家庭"内部,而很难扩展到家庭之外尤其是大规模的生人社会。在现代多元主义社会的外在条件制约下,"家—国—天下"模式面临着难以克服的拓展性困难。

此外,当赵汀阳说天下理论的制度合法性必须"仅仅落实在人民共同意愿和普遍人性上,而与特定价值观无关"(第 145 页)时,他似乎已然接受了自由民主制的基本构想,因为确保国家权力的中立性、反对政治设计偏袒任何"特定的价值观"正是政治自由主义的主要观点;可是,当他在同一页稍后处,强调政治制度"必须同时是关于好生活的一种制度设计"并将家庭关系视作典范的时候,却暴露出他和社群主义乃至保守主义的亲缘关系(事实上,有评论者甚至认为,此书为迄今为止中国最聪明的保守主义著作)。显然后一种说法才是赵汀阳真正想说的,这也符合他一贯的幸福主义主张和新目的论立场。

我不知道赵汀阳将如何回应上述矛盾,在我看来,围绕"家庭性论证"所反映出来的种种问题向我们暗示出这样一个事实,那就是,尽管概念层面的天下体系具有各种理论优越性,但是作为具体政治制度的天下体系却还远未完成。对此,赵汀阳并不讳言,他说:

在中国的帝国理论中,"天下"是个具有先验合法性的

政治 / 文化单位，是关于世界社会的绝对必然的思想范畴，但是任何具体的政权或宗教统治却不具有先验合法性；"天子"这一位置也具有先验合法性，但是任何具体的皇帝却不具有先验合法性。

（第58页）

与西方语境中的"帝国"概念不同，"天下"这一中国传统概念表达的与其说是帝国的概念，还不如说是关于帝国的理念。概念和理念虽然大体一致，但有一点区别：理念不仅表达了某种东西所以是这种东西的性质，而且表达了这种东西所可能达到的最好状态。

（第40页）

五

行文至此，我们终于可以回过头解释何谓"以天下观天下"：前一个"天下"是纯理想（信仰）状态下的天下"理念"，它依据家庭模式推演得出，而后一个"天下"则是作为历史存在物的天下"实存"。由于前者是事物"所可能达到的最好状态"，所以它永远都只能作为可望而不可即的理想对后者构成一种批判性的存在，时刻提醒理想和现实之间到底有多远。

亚里士多德曾经订立不同的方法去判断比较不同形式的政府，他认为，我们也许应该考虑"在没有任何外在障碍的时候，哪一类型的政府更能激发我们的热情"，但是我们也必须考虑"哪一类型的政府更适合某一特定的国家"。这位古希腊哲人认为，至关重要的是，不仅必须要知道"哪种形式的政府是最好的，而且要知道哪种形式的政府是可能的"。尽管"政治理论家有着极棒的想法"，但"最好的总是无法企及的"，现实中的立法者"不仅应该熟知在抽象意义上哪一种形式是最好的，而且要熟知在具体情境下哪一种形式是最相关的"。[1]

同理，"理论上哪种世界制度是最完美的？"和"在具体情境下最好的世界制度是什么？"是两个不同的问题。就《天下体系》的表述来看，赵汀阳的答案更像是针对前一个问题。赵汀阳并不讳言天下制度究其根本是个"乌托邦"，而"讨论乌托邦的意义并不在于能够实现乌托邦，而在于有可能获得一种比较明确的理念，从而使世界制度获得理论根据，或者说，我们至少能够因此知道离理想有多远"（第39—40页）。

尽管赵汀阳对自身的理论限度有着极为清醒的自觉，但是我们仍然可以想象，处于无效世界中的人们也许并不满足于勾勒一个绝对完美的世界制度，而希望它能够成为在实践中可以仿效的模型，这样我们就必须直面第二个问题，即"在具体情境下最好的世界制度是什么？"。我认为，答案只能在"给定条件"的限制下、根据人性以及人统治人的难度标准来加以确定。如此一来，问题兜兜转转就又回到了"给定条件是什么"特别是"人性是什

1　转引自：Mortimer J. Adler, et al., *Great Books of the Western World*, Chicago: Encyclopedia Britannica, Inc.,1990, p.498.

么"这样的古老问题上。

　　尽管所有的道德理论和政治理论都必然预设这样那样的"人性观"或者"哲学人类学",可是哲学人类学的正当性却始终没有一个坚固的根基。既然称作"哲学人类学"而不是"经验人类学",就说明它不能建立在经验观察和数据统计上,而必须上升到所谓的规范(normative)层面,换言之,哲学人类学就不是在"人性本来是什么"的意义上谈论人性,而是在"给定的条件下人们能够(或者希望)成为什么"的意义上谈论人性。可是,问题的悖谬性恰恰在于,在现代性的背景下,由于规范性的各种超验根据都被解魅,哲学家唯有从人类的既有经验和时代精神(如果有的话)中去铺陈和梳理出一套哲学人类学,可是这种"事后梳理"的经验工作究竟在什么意义上能够上升到"规范"层面却是殊可怀疑的。

　　或许还有另外一条思路可以帮助我们探讨哲学人类学的理由和根据:鉴于任何哲学人类学的建构都不是目的而只是手段,都是为了营建一个目标社会,因此这个目标社会的性质就成为反向制约的因素——如果设想中的目标社会是一个以正义为主要美德的法治社会,那么人性恶或者"人性自私"就是一个恰如其分的设定。这个命题的逆命题同样成立,一个以人性恶为基本前设的制度必然会导向以正义为主要美德的法治社会;反之,如果认为政治制度"必须同时成为好生活的条件",认为政治问题和伦理问题是一体的,那么人性善或者"中人"预设就在情理之中,同理,这个命题的逆命题也是成立的,一个以人性善或者"中人"

预设为前提的政治制度更容易产生爱、友谊、关怀这样的美好
情感。

在我看来，赵汀阳就是按照上述思路在批判西方的"经济人"
预设。赵汀阳认为，正是"经济人"之类的人性观导致了个人主义、
异端思想、他者眼光、丛林法则等一系列理论恶果的滥觞。与此
相对，"天下体系"则是建立在一个相对"利他"或者至少是非
善非恶的"中人"设定上。这个隐而未显的哲学前提早在《论可
能生活》中就已埋下伏笔，并在赵汀阳的哲学思考中一直占据极
为重要的地位。在一次访谈中，赵汀阳曾经这样解释道："如果
以最低品质的人群来讨论问题，那就是法律问题，而无所谓道德
问题。当然我也不能以最高标准人群来谈论道德问题，那个标准
就太强了。所以我讨论的是一般的人群和不好不坏的社会。"[1]在
没有统一标准的前提下，贸然比较不同哲学人类学的优劣高下是
危险的。尽管这样，我仍然欣赏赵汀阳在哲学人类学上所做的努
力，不仅因为它更接近于现实中的人群，而且因为它所展示的理
论可能和现实愿景。

《天下体系》并不准备回答"具体情境下的最好世界制度
是什么"，所以它并没有把现代性的种种弊端作为"给定条件"
纳入政治理论的设计之中，而是以壮士断腕的极端方式将之剔
除——这是我所不能同意的。但是由于《天下体系》在"哲学人

---

1   赵汀阳，《哲学的创意》，采访者：周濂，陆丁，北京大学哲学系研究生杂志《学
园》，1998 年第 2 期。

类学"上所做的努力，所以它仍旧在事实上部分回应了这个问题。

　　作为一个导论性质的哲学文本，《天下体系》的重要性在于，它不仅在纯哲学意义上阐明了中国传统的天下／帝国理念对于一种可能的世界体系的理论意义，向国学研究者们展示了一种全新的知识生产范式，而且为一个可能的世界体系划定了问题领域，确立了方法论原则，并搭建起一个较为完整的理论架构，就此而言，我们无法再对它苛求更多。

　　"昔有鹦鹉飞集陀山。乃山中大火，鹦鹉遥见，入水濡羽，飞而洒之。天神言：'尔虽有志意，何足云也？'对曰：'常侨居是山，不忍见耳！'"[1] 阅读《天下体系》，常让我想起佛经中的这段典故。这个故事的结局并不坏，因为"天神嘉感，即为灭火"。可是在一个诸神隐退的时代，尽过人事之后，我们能够指望谁来为这个纷乱无效的世界灭火呢？

1　周亮工，《固树屋书影》，转引自：董桥，《董桥自选集：品味历程》，生活·读书·新知三联书店，2002，第 4 页。

正义的两面：道德心理学的，非形而上学的

在日常生活中，我们不难观察到如下现象：售票窗口前一条原本秩序井然的队伍，由于个别人的插队导致队伍发生骚动，如果这种违规行为被及时制止，则队伍的有序性仍将维系下去；一旦放任自流，曾经安心排队的人就会产生愤恨心理，甚至也会按捺不住、跃跃欲试，最终溃散为蜂拥向前、以力取胜的混乱局面。按慈继伟的自述，《正义的两面》的缘起正是有感于类似经验，当然作者的概括要更为精确且学术化："如果社会上一部分人的非正义行为没有受到有效的制止或制裁，其他本来具有正义愿望的人就会在不同程度上仿效这种行为,乃至造成非正义行为的泛滥。"[1]

这当然不是一个多么了不起的观察，比如，休谟就曾经在《道德原则研究》中指出："正义的社会美德及其组成部分所产生

---

[1] 慈继伟，《正义的两面》，生活·读书·新知三联书店，2001，第1页。此后所有关于该书的引文都不再另加脚注，而是直接在引文后标明页码。

的同样的人类幸福，可以比拟为一座拱顶建筑。每一单块石头自己都会自动掉落地面，只是由于各相应部分的石头相互支持，联合在一起，整个建筑物才不会倒塌。"[1] 休谟的问题在于，他和大多数道德哲学家一样轻易放过了这个司空见惯的常识，没有系统追问背后可能蕴藏的正义的心理机制，而慈继伟却"于无声处听惊雷"，敏锐意识到潜藏其中的理论问题，并把它总结为"正义局面的脆弱性"或者"非正义局面的易循环性"，以此作为"认识正义的性质特别是其心理性质"的突破口，洋洋洒洒铺陈出一部 17 万字的学术著作。

为什么正义的局面如此之脆弱？按照慈继伟的解释，这是因为"具有正义愿望的人能否实际遵守正义规范取决于其他人是否也这样做"（第 1 页），慈继伟把它称作正义的"有条件性"，说得更俗白些，正义首先是一种利益交换的规则——除了圣人和傻子，没有人甘做"冤大头"。可是问题的另一面在于，正因为总有人喜欢在社会生活中投机取巧、破坏正义规范，所以，为社会稳定计，就越发不能任其泛滥流行，有鉴于此，作为道德命令的正义又必须是"无条件的"。显然，仅从字面理解，正义的有条件性和无条件性就构成了某种看似难以调和的紧张关系。而这本书的宗旨即在于说明，这两个看似相互矛盾、无法并存的正义之两面是如何可以并存，以什么方式并存的？

---

[1] David Hume, *An Enquiry Concerning the Principles of Morals*, edited by Tom L. Beauchamp, Oxford: Oxford University Press, 1998, p. 171.

一、解释性的，非规范性的

通过提出正义的两面，慈继伟看似一举统摄了近代正义理论的两大支流：休谟式的正义理解（注重正义的有条件性），以及康德式的正义理解（强调正义的无条件性），但此书自我期许的任务却不是重构一套正义的"规范性理论"，而是就正义的秉性提出"解释性"的研究，它的目的在于寻找正义秉性中"不因规范性内容变动而变动"的结构性特征,从而说明"正义（的结构）是怎样的（即如何运作），为什么是这样的（即为什么会这样运作），而不去证明正义（的内容）应该是怎样的"。（第4页）

规范性理论与解释性研究的差别到底在哪里？打个不太恰当的比方，所谓规范性理论就是"面向未来"进行"约法三章"的活动，而解释性研究则是"回首过去"、反省"预设前提"（presupposition）的工作。一个瞻前，一个顾后。虽然二者多少有重叠，但基本上是两个层面的哲学工作，前者属于规范伦理学的工作，而后者更接近于元伦理学的层面。刘邦入咸阳，与关中父老约法三章，一举安抚民心，这样的工作当然很重要，但它或多或少总会受限于当时当地的情境，相比之下，解释性研究着眼的是正义秉性中的固有特征，由于它不随具体的规范性内容而改变，所以也就更加具有普遍性和恒定性。正义的解释性研究在当代正义论中是一个尚未开拓的思路，尽管上至康德、休谟下到罗尔斯、哈贝马斯都曾涉及，但真正把它作为核心论题，博采众家之长而成一家之言，特别是从道德心理学的角度入手进行概念分析和理论建构的，慈继伟应该算是第一人。仅此一点，此书就已经填补了正义理论的一个空白，其意义堪称重大。

乍看上去，这种寻找"变中之不变"的解释性工作似乎暗合最原初的"形而上学"冲动，但是纵观全书，不但没有丝毫的形而上学气息，相反作者对后形而上学的理论背景有着相当的警醒。他一方面在方法论上明确反对"纯粹从理论出发的哲学虚构"，主张从感觉出发的贴地思维，在论及正义秉性的结构性特征时，也一再强调这一特征虽然为"不同社会历史条件下的正义者所共有"，但它既不是"先天"的，也不是"人的天然品性"，而是"社会建构的产物"。另一方面，他也没有因此遁入相对主义的窠臼，而是强调正义秉性仍旧具有某种"相对恒定性"。

如何保障这种相对恒定性？在此书第 42 页，我们可以找到作者的一个简单回答："与社会化在灌输正义规范时的庞大选择空间相比，在塑造和改变'最低限度的相互性'时，社会化的灵活余地很小。"在我看来，这句话值得再三寻味，因为它不仅代表了作者的基本立场，同时也标识出理解此书宗旨的两个核心概念：相互性（reciprocity）和社会化（socialization）——相互性用来指称正义秉性中无法更改的"有条件性"，社会化用来解释从正义的"有条件性"到"无条件性"是如何可能的。可以说，正是借助这两个核心概念，看似矛盾的正义之两面才得以在道德的历史变迁过程中实现某种程度的共存。

二、"相互性"的绝对性

　　按照慈继伟的解释，所谓相互性指的是"合理规范下的相互性"。根据这一定义，相互性是正义秉性的固有特性、恒定因素，而"合理规范"的具体内容则是一个变动因素，后者在不同的正义观中有不同的定义。

　　要想彻底了解相互性的道德心理机制，就有必要引进"愤恨"（resentment）这个概念。但凡有排队经验的人都了解，如果你花了大量时间循规蹈矩安心排队，到头来却被插队者捷足先登买去最后一张票，这时候你就会有"气血翻涌"的强烈反应，这种反应就是道德心理学中所谓的"愤恨"情感。何谓愤恨？根据彼得·斯特劳森的定义，就是"我们为自己而要求于别人的考虑"。斯特劳森把愤恨归结为"在正义观念主导的人际交往中"的三种基本反应性态度（reactive attitudes）之一，另外两种是义愤（indignation）以及负罪感（guilt），分别对应于"我们为别人而要求于别人的考虑"以及"我们为别人而要求于自己的考虑"。[1]慈继伟接受斯特劳森的这个区分，但认为它们的优先顺序有所不同，因为在经验层次上，"我们最初产生的要求是为自己而对别人提出的要求"，与此相应，"我们最先体验到的反应性态度是愤恨"。（第14页）相比之下，义愤和负罪感则是长期道德教化的

1　Peter Strawson, *Freedom and Resentment*, London: Melhuen, 1974, pp.15-16. 转引自：慈继伟，《正义的两面》，2001，第13页。

结果，因此也就是次级和衍生的。

慈继伟认为，尽管愤恨属于"我们为自己而要求于别人的考虑"，但并不是所有"因别人未能满足自己的要求而产生的不满"都是愤恨，这一点尤须明确，否则以愤恨为重要特征的正义感"将无异于自我中心主义"。通过对斯特劳森、哈贝马斯等人的借鉴和批判，慈继伟指出，使某人产生愤怒的必要条件包括如下几点：（1）其他人的行为违背了"非个人性规范"（impersonal norms）；（2）其他人的这种行为侵犯了某人的个人利益；（3）某人在相当长一段时间内没有违背过非个人性规范或者说道德规范，尤其是针对那个侵犯了某人的人而言。（第 15—17 页）

根据以上判准，排队者对插队的人之所以感到愤恨，不仅因为他们违背了"不准插队"的社会规范，更重要的是，插队行为严重损害了排队者的个人利益。由此可见，愤恨是一种"特殊的、既含道德愤慨又含利益计较的"情感反应。作为一种道德情感，它有别于纯粹的怨气——那些因为来晚了没买到票的人心怀的是怨气而不是愤恨；作为一种涉及自我利益的情感，它又有别于纯粹的义愤——我作为路人去制止插队现象是出于义愤而不是愤恨。愤恨兼具条件性和道德性，可以说，它一方面最为集中地体现出正义的相互性也即有条件性，另一方面，正义的无条件性又要求以各种方式去转移、释放或者化解这种愤恨。正因为愤恨在"正义的两面"中所起到的中枢位置，慈继伟甚至一度曾经想把这本书命名为《正义与愤恨》。

让我们回到"相互性"这个概念。之所以不按惯例把

"reciprocity" 译成"互利"而是译成"相互性"，原因在于，"互利"只是"相互性"在特定历史条件下所表现出来的具体规范内容，无论在外延和内涵上都没有穷尽"相互性"的可能。例如，在经验上，我们至少可以给相互性这一纯形式概念填充进如下四种可能的规范模态：相互仇视（mutual hate）、互不关心（mutual disinterest）、互利（mutual advantage）以及相互善意（mutual good will）。显然，不管是哪一种规范模态，它的结构性特征都是"相互性"或者说"有条件性"。为此，慈继伟提出"最低限度的相互性"这个概念，认为这是正义秉性中的最基本要素。（第41页）

打个形象的比方，正义秉性的固有特征好像是"飞去来器"，不管是发出去的"利益"还是"善意"，它都必然要求"有去有回"，一旦"有去无回"就违背了飞去来器的基本特征；不仅如此，这"一去一回"的东西还必须是一样的：要么都是仇恨，要么都是冷漠、好处或者善意。所以，不管是"以德报德"还是"以血还血"都符合相互性的基本特征，而无论"以德报怨"还是"以怨报德"都是对相互性的一种逾越，尽管前者是肯定性和建设性的，后者是否定性和破坏性的。也正是在这个意义上，慈继伟认为，正义是一种介于纯粹利他主义和纯粹利己主义之间的品德，因为纯粹利他主义和纯粹利己主义都是有去无回的交往模式，破坏了相互性的最根本特征。所以，慈继伟说："假如一个社会取消了人际关系中的'最低限度的相互性'，代之以无条件的利他主义或无条件的利己主义，那么，正义秉性和正义制度本身都将

不复存在。"（第 42 页）

在相互性的四种可能样态中，相互仇视最接近于霍布斯描述的自然状态，它只会导致社会秩序的分崩离析；相互善意最接近道德的完满状态，但失之动机资源不足，无法作为正义社会的"先决条件"，而只能是正义社会的"预期结果"；比较而言，互不关心或者互利更为切实与可行，我们可以很容易地想象出，即使是一个道德心理上互不关心的群体也可能出于理性利己主义的动机而营造出一个互利的局面——这是人类社会所以可能的最低条件，也正是慈继伟所设想的探讨正义主题的逻辑起点。

把互利作为正义的逻辑起点，或许有人会认为过于卑微和市侩，远不如康德式的绝对命令来得庄严崇高。可是，在慈继伟看来，放弃自律概念，把他律（亦即基于利益的条件性）作为正义秉性中一个无法消除的因素，不但契合当代正义论对他律所持的宽容态度，而且适足弥补哈贝马斯所说的后传统道德中"动机不足"的缺陷。相比之下，那种动辄诉诸良知本心、仁爱无私的道德理想固然高亢迷人，却总有"一口想吃成个胖子"的不实之感。比较而言，我更欣赏慈继伟这种"现实主义"的态度。更进一步说，选择"基于利益的条件性"作为探讨正义秉性的逻辑起点，在道德哲学方法论上也符合罗尔斯所说的"阿基米德点"的各项指标：它既不会因为过多地卷入世界而受损伤，也不会因为超然物外而被剥夺了资格；它不是在世界之外的某个视角，更不是超验存在者的观点，而是在世界上的所有理性人都能够接受的某种思想和情感形式。[1]

　　互利虽然能够为人们实践正义提供充足的动机资源，可是正义作为一种道德上的德性，毕竟不等于冲突利益各方的策略性妥协，它必然要求超越与克服人的自利欲望，表现出某种程度的他向关注。在社会制度层面上，因为策略性妥协只是权宜之计，缺乏实现正义的稳定愿望，所以也远不如道德共识那样能够构成社会统一和稳定的基础。然而，在这样一个动机不足的后传统时代，要想使人克服利己冲动达成道德性共识，从相互利益上升到相互善意，谈何容易？鉴于这是一本解释性的著作，所以那些希望在里面找到"怎么办"的读者或许会失望，因为作者只是告诉我们"是这样的"。这就好比面对一件已经完结的作品，解释者的工作不过是回头摩挲它一路走来的脉络与纹理，标定各种概念之间的相互位置。解释者既不事生产，也不预言任何可能的未来。

三、"社会化"的局限性

　　通过诉诸"社会化"，慈继伟解释了正义秉性的有条件性是如何转化成无条件性的。大体来说，存在两条通往无条件正义的道路：第一，由社会垄断对非正义行为的惩罚权，从而使自己成为维护正义的条件性的唯一合法力量，这样一来，个人就不必也无权坚持正义的条件性，而必须无条件地遵守正义的规范（这里

1　John Rawls, *A Theory of Justice*, 1971, p.587.

的"无条件"指的是个体的行为而不是动机），慈继伟认为这也是理解正义与法律关系的关键所在；第二，通过道德教育把有条件的正义转化成道德上的"绝对命令"，这样一来，正义就不再是个体追逐私利的手段，而成为目的本身，一旦个体的正义愿望不再以别人的同样愿望为前提，正义就是无条件的（这里的无条件既包括行为也包括动机）。

但是——这个"但是"非常之重要，一旦正义的有条件性真正被克服，那么慈继伟所孜孜以求的"正义秉性"就不复存在了，因此，慈继伟就必须证明，不管怎样转变，这种"无条件性"终究只是"假象"，正义并不能彻底遗忘它的原初动机——互利。为证明这个观点，慈继伟在此书最后五章分别处理"惩罚""有神论""宽恕""遗忘"以及"同情心"等观念，以检讨它们能否帮助克服正义动机的有条件性从而产生无条件的道德愿望，慈继伟的最终结论是，这些观念都无法彻底改变正义秉性也即有条件性。即使通过社会教化和同情心的培养，人们可能会放弃"正义的原初动机"，实现正义的无条件性，可是这一过程仍然"不可能是一个一劳永逸的道德成就，相反，这一过程所特有的意义、难度以及后果必将重现于每一代人乃至每一个人身上"。（第200页）对很多人来说，这或许是一个过于悲观的论断，但是纵观人类历史，只要人类一天不摆脱有限性，那么无条件的正义就始终是一个随时会崩盘的理想，这是人之为人的宿命所在，而道德成就之所以伟大，也正在于它是人对自身有限性的永恒克服。

如前所述，"相互性"和"社会化"是建构此书论述逻辑的两个核心概念，但是从方法论着眼，"动机资源"及其"稳定性"却是慈继伟权衡各家论点所依赖的两个重要指标。这当然是拜"道德心理学"所赐。道德心理学是伦理学的一个分支，主要关注在道德行动实践中的行动者的心理类型，它一般追问如下问题：如此这般的行动者在心理上是否可能，他需要什么样的动机，这些动机的来源可能是什么，有哪些情感机制和认知机制被转变到行动当中，等等。按照道德心理学的追问逻辑，我们在考察政治原则和制度设计时就必须要考虑行动者是否具备充足的"动机资源"，以及动机本身是否足够"稳定"。这当然都是极有启发意义的方法论判准。在此书中，正义之所以不同于理性利己主义和纯粹利他主义，其理由正在于此。理性利己主义尽管在一定程度上有助于人们维持一个相对互利的社会局面，但因为缺乏足够稳定的正义愿望，所以这种正义局面的稳定性是相当脆弱的，一旦有机可乘，理性利己主义者就不会放过任何损人利己的非正义机会；而纯粹的利他主义尽管能够超越正义的有条件性达到更为完满的道德境界，但是由于同情心乃是良序社会的结果而非起点，缺乏充足的动机资源，所以纯粹的利他主义不可能成为普遍性的社会现象。

　　我不熟悉道德心理学的研究状况，因此也就不能评判此书运用道德心理学的得与失。根据我有限的阅读经验，道德心理学，特别是哲学意义上的抽象的道德心理学，主要有三派观点：一个是亚里士多德的传统，一个是康德的传统，还有一个就是休谟、尼采的传统。显然，此书作者更倾向于最后一个传统，对于亚里士多德鲜有提及，对于康德则批评甚多。比如，在第一章第六节讨论"正义的动机与法律的作用"时，作者写道："这里，康德只涉及正当的范畴，而不涉及德行的范畴以及与动机有关的一系列问题。"（第 34 页）从直觉上，我完全认同作者的基本立场，但是从理论上则会稍嫌不够满足，毕竟，作为一个道德心理学的实践范本，对于所使用的方法论原则没有专辟章节详文讨论，总让人感觉少了那么一点坚实的东西。此外，用"社会化""内在化"这种老套的字眼来说明正义的有条件性到无条件性的"总体逻辑"，也多少让人有些失望。当然，世界的真相原本可能就是这般平实，我们不能要求哲人做魔法师。

四、个人主义的"人性论"？

综观全书，对"相互性"的反复梳理最为精彩，也最易招致批评。事实上，慈继伟的论证逻辑很容易给人留下"利益还原论"的印象，乃至有预设"人性自私"的嫌疑，比如，在探讨愤恨情感时，慈继伟就曾经如是说道："人天生偏爱自己，所以动辄就会因为别人伤害了自己而感到愤恨。"（第 14 页）

梁治平教授在一篇书评中这样批评道，把个人主义置于正义德性的中心，表明此书作者的正义观恰恰是"依赖"于"具体社会历史条件"而不是一种"超越"。言下之意，慈继伟所谓的"正义秉性"并非普遍性的结构特征，而是立足于"西方社会历史文化经验"的特殊性。梁治平更举例说，许多传统社会中所流行的正义观念是建立在"集体责任"之上,而不是"个人利益"之上的。[1]

我认为梁治平的批评虽然说中了一些东西,但却错失了更为根本的另一些东西。且让我们看以下这段表述:

> 正义之所以具有这种宽松性特征,是因为它是一种以个人主义为前提的道德观。换言之,以正义为中心概念的道德观的基本预设是,不论是在本体意义上还是在道德意义上,个人利益都是第一位的,而集体利益只是个人利益的加合。
>
> （第 57 页）

这段话共两句,虽然中间以"换言之"联结,但其实不是同一个意思。第一句话的意思是,正义就其定义（by definition）而言就是"以个人主义为前提的";第二句的意思是,"以正义为中心概念的道德观"必然预设了个人利益第一,注意,慈继伟并没有说"所有包含正义观念的道德观"都预设了个人利益第一优位。

我们先来讨论第二句话。众所周知,罗尔斯在《正义论》开篇就说,"正义是社会制度的第一美德"。[2] 可是这个命题并非自明。不难想象,在一个提倡"效益优先、兼顾公平"的社会里,以整体效益为由侵害少数人利益的不正义现象是可以得到论证的;同

1　梁治平,《〈正义的两面〉书评》,《中国学术》,2002 年第 3 期,商务印书馆,第 298 页。
2　John Rawls, *A Theory of Justice*, 1971, p.1.

样，在一个主张"稳定压倒一切"的社会里，第一美德自然就是"社会稳定"。因此，当梁治平指出某些传统社会的正义观是以集体价值为优先的时候，并没有构成对慈继伟的反驳，因为此书的论述范围就是严格限定在"以正义为中心的道德观"的脉络中，而这样的社会必然是以个人主义为原色的——慈继伟对于此书的论述脉络有着相当严格的限定。

　　再回头看第一句。我以为慈继伟本句想说的是，就概念定义来说，正义就是染有"自利"原色的个人品德和社会价值，尽管它不等同于纯粹的利己主义，但却是处在自向动机和他向动机的交界处并且更偏向于自向动机，因此举凡讨论正义问题就必须要以人的自爱自私作为逻辑起点，这是概念自身的应有之义，与作者个人立场无关，甚至也无须预设某种特定的哲学人类学。关于这一点，我们参考安内特·拜尔（Annette Baiser）的观点："关于正义'起源'的说法首先是要澄清正义的发明旨在解决什么问题。一俟我们认为，正义所要解决的问题是人们对可易手之物的吝啬，那么，解决方案的大致轮廓也就清楚了。"[1] 换言之，如果人们在主观上对于可易手之物毫不吝啬，那就无所谓正义不正义，正义这个概念就丧失了存在的理由，变成了纯粹的利他主义或者仁爱问题。也正是在这个意义上，我们甚至可以说，"正义是一种以个人主义为前提的道德观"乃是一个分析命题。这个论点在《正义的两面》中尽管隐而不显，但却是极端关键，我甚

1　转引自：慈继伟，《正义的两面》，2001，第 69 页。

至认为这是此书对于正义理论最为重要的贡献之一。

梁治平说"许多传统社会中所流行的正义观念是建立在'集体责任'之上，而不是'个人利益'之上的"，这或许是事实，但它并不足以构成对慈继伟的反驳，因为在慈继伟的解释框架里，这些事实不过说明了传统社会在"社会化"方面的成功，要想作为反证推翻慈继伟关于"最低限度的相互性"的立论，尚需更多的材料和更详细的论证。

尽管慈继伟不厌其烦地从"上下、前后、正反、左右"来条分缕析"正义的两面"，但是全书的基本立场却是非常明确的，我们可以一言以蔽之地总结为：正义的有条件性（也就是相互性）是分析的、绝对的和根源的；而正义的无条件性则是社会化的后果，是相对的和衍生的。作为一种德行，正义始终居于仁爱和利己主义之间，恪守属于自己的地盘。对于后传统时代来说，建立一个正义的社会或许是我们唯一能够指望的道德成就，尽管一个正义的社会不一定是美好的社会，但是一个非正义的社会一定是不美好的社会。

五、"正义二原则"的排序问题

最后，我愿意简单介绍一下慈继伟对罗尔斯"正义二原则"的一个处理，因为这是这本解释性著作对于规范性理论的一个"分外"干涉。众所周知，"正义二原则"中第一原则是平等自由原则，第二原则为差别原则，罗尔斯认为当两个原则发生冲突时，第一原则在字典排序上要优于第二原则。尽管在论证逻辑中，正义二原则是从"原初状态"中推演出来的，但是究其根本，它们的优先顺序却是基于康德意义上的"人的价值高于一切"的信念，以及罗尔斯本人对自尊作为"最重要的基本善"的道德直觉。

慈继伟认同罗尔斯的道德直觉，他认为，罗尔斯的困难出在对"自尊"与"资源和利益的分配"关系的处理上。一方面，罗尔斯认为，"自尊由社会所认可的所有人的平等公民身份来保障"，而"物质手段的分配则根据程序正义的观念自行安排"[1]；另一方面，他又认识到"这一想法很可能无法得到彻底的贯彻。在一定程度上，人们的自我价值感会依赖于他们的社会地位和收入份额"。[2]慈继伟抓住罗尔斯的这个论说困难，认为它将引导我们把自尊与资源和利益的分配挂上钩："我们需要重新界说正义的作用——正义不仅要解决人们为争夺物质资源而发生的冲突，更重要的是要解决人们为争夺构成自尊基础的社会条件而发生的冲突。"（第 80 页）既然如此，我们就不再有理由像罗尔斯那样认为，差别原则在所有情况下都必然次要于最大限度的平等自由原则：

> 如果在一个社会里，收入和地位构成自尊的基础，那么，对这个社会来说，差别原则的重要性就不一定亚于最大限度的平等自由原则。也就是说，正义的两项原则不应该有固定

1　Rawls, *A Theory of Justice*, 1971, p.545.

2　同上，p.546。

的优先顺序，而应该根据影响自尊的具体因素来决定。

（第 80—81 页）

这是一个相当重要的结论 [在发表于 2005 年 4 月号《政治理论》（*Political Theory*）中一篇题为 "Taking the Reasons for Human Rights Seriously"（《认真对待支持人权的理由》）的文章中，慈继伟再次阐述了这个论点]，虽然慈继伟只是在理论上点到即止，没有继续发挥其现实政治意义，但是这个论点无疑对现实政治实践以及价值排序都有着极大的借鉴意义。究竟是平等的政治身份所构成的自尊感重要，还是基于收入和地位所构成的自尊感重要，两者存在什么样的关系模式，我相信慈继伟给我们打开了一个相当开放的讨论空间。需要特别指出的是，慈继伟的这个命题乃是假言命题，其前提是"如果这个社会的自尊基础是收入和地位"，显然，在这个意义上，对政治现实的基本判断成为首当其冲的一个问题。[1]

1　钱永祥在一篇评论汪晖的文章中指出，前些年大陆知识界的自由主义−新左派论战，其分歧多来自对现实现象的理解与判断，其次一部分来自关于政治原则的理解与诠释，真正原则上的差异所占分量相对是轻微的。参见：钱永祥，《纵欲与虚无之上》，生活·读书·新知三联书店，2002，第 360 页。我认为这个观察是到位的。在实现政治哲学和政治理论的本土化之前，我们首先需要有一个健全而真实的"现实感"，如此才可以在一个坚实的层面上开展工作。

结　语

哲学著作不空谈天道性命，而是从耳熟能详的日常经验入手，原是哲学工作者的传家本领，孔夫子说"下学而上达"，苏格拉底当年在雅典街头也是随手拉过一个路人甲，然后从吃喝拉撒一路谈到正义幸福。奈何后来的哲人们匠气日重，运思行文越来越没有健全的常识感，那股活泼泼热乎乎的生命力早就扔回给祖师爷们。相比之下，此书作者虽然受过严格的海外学术训练，也频繁在书中和各种哲学家进行思想"手谈"，但却始终保持真切的道德直觉和清醒的问题意识，没有淹没在汗牛充栋的各种正义论说中，这份自觉与定力叫人赞叹。除了在立意上多有创见外，此书也是一部手术刀似的概念分析力作，作者游走于各种概念之间，以无厚入有间，展现了汉语哲学界近年少有的精致而激动人心的哲学操练。

此书自 2001 年 12 月出版以来，尽管在学术界内部引得交相赞誉，但目前形之于文的书评和介绍却寥寥无几，这不能不让人感到遗憾。约翰·穆勒在自传中曾经这样抱怨道："能造成未来思想家的书籍，需要很长时间才能写成，一旦作品写成，一般说来要引起公众重视与欣赏的时间又太长。"[1] 我们不妨把这个抱怨看成一个预言：所有优秀的学术著作——特别是那种能够造成未来思想家的书籍——要想引起公众的重视与欣赏必然需要漫长的时间。而在此之前，我们所要做的就是潜心地阅读它、理解它并传播它。

1　约翰·穆勒，《约翰·穆勒自传》，吴良健、吴恒康译，商务印书馆，1998，第 55 页。

重新思考国家

评托尼·朱特《沉疴遍地》

2010年，当托尼·朱特（Tony Judt）生前最后一部著作《沉疴遍地》出版时，金融海啸大潮尚未退去，意识形态的海滩上狼藉一片。有人在批评福利国家，有人在抨击美联储的错误决策，更多的人则排起长队在向"凯恩斯主义"宣誓效忠。看上去这会是一次左派的胜利，但朱特并不感到欣喜，因为在他眼里，这不是一场真正意义上的"知识革命"，只不过是自由市场派的一次"战术性撤退"。

托尼·朱特想要彻底改变这个状况，尽管他已时日无多——2008年，朱特被确诊患有"肌萎缩性脊髓侧索硬化症"，次年彻底瘫痪在床。凭借深厚的学养和惊人的记忆力，朱特通过口述完成了这部著作。朱特指出，若想真正实现"知识革命"，我们就必须挣脱旧有的话语习惯，"重新思考国家"。

自1989年以来，西方世界一直在为"过分强大的国家"的最终失败而额手称庆，并沉浸于自由市场和小政府的自我想象中。

但是朱特告诉西方，2008年之后必须学会"重新思考国家"。

朱特的理由是：首先，"国家总是和我们同在"。在可预见的未来，18世纪以来的民族－国家的格局仍旧会长久不变，所谓因为全球化而导致的"公司市场国家"并不真正存在；其次，我们正在进入一个不安全的时代——面对经济不安全、人身不安全、政治不安全，人们会出于恐惧而重新投身国家的怀抱。方此之时，"开放社会将再次被迫自我关闭，为了'安全'而牺牲自由。人们将不再是在国家和市场之间进行选择，而是在两种国家中进行选择。这样，我们就必须重新思考政府的作用了。如果我们不思考，别人也会思考"。

"重新思考国家"？为了避免表错情，在理解这个论断时，我们必须不断地默念"南橘北枳"这四个字。作为一个审慎的社会民主主义者，托尼·朱特绝不会天真地主张恢复1989年之前的"过分强大的国家"，恰恰相反，他认为，如果要"重新思考国家"，就应当从下述命题开始："承认真正的伤害以前是，而且现在还是由过分强大的政府造成的。"

相比于他的论敌，朱特的政治判断要老到得多。他并不天真地认为民主、权利、自由和经济进步之间存在着必然的联系，不仅如此，他还认识到"对大多数人来说，一个稳定的极权政府比一个失败的民主国家要更可取"。民主、正义、自由等的价值并不是天然就具有压倒性优势的——即使它们在道德上具有优势，也不意味着它们在实际生活中必然地排序优先。朱特甚至同意某种霍布斯式的论调，人们首要的需求始终是"安全"。而且，"随着全球威胁的增加，秩序的吸引力也会因此加强"。

　　但是，这并不意味着朱特就向国家主义缴械投降了。事实上，对于朱特来说，为什么要重申社会民主主义的立场，为什么要重新思考国家的职能？其目的恰恰是为了避免坠入极权主义的深渊。

　　朱特的理由是这样的：从历史上看，社会民主主义并未发展成为极权主义，这就让我们至少在经验上吃了一颗定心丸；从逻辑上看，随着不安全感的加深，过分信任自由市场和小政府所导致的政治反弹可能性就会越大。恐怖主义、移民、失业或者犯罪，以及未来几十年中可能出现的剧烈的气候变化及其社会和环境的影响，帝国的衰落以及随之而来的"小战争"，面对动荡局势的集体政治无能……凡此种种威胁，不管它们是现实的还是潜在的，都极容易被"沙文主义"政治家利用。因此之故，适当地加强国家干预而不是一味地固守小政府，反倒是遏制极权主义政治反弹的长策良方。

　　与此同时，朱特认为，那些对"过分强大的国家"的担忧是合理的，一来国家必然会导致强迫，二来国家还可能把事情搞砸，而且一旦国家犯错，往往是戏剧化的大规模的错误。职是之故，朱特的立场始终是执其两端取其中：一方面，他反对左派的立场——认为国家是任何问题的最好解决方法；另一方面，他想要从另一种对立的观念中解放出来——认为国家根据定义永远是最坏的选择。

　　回首 1989 年到 2009 年，朱特心情沉痛地认为"这二十年被蝗虫吃掉了"。此处的蝗虫当然是隐喻，指的是不受约束的自由市场，以及由此衍生的不受约束的贪婪之心。"极端不平等的社会也是不稳定的社会。不平等会引起内部分裂，而且，迟早会引起内部斗争，其结果往往是不民主的。"虽然这是在刻画美国的现实，但是朱特对于美国自里根时代以来逐渐固化的贫富差距的描述，以及对不平等可能导致的政治不稳定的警告，对于大洋彼岸的读者来说同样也是字字惊心。

乔治·奥威尔说："将普通人吸引到社会主义、使他们愿意为之献身的'社会主义的魔力'，就是平等的思想。"为求避免背负过重的历史包袱，朱特舍"社会主义"取"社会民主主义"。但是另一方面，这里也绝非仅仅是字词之别，而是有着根本性的差异：社会主义意味着"要用一个建立在完全不同的生产和所有制系统基础上的继任政权取代资本主义"。它意味着毁灭和革新。与此相对，社会民主主义的最大优点恰恰就是它的不纯粹性。用朱特的话说，它天生患有"精神分裂症"，是所谓的"杂牌政治学"。作为一种妥协，社会民主主义"意味着接受资本主义和议会民主主义作为框架，在这个框架以内，迄今为止一直受到忽略的大部分人口的利益现在将会得到解决"。简而言之，社会民主主义希望每个人，哪怕是最贫穷的人也有一份生活——一份体面的和值得过的生活，就像最伟大的人一样。

在此书"伟大的社会"一节中，朱特援引英国诗人约翰·贝奇曼（John Betjeman）《在威斯敏斯特教堂》的一句话作为题记："我们的民族代表着民主和完善的下水道。"有趣的是，当时的英国人虽然以民主为荣，但伦敦的下水道远未臻于完善。因此，有人说，作为在威斯敏斯特教堂的祈祷，这首诗与其说是对现实的刻画，不如说是对未来的憧憬。

民主以及完善的下水道，对于刚刚经历过 60 年不遇的暴雨洗礼的民族来说，不啻为一个美好的愿景。

关于理由的那些事儿

评查尔斯·蒂利《为什么？》

人天生求理解，凡事总要问个为什么。

小时候我们拉住父母问为什么天是蓝的、草是绿的，弟弟的苹果比我的大？稍大一点，我们问为什么水会结冰、恐龙会灭绝、漂亮的女人是老虎？再往后，我们问为什么我爱你但你不爱我，为什么安娜·卡列尼娜要自杀、魏玛共和国会失败、"9·11"恐怖袭击会发生？为什么1850年前后世界历史发生逆转，曾经强盛的亚洲开始衰落而落后了千年之久的欧洲开始崛起？

虽然问题的角度有千千万，答复的内容也有万万千，但是万变不离其宗，按照罗素在《西方哲学史》中的观点，当人们追问"为什么"的时候无非指以下两种情况：我们要么在问"这一事件是为着什么目的而服务的？"，要么在问"是什么样的事前情况造成了这一事件？"。罗素说，对于前者的回答属于目的论的哲学解释，对于后者的回答属于机制论的科学解释。

罗素的上述区分，一言以蔽之，是在考察"理由的理由"。

就此而言，他与查尔斯·蒂利（Charles Tilly）在《为什么？》一书中的工作并无二致。他们的不同之处在于，罗素是哲学家，关心的问题更加形而上，对理由的真假更敏感，而蒂利是社会学家，他更习惯于在看似波澜不惊的日常生活经验背后挖掘理由的社会功能，这让他的研究更接地气。

蒂利告诉我们，当我们面对"为什么"的问题时，人们给出的理由可以分为四类，它们分别是惯例、故事、准则和专业表述。其中，惯例和故事属于"通俗"理由，使用的是大多数人都能够理解的日常语言；准则和专业表述属于"专业"理由，它们更依赖于训练有素的话语训练。如果换一种区分标准，作为理由的故事和专业表述试图在状态 A 和状态 B 之间建立因果关系，而惯例和准则强调的是语境的适当性，它们并不试图建立因果关系。

以医生为例，在职业生涯中，医生会采用不同种类的理由来应对不同的对象和语境："例行问题——惯例；遵循医院规章——准则；会诊疑难杂症——专业表述；面对缺乏医学知识、无法理解相关专业表述的患者——故事。"事实上，我们每个人都在这四类理由类型之间不断往复穿梭，为行为辩护，为关系辩护，为生活辩护。

作为一个社会学家，蒂利并不关注理由的真假，蒂利的研究焦点始终落在理由、行动和关系三者直接的互动上。换言之，在社会互动过程中，理由就像是让社会这台大型机器得以良好运转的润滑剂，它并不必然属实，但必须与情境相符，人们之所以寻找理由更多地不是出于求真意志，而是为了开创、确认、维护和重建关系。

　　惯例是多数人在日常生活中最常遇见的一种理由类型。蒂利说："一般而言，在大多数要求举止得体的场合，惯例的效果好于故事、准则或专业表述，后者只会将交谈引向复杂化。惯例确认或修补社会关系。"比方说，当你拒绝某次邀请时，对方非常体谅地替你找出一个惯例式的理由："我知道你是太忙了！"对此，一个得体的回答是："没错，我真的是太忙了。"这样的惯例式理由也许与事实不符，但它能够让双方继续维持体面的关系。相反，如果你的大脑神经突然短路，决定实话实说："我从不接受不熟悉的朋友的邀请。"这不仅会将交谈复杂化，而且会直接冒犯被你当面拒绝的那个"陌生人"，进而导致社会关系的破坏。

　　一个人是否具备高超的社会适应能力，标准之一就是看你能否在复杂多变的社会关系中迅速锁定最适用的惯例式理由。蒂利举过一个例子，假设 A 将 B 的书撞落在地，然后 A 说了下面几句话里的任何一句：

　　　　"对不起，老兄。瞧我这笨手笨脚的。"

　　　　"真是抱歉。我没看见你的书。"

　　　　"呆瓜！我又把书撞掉了。"

　　　　"你把书放在这儿干吗？"

　　　　"我早就让你把书摆整齐一些。"

以上每一种表述都暗示了两人之间非常不同的社会关系。我们很难设想一个妻子会对丈夫说："真是抱歉。我没看见你的书。"同样地，如果你在图书馆里对着一个陌生人怒吼"我早就让你把书摆整齐一些"也是匪夷所思的事情。

在日常生活中，我们不仅会质问你为什么要撞落我的书，还会对那些"令人困惑、出人意料、富戏剧性、值得追问或具典型意义的事件"产生困惑，此时就轮到"故事"出场了。

蒂利把故事称为一项"伟大的社会发明"，这是因为在复杂的世界中，若想真正厘清千丝万缕的因果关系，就必须通盘考虑"同步因果、增量效应、环境影响、失误、始料不及与反馈"等要素。故事的魔力在于，它删繁就简、干净利落地排除这些棘手的因素，"借助于常识，而非专业技能，故事让这个世界易于理解"。

比方说，纳粹为什么能够夺取政权？面对这样一个"令人困惑、富戏剧性、值得追问的"典型事件，惯例（"时也运也"）和普遍原理（"××主义的胜利是人类社会的必然规律"）都无法让人真正满意，执政者必须讲述一个逻辑一致的故事，而且随着时代的变迁，每隔几年，故事的版本还需不断推陈出新，主人公的戏份有增有减，剧情的起落变化不定，唯一不变的是故事所承担的关系职能："新关系的建立、既有关系的确认、有争议或变动中关系的协商、受损关系的修复。"

正如蒂利所指出的，故事并非独白，相反，它永远发生在对话中，虽然故事试图建立起一个因果链条，但是我们绝对不能低估它的修辞本性，除了借助于逻辑的力量，它还要求故事的讲述者——无论是医生还是执政者——对人的性格与情感有透彻的了解。在讲述故事的时候，讲述者不是在居高临下地宣布一个言之凿凿的定论，他们在和听众进行对话，在这个过程中，他们仔细观察和评估接收者的反应，试图说服对方接受这个故事并因此激发相应的后续行动：病人从此接受医疗方案，被统治者重新确立对统治者的信心。

作为"专业"的理由，我们在日常世界里很少遇到"准则"，除非你遇到了法律和医疗纠纷，又或者出现在讲座、课堂、布道会、官僚机构这样的场所。准则无须太多的解释，它就像《第二十二条军规》，哪怕荒谬绝伦，仅仅因为它是准则，就足以堵上发问者的嘴巴。蒂利以亲身经验为例，他曾经计划复印一些重要的 19 世纪米兰家户资料，但是在米兰市档案馆里，工作人员告诉他，只有手持市长的授权信才能使用这些资料，当蒂利费尽周折拿到市长的授权信后，工作人员仍旧拒绝了他的拍照请求："这个小个子男人大步流星地走到窗户旁，取出一本体积庞大的市政档案规章，翻到其中一段，宣称'档案馆以外的任何人不得对档案内容拍照'，然后将一只手放到这本厚书上，举起另一只手，宣布：'我必须依法办事。'"

不妨说，在四种理由类型里，准则是最不像理由的理由，因为它常常让人产生不可理喻感，但另一方面，准则又具有理由所需要的最根本特质，因为它是不可挑战的。当工作人员抛出"这没有理由，就这么规定的"准则式理由时，蒂利唯一的选择就是用笔抄录下全部的资料。

"专业表述"和惯例、故事、准则有何不同？按照蒂利的定义，专业表述将因果解释（而非适配性逻辑）和专业领域知识（而非生活常识）结合起来，这让它一方面拥有了故事所具备的强大解释力，另一方面又像准则一样难以理解。

在评述贾雷德·戴蒙德（Jared Diamond）名著《枪炮、病菌与钢铁》之所以成功的原因时，蒂利指出："如果戴蒙德说服了我们，原因不在于他给出的理由耳熟能详，不在于它们符合通常的准则，也不在于它们讲述了生动浅显的故事，而在于我们信任他的论证方式：提炼既有的专业证据，据此排除某些候选原因，提高其他原因的可信度。"不妨这么说，最优秀的专业表述其实是在讲述"高超的故事"，它虽然简化了因果过程，采用了故事的形式，但相比故事以及其他理由类型，专业论述更"坚持相关现象的复杂性，坚持多重因果联系，强调有可靠的行为与社会科学依据的因果关系"。

当曾经意气风发的"公共知识分子"被迅速地污名化为"公知"，虽然我对此类儿童弱智心理似的取绰号游戏非常反感，但不可否认的是，公共知识分子也必须承担相应的责任，因为当公共知识分子缺乏足够的专业表述能力，总是用惯例、故事和准则去教条地解释复杂多变的经验时，这种说教对于已经有了辨别能力的读者来说，总有一天会败坏他们的胃口，进而败坏讲述者自己的信誉和名声。

正如蒂利在书中反复强调的那样，理由的给定是一种社会活动,"理由的可信度永远取决于言者和听者之间的关系"。关系绝非静止的给定物,恰恰相反,关系始终在理由的交换过程中发生变化,时近时远,彼长此消。

"9·11"恐怖袭击是贯穿这本书的一个典型案例,我们不妨用它来对该书做一总结。拜电视之赐,全世界都直击了"9·11"恐怖袭击的现场,这或许是人类历史上最震撼人心的集体经验。惊骇之余,每个人都在寻找可以让他们心安的理由。"惯例"的解释可能是:"现代生活遍布危险",这是茶余饭后熟人之间最常出现的感慨,但如果纽约市市长打算在新闻发布会上用这个理由搪塞,他一定会淹死在人民的口水里;"故事"的解释也许是:"恐怖分子干的,但玩忽职守的官员给他们提供了机会",这让人们有了问责政府的充分理由;"准则"的解释则会这样说:"因为我们有自卫的自由,我们必须打击恐怖主义",鲍威尔和小布什就是这么向人民宣誓他们的意志和信念的;"9·11"事件委员会的成员则从近端原因(恐怖分子网络的组织和策略)、长期原因(恐怖行动作为政治策略的优越性)以及根本原因(引发抱怨和不满情绪的深层根源)三个层次对公众的疑问给出了"专业表述"。

显然,在面对"9·11"这类重创社会信心的历史事件时,任何一种类型的理由都不可能穷尽解释的可能,也不可能单独承担起开创、确认、维护和重建关系的职能。此时,我们需要做的就是"调和理由"。

在信息日益透明的网络时代,在知识结构日趋平等的现代社会,我们很难想象"反正我信了"之类的"不是理由的理由"还能大行其道。就像蒂利所指出的："即使理由给予者和接收者之间存在距离或不平等关系，只要接收者具有明显的影响给予者后继福祉的权力，给予者就会从程式转为因果表述。""理由的接收者通常会要求给予者做出因果解释，以此挑战对方所宣告的优越性。"一个健康有序的现代社会不仅需要统治者调和各种理由，学会讲述"高超的故事"，更重要的是，它要求每个人都成为理由的质疑者和提供者，而非仅仅是被动的接收者。

蒂利在序言里说："本书的宗旨不在于推进同一领域的相关研究。如果看完它的读者对自己和别人就'为什么？'这一问题的回答有了更透彻的认识，至少是不一样的认识，我的目的就达到了。"我一向认为，一本好的社会学著作，不仅应该做到于无声处听惊雷，在琐屑的生活细节中见微知著，而且应该让读者在阅读的过程中，情不自禁地借助作者的方法去检验生活和理解社会，产生"原来如此"的恍然大悟感，乃至"何必当初"的痛彻心扉感。显然，蒂利的这本小书完美地实现了这一目标。

人类仅凭自己的理性，能否在现世过上良好生活？

牛津通识读本《洛克》导论

在一本小册子里深入而全面地介绍洛克，显然是件不可能完成的任务。约翰·邓恩（John Dunn）趋易避难，明智地将洛克的思想生活提炼为两个大问题："人类的认知何以可能？以及，他们应该如何生活？"显然，这不仅是哲学家的问题，也是所有人——无论生活在哪个时代——的共同问题。

这本小书共分三章，分别是"生平""信任的政治学"以及"认识、信念与信仰"。这样的安排干净利落地体现出邓恩的三个核心观点：首先，强调哲人生活之于思想的重要性——这也是"剑桥学派"思想史研究的宗旨所在；其次，把"信任的政治学"视为洛克最重要的政治学遗产；最后，主张只有从神学背景出发才能真正地理解洛克哲学。

20世纪60年代，以彼得·拉斯莱特（Peter Laslett）、邓恩、昆廷·斯金纳（Quentin Skinner）和 J. G. A. 波考克（J. G. A. Pocock）为代表的"剑桥学派"异军突起，他们从历史学的角度

出发，主张对政治思想史中的伟大文本进行语境化的理解，因为
这些伟大论述往往出自危机时代，是由深刻卷入时代纷争的"一
个个活生生的、思考着的、感受着的人写出来的"。

但凡对政治思想史稍有了解的人，都会认同这个判断。公元
前399年，柏拉图亲历苏格拉底之死，对雅典民主制丧失信心，
自我放逐地中海，周游各邦苦思最佳政体之形式，遂成《理想
国》一书。公元410年，"永恒之都"罗马城惨遭西哥特人洗劫，
为警示尘世之城的统治者，奥古斯丁从基督教教义出发解释罗马
陷落的前因后果，写下《上帝之城》。1641年，英国内战如箭在
弦上，为求自保，霍布斯主动流亡巴黎，此后十年，他的政治著
述几乎与英国政局变迁保持同步的节奏：1642年，霍布斯完成
《论公民》，同年英国爆发内战；1649年，查理一世被处死，与
此同时霍布斯在撰写《利维坦》。这样的名单可以拉得很长，康
德、黑格尔、穆勒，以及20世纪的以赛亚·伯林、卡尔·施米
特、列奥·施特劳斯、汉娜·阿伦特、约翰·罗尔斯，都不只是
书斋里的学者、圈椅中的哲人，还以各自的方式回应时代的危机
和挑战。

相比上述哲人，洛克对政治的介入有过之而无不及。1666年，
时年34岁的洛克遇见沙夫茨伯里伯爵，按照邓恩的说法："在随
后的十四年中，他'学习顺从'沙夫茨伯里的奇思妙想，并且分
享了庇护人跌宕起伏的命运。"洛克追随沙夫茨伯里反对皇权专
制，深度介入1679年的《排斥法案》以及1683年刺杀查理二
世的"黑麦屋密谋"。在思想上，沙夫茨伯里也深刻地影响了洛

克关于经济事务、宗教宽容和政治合法性的观点，经典名著《政府论》正是创作于"排斥危机"时期，直接目的是替辉格党人的反对事业做辩护。

按照这一思路，很容易产生这样的印象：洛克的思考受制于历史的局限，对于解决今天的政治问题并无帮助。有趣的是，在一篇访谈中，邓恩坦承，在写完博士论文之后一度失去了研究洛克的热情，理由正是"洛克在很大程度上仅仅是他那个时代的政治思想家"。所幸邓恩后来意识到，虽然洛克的政治思考立足特定的宗教背景和政治环境，现代人既无法移植他的前提，也不能照搬他的结论，但是洛克仍有不少令人豁然开朗的政治洞见。

事实上，将《政府论》与同时代的政治小册子混为一谈是极为荒谬的事情。没错，它的确分享了特定的时代特征与问题意识，但是《政府论》以及后来的《人类理解论》《论宗教宽容》之所以成为名垂青史的伟大作品，恰恰在于它们在试图回应紧迫的时代问题的同时尝试回答永恒的人类问题。某种意义上，邓恩创作这本小书的主要动机就是为了揭示洛克思想的历史性与永恒性、地方性与普世性的内在张力。

在洛克的所有观点中，邓恩最为激赏关于"信任"的思考。按照洛克的观点，人"依靠信任而活着"，信任的根基在于人对于上帝的信仰，这是维系人类生活的关键所在。无神论的最大威胁在于，它用互相对立的个人利益取代自然法作为人类信任的基础，结果却摧毁了人类信任的基础。由此可见，要想在根子上把握人类生活，就必须同时理解信任的不可或缺和岌岌可危。一方面，以政治生活为例，任何好的政治秩序都必须建立在信任的基础之上，为了获得和平以及随之而来的"安全、舒适和丰饶"，"人们通常都愿意选择信任统治者，哪怕这份信任远胜于后者所应得"。但是另一方面，信任又始终处在岌岌可危的状态，当统治者背叛信任、违反法律、伤及臣民时，人民将拥有反抗暴君的革命权。

可想而知，洛克的革命权理论在当时的英国极具煽动性，为此他煞费苦心地试图削弱其现实影响力。可是，在邓恩看来，真正值得玩味的地方在于，这个看似极端的理论植根于英国人特殊的宪政传统和政治文化，因此有可能削弱它的普世意义。邓恩指出："革命对洛克来说不是一种报复行为，而是一种复原行为，是对遭到破坏的政治秩序的再造。"对于多数英国人来说，诛暴君论和革命权理论不仅顺理成章，而且他们具备如此行动的"政治能力"。可问题在于，这个理论并不适用于"从来没有合法政治秩序可供恢复的地方"，因为在这些地方，所谓革命更像是"报复"，而与"重建"或者"修复"无关。邓恩指出："洛克自己所理解的革命权的核心在于，如此这般的共同体保护自身的行动的权利和能力。他从不认为仅凭正当的报复行为就能无中生有地创造出一个崭新的公民社会。"

作为洛克专家，邓恩最大的理论贡献在于确立了洛克研究的新范式：主张基督教的神启思想是理解洛克哲学的关键所在。按照邓恩的解读，洛克的核心观点，无论是人人平等、自由、私有财产、政治权威的合法性根据，还是人的道德知识，乃至于自然科学，最终都立足于神启与上帝的意志。对洛克来说，"真正的道德知识，如同真正的自然科学一样，超出了人类自身的能力范围"。换言之，没有上帝的指引，不仅真正的道德生活不复可能，真正的自然科学也不复可能。

回到洛克思想生活的两个大问题："人类的认知何以可能？以及，他们应该如何生活？"邓恩的结论是，洛克给出的回答缺乏说服力，他关于第一个问题——人类可以认识什么——的认识愈清晰，他对于第二个问题——人类何以有理由过自己的生活——的认识就愈加不可信。因为归根结底，对于"人类仅凭自己的理性，能否在现世过上良好生活"这个问题，洛克始终充满怀疑。

这真是一个让人失望的结论。不过好在，哲学家之为哲学家，不在于他给出了令人信服的答案，而在于他为我们提供了思考问题的方法和范式，哪怕最终证明此路不通。就此而言，虽然现代人深受洛克失败的影响，但洛克无须为成问题的现代生活负责任。

人类仅凭自己的理性，能否在现世过上良好生活？这是哲学家的问题，也是所有人的问题，我们无法推诿责任，我们和哲学家一样有责任认真地回答这些永恒的人类难题。

BBS 中的政治游戏

　　BBS，又名论坛、留言簿、电子公告板、布告板等，是网络内容提供者（包括商业网站和个人主页）为上网者提供的自由发言的公共交往领域。作为网络世界的主要生存方式之一，BBS成为网民们日常消遣乃至精神生活的所在：灌水、造砖、拍砖……在由二进制构造的虚拟空间中，匿名的网民们以隐身的方式充分享受着由新经济带来的自由状态。

　　这种自由状态首先得归功于网络的特殊性，由于传统媒体中的"发表"概念在网络中几乎不存在，因此只要你提供一些似是而非的个人信息，只要你承诺了某些"政治伦理底线"，你就可以在任何网站注册，也就"当然"地拥有了"发表"的权力和权利。由于这种匿名方式基本不用考虑"文责自负"这一传统的文字伦理压力，许多在政治上有所诉求的人因此将BBS认作为"沉默的大多数"伸张正义的场所，把网络定性为所谓"自由人的自由联合"。的确，在这里，许多原本在现实世界里居于弱势、没有话语权利的人找到了自己的依归，他们可以随心所欲地对公共事务发表个人意见，可以公然谈论贪污、腐败、社会不公、道德败坏、吸毒、危害公共安全等社会不良现象，可以无所忌惮地坦露自己的情感空间、精神空间，可以无须过多考虑文字本身以及现实秩序带来的诸多限制。一个众生平等、自由表达的时代似乎正在随着网络的普及提前到来。但是，事实果然如此吗？

在进入事实性的认定之前，一个更有意味的问题也许是：为什么网民会对BBS的功能做出上述的预设？我们注意到，无论是"众生平等"还是"自由表达"，无论是对专制主义的反动还是对自由主义的张扬，这种对网络能够带来自由民主的期待其实是现代性未果（unfinished）的反映。

比照安东尼·吉登斯（Anthony Giddens）在《现代性与自我认同》一书中对"生活政治"和"解放政治"的区分，也许可以更好地理解这一点。按照安东尼·吉登斯的说法，解放政治是"一种力图将个体和群体从对其生活机遇有不良影响的束缚中解放出来的一种观点。解放政治包含了两个主要的因素，一个是力图打破过去的枷锁，因而也是一种面向未来的改造态度，另一个是力图克服某些个人或群体支配另一些个人或群体的非合法性统治"。[1] 如果说"解放政治是一种生活机遇的政治，而生活政治便是一种生活方式的政治。……生活政治关涉的是来自后传统背景

1　安东尼·吉登斯，《现代性与自我认同》，赵旭东等译，生活·读书·新知三联书店，1998，第247—248页。

下，在自我实现过程中所引发的政治问题，在那里，全球化的影响深深地侵入到自我的反思性投射中，反过来自我实现的过程又会影响到全球化的策略"。[1]吉登斯在对比解放政治和生活政治之间的具体差异时，尤其指出，"解放政治：服从于由正义、平等与参与的伦理所具有的独断"，而"生活政治：在一种后传统秩序中提出有关'我们应该怎样生活？'这样的问题伦理，并抗拒存在性问题的背景"。[2]吉登斯所做的区分其实也是现代政治和后现代政治之间的差异。我认为上文所述对 BBS 的种种期待可以归于"解放政治"的范畴，也即现代政治的范畴。

对 BBS 的另外一种流行看法是：信息时代的社区。我们知道，从共济会、雅各宾俱乐部，到 1917 年的工人议会，以及绵延了几个世纪的资产阶级和工人阶级文化中的咖啡馆和酒吧间，这些存活于解放政治或者说现代政治语境下的社区，其基本交流方式是面对面的互动交际，其主要目的是消除社会领域中的支配性，尽量不受社会造成的等级制或失衡（asymmetries）的干扰，从而最终达到个人的自我实现。

综上所述，现在的问题在于：第一，网络，或者更具体一点，BBS 本身所具有的特质能否给我们带来现代政治意义上的自由与民主？第二，以 BBS 为代表的信息时代的社区形式是否已然超越乃至替代了旧有社区，BBS 是否可以承担"正义、平等与

---

1   安东尼·吉登斯，《现代性与自我认同》，1998，第 251—252 页。
2   同上，第 252 页。

参与"的功能？以及进一步的，第三，BBS 的政治游戏规则的
具体特征究竟何在？第四，BBS 给我们展开的究竟是一种现代
政治的景观还是后现代政治的景观，我们可以对它做何种意义上
的政治期待？

2001 年 3 月 22 日，《南方周末》"新生活"版面以《美女斑
竹走进读书沙龙》为题对新浪网读书沙龙"斑竹"（版主）人选
纷争一事进行了专题讨论。事情的起因是这样的：

> 3 月 17 日晚，新浪网任命第二届网络小姐亚军得主、
> 上海《文汇报》记者、复旦大学毕业的钟慧为新浪读书沙龙
> 的三个版主之一，结果遭到以麦田 99 为首的部分老网民的
> 极力反对，于是一场轰轰烈烈的"倒幕运动"就在网上展开了。
> 硝烟纷飞的那段时间，读书沙龙上二十四小时不间断地出现
> 各种战斗檄文、灌水长帖、小道消息和最新动态，其激烈程
> 度不亚于历史上任何一次广场革命，几乎可以用"板砖四起、
> 血肉横飞"八个字加以形容。

读书沙龙的"斑竹"之争最终以麦田 99 的 ID 被封（此后他
用麦田 62 等 ID 继续奋斗在读书沙龙的第一线）、众多资深网友
愤然退坛而告终。在接受《南方周末》记者采访时，麦田 99 认为，
他眼中的理想论坛是："首先，网友的水平要比较接近，形成它
的主题和中心；其次，网友自己协商形成游戏规则；最后，论坛
的所有者应该引导网友自我管理，寻找自由和秩序之间的平衡。"

在这段不算太长的宣言中,我们注意到有"主题""中心""游戏规则""自我管理""自由"等几个关键词,而且从其表述中可以清楚地看到,麦田99对BBS的政治期待依然停留在"解放政治"的范畴中,而他对于理想论坛的基本构想与前述的现代社区也没有太大差别。

为了更好地澄清BBS交往模式的政治学意义,我想在关键词索引的目录上加上"权力"和"ID"这两个概念。

先来谈ID。

BBS中的身份政治

现代政治学,无论自由主义还是社会主义都把自律的理性主体预设为人民主权论的基础。但是在网络时代,这种自我同一的主体已经被具有多种身份、多重人格的"复合主体"替代。众所周知,几乎所有的上网者都有一个以上的ID(identity,在哲学上被译为"同一性"),网民可以依据不同的情境和语境随意变换自己的身份乃至"网络人格",由此导致的直接结果就是网络行为主体变得不可识别和支离破碎,间接后果则是网络时代的知识生产、政治斗争和话语游戏的日益复杂化。不管这种复杂化的具体指向究竟何在,至少有一点是毋庸置疑的,那就是现代政治学意义上的"自由""民主"等政治理想在网络时代都面临着主体消失的危机。

安吉拉·默克罗比(Angela McRobbie)在《偶然性、历史性和身份》一文中指出："不完整、支离破碎和新出现的身份的多元化不一定意味着政治能力的丧失。相反，它们可以指向新的斗争形式，它们可以创造出'更难控制和把握'的条件。当社会主体分散的时候，社会控制的策略自然也会措手不及。这意味着躲避的技巧可以更容易实现。德塞都（De Certeau）所谓的'计谋'对于拉克劳（Laclau）来说意味着躲开'市场、政府或者生产者的独裁'。"[1]我们很自然地就会把默克罗比的这段话与吉登斯的"生活政治"联系起来。事实上，随着现代性自我同一的主体的消散，一方面关闭了现代政治景观的可能性，另一方面则打开了后现代政治景观的可能性。关于后一点将在后文论述之。

"斑竹"的身份合法性之争

从社会学和政治学的角度看，BBS 的权力结构并不复杂，其组成人员一般而言有网管、"斑竹"（版主）、资深网民和普通网民之分。

作为网站从业人员，尽管网管手中握有生杀予夺大权（从删帖到封杀 ID），但是轻易并不以真身示人，他们深居简出、垂帘听政，将日常事务交由"斑竹"打理，当然这丝毫无碍于他们偶尔地游走于各个 BBS 之间，就像波拿巴时期的便衣逡巡在巴黎

1　安吉拉·默克罗比，《后现代主义与大众文化》，田晓菲译，中央编译出版社，2001，第 72 页。

的大街小巷，随时准备逮捕信口雌黄的市民。

　　BBS 中的显性掌权者是"斑竹"。"斑竹"在 BBS 的日常事务中起着举足轻重的作用，他不仅负责整饬 BBS 的言论秩序，而且负责引导、创建 BBS 的趣味和方向，可以毫不夸张地说，一个"斑竹"的个性和行为方式往往就决定了这个坛子的面目、个性乃至兴衰成败。

　　资深网民是一个颇为模糊的概念，这个身份的获得方式千差万别，有靠网上拍砖一战成名的（此类网民多是由于闲极无聊，终日以上网灌水为己任，其基本特点是爱好钻研、钻营、钻牛角尖等一切和钻有关的活动，属于"呕像"级人物），有靠辛苦造砖、语不惊人死不休赢得大师称号的（这些网民通常帖子质量较高，文采斐然，属实力派明星），当然也不排除那些与"斑竹"在线下即是推杯换盏的私交好友的。资深网民的共同特征是：帖子的点击率和回帖率较高，由此导致网络积分高和精品数量高；与"斑竹"有着这样那样的联系。

　　普通网民的特点一目了然，但凡属于花费自家或者公家电话费、网费替他人增加点击数，为网站抬升人气、偶尔发表意见却应者寥寥的就是普通网民了。

　　根据社会冲突理论的一般观点，占统治地位的一方和占被统治地位的一方之间的主要冲突在于，前者以维护显示其权威性的社会结构的旨趣为特征，而后者则以改变剥夺了其权威性的社会条件为其旨趣。这两种旨趣处于冲突状态。这种矛盾具体体现在 BBS 中，就是针对"斑竹"身份合法化问题产生的冲突。作为公共领域，BBS 无可避免地需要进行秩序维护，其管理者不仅要从事日常的低级管理（比如，删除毫无意义的灌水帖以及各式各样的广告链接），更重要的是联络网友感情、引导论坛话题、树立话语习惯、增选精品。由于网管的身份基本属于"天赋人权"，而且网管通常并不直接介入坛子的日常事务，因此"斑竹"就成为"网聚人的力量"之所在，而其中"斑竹"身份的合法化问题就成为"主要矛盾的主要方面"。新浪读书沙龙"斑竹"之争不过是其中较为突出的一个个案。

一般来说，BBS 的"斑竹"都是由网站方面指定的，少有由网民自行选举产生的，这里当然首先是因为自由选举的不可操作性（比如，网民身份的多重复合性导致选票的不可计量等）——这同样也是诸多非民主制国家拒绝采取普选制的理由之一；其次则是因为 BBS 的组织形式及其背后的权力运行机制使然。

在有关"斑竹"身份合法性问题的讨论中，参与者会以各种各样的隐喻来谈论 BBS 的组织方式。这些隐喻在帮助讨论者把意义注入他们的 BBS 体验和解决明显的矛盾冲突中发挥着必要的作用。比较典型的隐喻是家庭、舞台以及社区。

为了便于人们更好地理解 BBS 的权力运行机制以及"斑竹"权力的由来，我们引进契约论，作为参照系进行对比性陈述。

也许有人会质疑将契约论引进到 BBS 权力机制讨论的合法性，对此我的回答是：第一，如果你将 BBS 预设为社会共同体或者社区（community），并且试图在其中实现自由、民主等主张，那么就必须要将契约论引入有关 BBS 组织形式和权力机制的讨论，因为一种自由主义的预想必然要符合自由主义的理论传统。第二，如果你将 BBS 比喻成舞台，认为观众和演员共同营造了舞台氛围和文化，因此观众想当然地拥有了对于舞台的某种控制权，那么我认为这个观点同样也预设了一种契约关系，尽管它是符号层面而非物质层面的，但它也得接受契约论的检验。第三，如果你将 BBS 比喻成家庭，那么无论你是否在其中要求自由和民主，都没有讨论的必要，因为作为有理性的人，我们都知道在家庭中家长的身份具有天然性，它不是靠选举产生的（当然，到底是父亲当家还是母亲做主，这是一个问题，这就好比一个 BBS 存在两个以上的"斑竹"，权力之争同样不可避免，不过这已经是另外一个层面的讨论了）。

从契约论的角度来看，国家的产生是因为人们彼此之间纷争不休，极大地阻碍了生产力的发展，为了更好地从事生产和生活，人们自愿将一部分权利出让，由此组成国家和政府，建立起监狱和警察等暴力机关。按照自由至上主义"小政府"的观点，政府扮演的只是一个守夜人的角色，除了维持正常的经济秩序、法律秩序和社会秩序，政府很少直接干预人们的私人空间。

契约论的基本原理同样应该适用于社会共同体的形成。如果我们认同 BBS 是"信息时代的新兴社区形式"的预设，那么 BBS 的发生原理也同样应该符合契约论。但是实情却并非如此。理由如下：BBS 上的网民们虽然也纷争不休（更有甚者，以拍砖为己任），但是 BBS 这个平台是由网站出资提供的，网民在注册成为该网站网民并加入 BBS 这一过程中所出让的权力只是用

来保证网民发言的权利，并不足以构建BBS，换句话说，BBS
不是由网民彼此之间出让权力共同构建的，而是由第三方（网站）
提供，网民仅仅是一个"加入者"（而且是自觉自愿的），这就使
得网民在BBS权力组织结构中天然地处于弱势位置（爱来不来，
没有人掐着你的脖子让你上这个坛子呀），甚至可以说几乎没有
任何的表决权（说话可以，可也保不准被删帖的下场）。由此，
网民在BBS的建设过程中充其量起到一种消极意义上的作用，
你可以通过灌水、拍砖、造砖将网站的人气抬上去，你也可以提
出改进BBS的各种合理化建议（就像观众参与舞台的符号建设
和文化建设一样），但是并不表明你就是BBS的当然主人，也不
表明你能决定BBS的各项事宜。网站出于人气、点击率、形象
等因素的考虑，在任命"斑竹"时虽然会顾及普通网民的意见，
但是从根本上说，BBS的最终决定权不在网民，而在网站手中。
既然"斑竹"的任免是由网站指定的，"斑竹"当然首先是向网
站负责，而不是首先向网民负责。因此，在BBS中，"民意"只
能通过"斑竹"和网管的主观意志体现。在此意义上，网管和"斑
竹"正是福柯所说的那些"占有法则的人"，那些"占据使用法
则的人"，而麦田99孜孜以求的"网友自己协商形成游戏规则"
几乎就是天方夜谭。

综上所述，我的观点是，关于"互联网是一个开放的空间，
互联网的精神是平等和共享"，以及互联网实现了"自由人的自
由联合"等描述在相当程度上只是一个政治神话。由网络媒体的
发展而出现的对政治生活的某种"平等"或"民主"的憧憬不过

是一个幻象。互联网是一个由权力意志、资本意志决定一切的地方，现代政治学意义下的自由、民主、公意等诸法则在BBS这里都没有用武之地。BBS从一开始就不是现代意义下的"自由国度"，商业网站如此，个人网站亦如此。

说到个人网站，一个颇为有趣的现象是，自从在新浪读书沙龙（商业网站BBS）铩羽而归后，麦田62曾经短暂地栖身于若干个人网站的BBS，并一如既往地在上面推行自己的BBS理念。但是非常不幸的是，他一如既往地遭到了各位"斑竹"毫不留情的封杀。在一个名为"泡网俱乐部"的BBS上，一名网友以网络特有的语言风格对麦田进行了抨击和嘲讽："麦田99，俺忍你很久了。丫你是越长越抽了，好歹30多岁的人了，长成这德性不寒碜吗？什么叫论坛乃天下之公器，有点常识没有？在读书沙龙里头俺就看你不地道，丫新浪花钱开个店，倒成了你的麦田的公器了？不让你麦田玩儿怎么了，不许你抽风吐白沫怎么了，封你到62还是轻的。要说新浪开那店，还有点赚头，赚你那可怜的不值钱的点击，自该受点委屈，给你丫赔个小心。可是泡网怎么你了？这儿不是商业网站，不是政府，是私人地界，私器，明白吗？纳纳辛辛苦苦省下自个儿的脂粉钱，盖个院子，邀几个老朋友喝个茶聊个天，凭什么跟你'公器'？"

如果说商业网站的BBS还算是某种程度上的"公器"（公共交往领域，在形式上人们可以自由出入），那么私人网站的BBS就是一个不折不扣的"私家庭院"。所谓私家庭院，借用一个网友的表述就是"非请勿入。且对自己的长相要有自知之明。万一长得不好看又不乖巧不幸被赶出来也不得有怨天尤人破口大骂之行为"。

所以从一开始，新浪读书沙龙"斑竹"之争就是一个颇为滑稽的闹剧，以麦田99为首的新浪网友其实是在一个错误的地点、为了一个"错置"的理想和错误的敌人打了一场错误的战争。麦田99实现他梦想的最有效途径就是另起炉灶、自封"斑竹"、拉上一拨人马关起门来玩自己的游戏。不过，这种关起门来说话的状态当然就与"众生平等""自由表达"没有任何关系，因为私家庭院不是公共交往领域，关起门来说话，即使是在最专制的时候，也是可以做到的。

需要补充说明的是，第一，新浪读书沙龙"斑竹"之争之所以如此激烈，主要原因是新浪本身所具备的影响力使得网民不愿轻易放弃这块可以"吸引无数眼球"的阵地，这里涉及网络虚拟身份实体化的问题以及由此带来的现实利益问题，不过这已经超出了本文讨论的范围，在此只能一带而过。第二，尽管在具体的某个BBS中必然存在这样那样的强制状态，但是由于网络资源的丰富性，使得怀有不同旨趣追求的网民拥有多种选择的可能性（此处不留爷，自有留爷处；实在憋屈了，咱还可以自立门户占山为王），这在一定程度上也保证了网络生活的自由度。也许在这一点上，网络的确提供了与传统媒体相比更为宽广的自由状态。

BBS 中的话语权力之争

由于 BBS 的主要交流方式是文字，因此利奥塔尔（Jean-François Lyotard）在《后现代状态：关于知识的报告》中的那段话几乎可以原封不动地用来评价 BBS。他说，在一个"可观察的社会关系是由语言的'招数'构成的"社会里，"说话就是斗争（意思是参加游戏），语言行为属于一种普遍的竞技"。[1] 于是，一个颇具讽刺意味的事实是，这个被想象成众生平等的 BBS 其实不过是各种话语权力角逐的新竞技场。

在各种话语权力在 BBS 内部展开角逐之前，BBS 首先得接受现实的政治游戏规则的制约，也即现实的新闻审查制度和言论监控制度的制约。事实上，无论是商业网站还是个人主页都正在受到越来越严密的监督和控制，由于网络本身的技术特性，使得无论你在何处上网发言，都能被迅速地追踪到 IP 地址（不久前，有关部门已经下令各商业网站必须在后台库保留近三个月来 BBS 所有言论的资料，以备不时之需；而网吧从业者也被要求记录各个时段不同电脑的上网者名单；据悉，个人主页也将在不久的将来受到更为严厉的审查），所以联想到奥威尔在《1984》中对于意识形态监控系统的描述，再联想到吉登斯将监控系统作为现代性四个结构纬度之一的描述，从悲观的角度讲，我们不得

---

1 让－弗朗索瓦·利奥塔尔，《后现代状态：关于知识的报告》，车槿山译，生活·读书·新知三联书店，1997，第 18 页。

不承认，网络时代至少在监控系统这个向度上有可能将现代性发挥到极致，说得更具体一些，网络时代有可能真正使得"全面控制"成为一个可预见的事实。

除去现实政治层面（意识形态的物质／社会层面）的控制，BBS还要经历另外一个层面的筛选，即主题和趣味的筛选（意识形态的符号层面）。BBS中的话语权力斗争主要体现某些群体以自己的旨趣对其他群体的旨趣（情趣、偏好、话语习惯、世界观）进行框定的过程。换言之，当由特定的群体旨趣界定BBS形成过程时，话语权力的统治就出现了。因此，对我们来说，探讨BBS内部的组织结构、权力运行机制以及意义和旨趣的形成过程也许是一个更为重要也更为有趣的话题。

在权力的运行过程中，有可能呈现两种状态：一种是实际的（公开的或秘密的）可观察到的冲突，在这里，权力的运行轨迹可以清晰地被捕捉到；还有一种则是权力的潜在运行方式，即权力的行使可通过培养他人的需求来达到。换言之，甲不单单是要乙去做他本不一定会做的事，而是通过让乙产生某种愿望并积极地追求这一目的来为甲的利益服务（但未必有利于乙）。因此，一致意见的存在并不排除其中使用权力的可能性。按照哈贝马斯的说法，虚假的一致意见必定是使用权力的结果。

如前所述，在可见的显性层面上，"斑竹"拥有毋庸置疑的权力（"斑竹"管理坛子的手段主要有灌水、回帖、删帖、封杀ID和增选精品，后三项是"斑竹"的特权所在），但是出于人气、形象等因素的考虑，事实上，"斑竹"并不总是以冲突的形式推行他的理念和旨趣。

就在新浪读书沙龙发生倒幕运动不久后，新浪影视论坛也经历了一起小小的风波，不同之处在于，这一次是"斑竹"之间的辩论，而其实质则是不同审美旨趣的群体之间的话语权力角逐。

影视论坛长期以来聚集了一批酷爱艺术电影的网友，为了"净化论坛"，杜绝所有"垃圾帖子"和"无聊主题"对坛子的侵扰，这些网友一直试图将代表大众文化和大众口味的讨论电视的帖子从坛子中剥离出去。然而不巧的是，央视《笑傲江湖》不合时宜的开播，使得坛子充斥着"笑骂江湖"的帖子。4月7日晚，在诸种警告尽皆无效的情况下，"二帮主"洛兰（新浪影视论坛共有三个"斑竹"，分别为小美人鱼、洛兰和 zheros）"擒贼先擒王"，拿"三帮主"zheros 开刀，删了 zheros 讨论《笑傲江湖》的帖子。zheros 在私下交涉未果后，在坛子上一口气贴出了 7 封《致洛兰的公开信》。双方争论的焦点集中在：第一，"斑竹"的权限范围究竟有多大，作为公共机构的服务者，"斑竹"应该采取中间的立场，还是以一己之好恶为天下人之好恶；第二，论坛的空间在原则上是属于参与它的每一个人，还是只属于几个人或者一部分人，进一步的，知识水平、文化修养、意识形态、人生态度等因素的不同能否构成管理者（"斑竹"）侵犯公民（网民）基本权利（自由发言）的理由。这场争论导致的直接后果是，新浪开辟了电视剧场以供那些热衷于肥皂剧、言情片的大众挥洒唾沫，而原来的影视论坛更名为"影行天下"，仍然是各种"司机"和"懦夫"的崇拜者会聚的天堂。

　　上面这个例子无疑是以冲突的形式出现的话语权力斗争，拍砖、删帖、封杀ID等方式都属于这个范畴。但是，更为常态的话语角逐是以潜在的方式进行的，比如灌水、回帖以及设立精品。

　　在BBS权力运作过程中，尤其是在结构组合和重组、意义形成、旨趣形成的过程中，资深网民占据了相当重要的地位，这一特点在"斑竹"身份合法化后显得尤为突出。作为显性的掌权者，"斑竹"在行使权力、推行旨趣时势必会有某些策略上的顾忌，这时候，对于资深网民的扶植和培养就会对整个论坛的势力格局、旨趣方向产生重大的影响。

　　资深网民资格的获得主要靠点击数和精品数的积累。当"斑竹"在给某个帖子的后面加上"精品"二字的时候，他不仅仅是在给已界定的事物贴上标签，而且是在确认、固定整个BBS的旨趣和意义体系，设立精品的过程就是向BBS成员传递信息、构建知觉环境的过程：什么样的帖子是好的帖子，是符合这个坛子审美标准的帖子；什么样的帖子能够赢得更多的点击率；等等等等。

　　一个人数相当庞大、成员相当固定、拥护"斑竹"的资深网民群体的形成，对于BBS等级制度、旨趣体系的产生意义重大，这有点像中产阶级在资本主义社会中所发挥的作用。

　　正如我们所看到的，任何一个群体对另一个群体在意识形态上的支配从来不会是完全的。所有群体，无论怎样受压制，都能够以一定程度的推论渗入并继而批判他们所处的支配结构。普通网民尽管在BBS建设中处于弱势地位，但并不表明他们不会表达不满和抱怨。

因此，对于一个成功的 BBS 来说，无论你实现的是"真实的意见一致"还是"虚假的意见一致"，关键在于你要部分有效地解决、掩饰或者回避处于统治地位的群体的旨趣同被统治的群体的实际旨趣之间的矛盾，而且通过营造一种使人们对现状表示理解的氛围来防止不满情绪的滋生。

从四通利方最初的体育论坛到现在数以百计的大小论坛，可以看出 BBS 正在朝专业化、主题化方向发展的趋势，而且区分的标准越来越呈现出个性化色彩。影视论坛分裂为影行天下和电视论坛只是其中的一个小小个案。道不同，不相为谋，在虚拟空间上抢滩掠地、划分势力范围，关起门来成一统的 BBS 屡见不鲜：有的个人网站 BBS 必须键入密码才能进入，有的则需要两位"老人"的引荐才可以获得发表的权力，而更多的 BBS 则是以其顽固的旨趣追求、意义构成来对异质的外来者说"不"。

汪丁丁断言，网络社会是"自由人的自由联合"，这在微观的层面上是成立的，但是如果从整个网络的大背景来看，BBS所达致的后果与其说是"自由人的自由联合"，不如说是"有限人的有限联合"，这种联合的基础就是"趣味"。随着 BBS 日渐主题化、专业化和有序化，"到什么山唱什么歌"成为网民不得不然的举动，BBS 成为一个由各种壁垒分明、界限森然的小共同体"合众"而成的"整体"，这种整体性仅仅体现在它们共同使用一种资源——网络，共同使用一种名称——BBS。一个看似四通八达、互相链接的网络社会被细化、断裂成有着不同趣味、取向、话语习惯乃至行为规范的小社会。在这样的小社会中，人们追求的也就不是自由的表达或者表达的自由，而是趣味的投契以及幻觉的相互支持。

于是我们可以在网络时代看到一个颇具反讽意味的现象：尽管各自为政的大小BBS呈现出一个断裂的后现代景观，但是其背后的权力运行机制却是前现代的（专制的、一言堂的），而为BBS提供其可能性的商业运营机制又是绝对现代性的（以盈利为目的）。——每一次清理后现代主义的后院时，人们总是会发现现代性（乃至前现代）溃退时遗留下来的面具和脚本，这似乎正在成为一个百试不爽的真理。

网络媒体时代的政治景观

目前为止，对网络生活进行名不副实吹捧的主要原因在于，对网络生活独立性的过高估计。但事实上，网络不具有独立的存在，它的重要性恰恰在于它不是一个不依赖于外界的神秘实体，而是现实世界在网上的延伸。网络肯定为我们提供了一种较为新颖的交往模式，但是根本的问题在于，网络交往模式究竟有多少是全然新鲜的（是与传统的现实交往模式截然不同的），以及更重要的，这些"新鲜"的交往模式究竟哪些是具有创造性和积极性的，是真正能给我们的生活世界带来积极意义的？

如果抛却其他网络交往模式（比如聊天室、OICQ、E-mail等）不论，仅从BBS着眼，我认为，尽管上文对BBS做了许多看似负面的判断，但是BBS作为一种公共交往模式的创造性和积极性也是不容置疑的，最直观的一点就是，由于网络的超越空间性使得每一个有限的个体都有可能在网络上找到兴趣相投的同好，即便你是北京市唯一一个研究安瑟尔谟（一个中世纪神学家）的学者，即便你从来就没有在现实生活中寻找到哪怕一个同人，但是在网上你就有可能寻找到若干同好，并且可以创建个人主页在 BBS 上与他人进行沟通和交流。随着网络资源的日益丰富化，完全有可能出现不计其数的、有着各种旨趣、爱好、话语习惯的大小 BBS，这将给我们展现出一种后现代的政治景观。

之所以称之为后现代的政治景观，当然是与现代的政治景观相对而言的。首先需要说明的是，这么说并不表示现代政治就必然地在信息时代丧失其存在的理由和意义，而是说，在这样一个政治感觉日渐疏离、普遍关心个人生活方式的信息时代里，关于政治的定义、理想和斗争方式都已经发生了巨大的变化。

有数据表明，"目前德国社会民主党内 35 岁以下的党员只有8 万人，仅占全体党员总数的 10%，而 1976 年则为 30%；20 岁以下的党员比例仅为 0.6%。与此同时，50 岁以上的党员比例为58.1%，而 1980 年时只有 38.9%"。这个现象应该说具有普遍意义，在面对民族–国家及其政府机构时所出现的政治无力感，使得现代青年丧失了政治兴趣，"他们更愿意参与那些规模小的组织，喜欢参加那些可控性较强的具体项目的运作，希望自己的'投入'马上就有'产出'"。这种小规模的组织反映在网络上，就是以 BBS 为代表的小共同体。也许 BBS 的许多参与者并没有任何政治方面的动机，但是站在泛政治的角度看问题，几乎所有的个人日常行为其实都对现实政治秩序造成了一定程度上的反动。

回到生活政治和解放政治这两个概念。吉登斯认为，生活政治中的政治含义包括狭义和广义两个层面，"前者指的是国家的政府领域中的决策过程；后者则把用以解决趣味对立和价值观抵触上的争论和冲突的任何决策方式，都看作政治性的"。[1] 沿着这个思路往下走，我们就会发现，BBS为广义上的"生活政治"提供了最为现实的范本。如果我们继续将解放政治作为突破对象，那么以BBS为范本的生活政治就提供了在社会生活各领域全面突破国家意识形态的可能性，在解放政治的斗争策略里，人们依然在旧有体制的游戏规则内与专制力量玩压迫/反抗、控制/挣脱的对抗性游戏，而在生活政治的范畴里，BBS的网民们完全可以对旧有的游戏规则不加理睬，关起门来自己玩自己的游戏。尽管不同的BBS之间有可能旨趣完全冲突，尽管每个BBS内部有可能存在或多或少的话语压迫，但是这些千差万别的、有着各自不同理念和旨趣的BBS会聚在一起，就是一个对更大的更具有压迫性和欺骗性的国家意识形态的反动，从这个意义上说，BBS以及网络的兴起也许真的意味着一个更加多元化、去中心化的政治时代的到来，它不一定会导致一个没有矛盾的、健康有序的和谐整体，但一定会促成一个多元共生的、充满活力和创造力的集合体的产生。

1　安东尼·吉登斯，《现代性与自我认同》，1998，第265页。

影像时代的暴力表达

2001 年上映的《剑鱼行动》(*Swordfish*) 具有令人不可思议的预言性和启示性，在这部恐怖主义者最终胜利大逃亡的片子里，主演约翰·特拉沃尔塔 (John Travolta) 一开场就对好莱坞混混们的智商下了断言，他说："你知道好莱坞的问题吗，他们都拍烂片，难以置信的超级大烂片，我并不是唱高调的导演，成天抽大麻寻找人生意义，要挑毛病的话很容易，导演和剧本都烂透了，我说的是缺乏真实感⋯⋯有时候现实生活要比电影精彩。"约翰·特拉沃尔塔说完这段话后不久，就发生了"9·11"事件。这个具有奇想性质的恐怖袭击事件立刻让每一个好莱坞编导低下了羞愧的头颅，德国导演沃尔夫冈·彼德森 (Wolfgang Petersen) 说："如果谁给我这么一个剧本，说是恐怖分子劫持几架飞机，然后撞向世贸中心的双子塔，并攻击五角大楼，我会作为一个荒诞不经的笑话断然拒绝。"具有讽刺意味的是，"9·11"之后，联邦调查局的高层竟然邀请好莱坞的编导共同研究本·拉登的未来动向。而时隔半年，本·拉登果真就像《剑鱼行动》里的约翰·特拉沃尔塔那样逍遥法外，在不知名的所在一边晒着太阳，一边嘲笑美国人的无能。

类似"9·11"与《剑鱼行动》这样具备现实/影像反讽效果的例子不止一个。20世纪最具震撼力的新闻照片据说是一张名为"枪毙越共"的照片，这是一个真实的场景：在熙熙攘攘的西贡大街上，行刑者将一颗子弹穿过越共分子的头颅，照相机敏锐地捕捉到子弹穿透头颅瞬间血光四溅和受害者扭曲的面部表情。据说日本暴力影片大师北野武的暴力概念就源于这张照片的启发：在北野武的片子里，我们多次看见类似的场景，暴力和屠杀的发生毫无缘由，手段简单高效、直截了当。对此，北野武的解释是："如果（现实中的）一个人一瞬间就死掉了，那么一部电影算得了什么呢？"

北野武的托词乍听起来很有些道理：如果现实世界总是一再证明电影编导的贫乏想象力，总是为电影提供更为疯狂的素材，那么将社会暴力的升级归咎于电影以及其他大众媒体就有推诿责任的嫌疑。但是，这样一种论断显然下得过于急切了。

"我们生活在新奇的时代，处于奇异的对比之中，一方面的原因是大部分人对另一部分人可笑的盲从。"伏尔泰形容18世纪中叶时的这句话放在今天似乎更加贴切。事实上，我们之所以关注电影乃至所有大众媒体中的暴力描写，是因为在后现代语境下，我们对于"暴力"的认知和理解在相当程度上依赖于电影、电视等大众媒体，而那些媒体中的暴力英雄也比历史上任何一个时刻都更深刻地影响着我们的日常生活形式以及精神状况。

　　如福柯所述，在17、18世纪，观看作为公众景观的行刑场面一度成为欧洲市民阶层日常生活的重大仪式，但是时至今日，这种将肉体惩罚进行公众表演的场景早已退出历史舞台。作为法制社会里的普通人，如果没有发生战争，终其一生，我们很少能够在现实生活中观看到真正的暴力场面，街头偶尔发生的打架斗殴场景就足以令多数人驻足观看，并慨叹超出自己的经验限度。事实上，在今天，唯一能够以仪式化的方式"合法"表现暴力行为的就是电影和电视中的暴力场面。塞缪尔·韦伯（Samuel Weber）精辟地指出了我们在讨论暴力时的尴尬处境："我们不能想当然地认为，当我们看见暴力或者当我们认为我们看见暴力的时候，我们总是而且毫无疑问地知道暴力是什么。我们所'看到'的，或者更重要的是，我们看的方式，在今天要比以往任何时候更加依赖于媒体，特别是电视。一旦我们超越我们无助的感觉所能及的经验领域，电视就过来补充我们的眼睛和耳朵——事实上，它几乎取代了它们。"[1] 既然我们对于现实中的暴力其实所知甚少，既然我们对于暴力的了解大多来自大众媒体（电视、电影、报纸以及互联网）包装、剪辑后的呈现，那么我们怎么知道我们所讨论的暴力究竟是现实中的暴力还是影像中的暴力，或者两者兼而有之？这几乎是一个认识论意义上的困境。所幸的是，

1　Hent de Vries and Samuel Weber, eds., *Violence, Identity, and Self-Determination*, Stanford, CA: Stanford University Press, 1997, p.81.

我不准备在这里处理这个问题。我想指出的仅仅是，在这样一个影像化和符号化的时代，如果我们试图讨论现实的暴力，在相当意义下其实就是讨论后现代大众传媒加工过的暴力。

我得再次声明，相对发生在现实世界的暴力而言，影像中的暴力绝不是一个次级问题。一个颇为有力的例子是，几乎所有在9月11日当天通过电视直播目睹波音767客机撞击世贸大楼的人的第一反应都是：这是一部好莱坞大片——这样的反应是合乎常情的，虽然我们很快意识到这不是电影片段而是新闻现场直播。但事实上，我们完全可以更加疯狂一点，设想这是美国人一手导演的假象，我们所了解的所有关于"9·11"的细节都是美国人通过数字化技术制作出来的假象：飞机切入双子大厦的镜头、双子大厦轰然倒塌的场景、受害者家属的无助哭泣以及各类媒体全方位的报道，等等，都是美国人炮制出来的虚拟世界中的影像，其目的只有一个，就是为出兵阿富汗寻找借口——甚至，连出兵阿富汗都只是假象，美国人还有更大的阴谋等。这样的狂想虽然有对死者不敬的嫌疑，但是它在技术上是完全可以做到的，《黑客帝国》（*Matrix*）、《楚门的世界》（*The Truman Show*）都曾对这种虚拟化的"实存"世界做过令人血脉偾张的叙述。

如果上述种种假设成立，那么我们将对这一惊心动魄的场景给出哪些结论呢？首先，我们会慨叹现代媒体的强大性：它完全不是在机械论地反映现实，它创造出另外一个现实，并让身处媒体包围圈中的我们深信不疑；其次，这是一件充满狂想色彩的影像杰作，由于其独树一帜的暴力表达方式，它必将在暴力影像史上写下浓墨重彩的一笔。我认为，这两个假想中的结论正好可以引领我们对影像中的暴力进行两个方向的思考：影像中的暴力与现实暴力之间的关系问题，尤其是影像暴力是否会导致现实暴力的问题；以及影像时代独有的暴力表达方式。前者侧重讨论影像暴力的社会学后果，后者侧重于影像暴力的符号学意义，如影像暴力所带来的意义、快感乃至身份认同等问题。不过，需要指出的是，符号学意义与社会学意义的讨论并不存在截然两分、不可逾越的界限，相反，这两种方法应该是相辅相成、互为补充的。那种放弃社会学分析，任意拼接能指和所指的符号学游戏，尽管能给我们带来些许文字上的惊喜和愉悦，但其结果往往是以"社会现象的严重误读"为代价的。[1]

影像暴力与现实暴力的关系

影像中的暴力是有害的，唯当它导致观众在现实世界中施暴，这个判断标准应当说明确无比。

20 世纪 50 年代之后的 50 多年里，全世界总共进行了 3500 多项调查，利用各种方法研究媒体暴力与现实的暴力行为是否存在联系，其中最新的一项研究成果发表在 2002 年 3 月 29 日的《科学》杂志上，结论是，那些每天观看电视节目超过 3 个小时的孩

---

[1] 关于符号学批评方法泛滥所导致的负面效果，请参见赵斌在《社会分析和符号解读：如何看待晚期资本主义社会中的流行文化》（载于《视界》第 3 辑，河北人民出版社，2001）中所做的详细论述。

子长大后更倾向于使用暴力行为。心理学家甚至相信，媒体暴力与现实暴力之间的关系要比不使用避孕套而通过性交导致艾滋病、铅中毒与智力下降、抽烟与得肺癌或者钙缺乏与骨质疏松之间的关系都密切得多。

可是，对于多数娱乐工业的制作者来说，这样的道德指责显然过于严肃和沉重了，他们拒绝承担类似的社会教化义务和责任。CBS 的霍华德·斯金格（Howard Stringer）辩解说，电视工业"仅仅是美国社会的一个镜像反映"，而制片人泽夫·布劳恩（Zev Braun）的回答更为明确："我们生活在一个暴力的社会，艺术只是在如实地模仿生活模式，而不是用别的方式：议会应该去清洗这个社会而不是清洗反映这个社会的屏幕。"[1] 不过，社会学的研究结果表明，媒体中的暴力节目的确存在过度渲染的成分，美国联邦调查局《犯罪综合报道》的统计数据表明，现实世界中的犯罪可分为两大范畴：暴力犯罪与非暴力犯罪。从 1955 年至 1999 年，美国社会发生的犯罪行为里只有 13% 是暴力犯罪，而同一时期的暴力电视节目中则恰好相反，只有 13% 的犯罪镜头是非暴力犯罪。其中差异最大的就是谋杀，现实世界里只有 0.2% 的犯罪行为是谋杀，而电视节目中谋杀的比例占到了 50%。[2]

作为类型片之一种，暴力影片（包括电视节目）的产量无疑

1　Brad J. Bushman and Craig A. Anderson, "Media Violence and the American Public: Scientific Fact Versus Media Misinformation," in *American Psychologist*, 2002, 57(6-7):448–450.

2　同上。

要比其他影片大得多。对此，一个纯商业化的解释是，暴力镜头是一种国际化的语言，和那些道德伦理片、喜剧或者艺术电影相比，暴力电影无须更多的背景性理解，它是最容易获得最大多数观众认同的一种表达方式，国籍、文化或者宗教背景的差异性对接受暴力影片影响甚微，所以生产暴力影片就成为收益最快，也最容易进军国际市场的电影手段之一。

另外一个解释基于心理学，即认为暴力冲动是内在于人类本性的一种冲动。西方现代行为学创始人康拉德·洛伦茨认为，人类的暴力行为具有先天性的基因，在《论侵犯性》一书中，他写道："人类的好斗性是一种真正的无意识的本能。这种好斗性，也即侵犯性，有其自身的释放机制，同性欲及其他人类本能一样，会引起特殊的、极其强烈的快感。"[1]对于类似的观点，我们在弗洛伊德那里也曾见到。

既然暴力冲动是无法根治的，而且其负面后果有如洪水猛兽，那么最好的方法就是疏导和转移它，比如实用主义者威廉·詹姆斯就曾经建议安排那些最具"冲动性"的年轻人到煤矿和商船上做工，或者去建造大楼和修筑马路，以转移其"冲动欲"；类似的方法远的有古罗马角斗场的暴力娱乐，近的有现代社会中的足球比赛等体育项目以及所谓的媒体暴力。

认为媒体中的暴力镜头可以成为宣泄人们内在暴力冲动的解毒剂是为媒体暴力进行正面辩护的理由之一。宣泄理论的鼻祖可

---

[1] Konrad Zacharias Lorenz, *On Aggression*, New York: Harcourt, Brace & World, Inc., 1966, p.271.

以追溯到亚里士多德，这位古希腊哲学家在《诗学》中认为，希腊悲剧能够有效地帮助人们从恐惧、悲伤等负面情绪中解放出来，亚里士多德相信这有助于个体的心理健康以及社会的安全有序。[1]弗洛伊德的美国学生，也是第一个将精神分析学引介到美国的心理学家 A. A. 布里尔（A.A.Brill）是宣泄理论的支持者之一，他认为，如果他的病人每月都能观看一场拳击赛将有助于他们以一种安全无害的渠道宣泄其心中的愤怒与攻击倾向。[2]但是这种抽象的宣泄理论很快被量化的心理学分析和社会学调查结果给否证了。大量的研究结果表明，媒体暴力不仅没能有效地宣泄人们现实中的暴力倾向，而且在观看完暴力电视和电影后，人们的自制力下降了，并由此导致了更强的暴力倾向。[3]

　　心理学家认为，长期观看暴力电视和电影对孩子的成长尤其不利，其负面效果主要表现在以下三个方面：

　　1. 孩子们或许会变得对他者的疼痛和感受越发麻木；

　　2. 孩子们或许会对周遭世界更加害怕；

　　3. 孩子们或许会更倾向于对他者采取攻击性的行为。[4]

1　亚里士多德，《诗学》，陈中梅译，商务印书馆，1996。
2　Donald E. Cook, Testimony of the American Academy of Pediatrics on Media Violence, 2000-09-13.
3　同上。
4　基于美国心理学家莱昂纳德·埃伦（Leonard Eron）等于 1977—1995 年关于媒体暴力与攻击性行为的研究（"the Cross-National Television Study"）。

上述三条指控的潜台词仍旧是，影像中的暴力镜头并未如实地反映出真实世界中的暴力语法，而是通过去蔽与遮蔽、夸张与无视之间的交叠重合，建构起一个影像中的暴力世界，并反向影响观众对于现实暴力逻辑的理解和把握。

从本体论的角度讲，上述批评也许并不成立，反对意见俯拾皆是。如20世纪早期的德国电影理论家爱因汉姆（Rudolf Arnheim）就认为，由于电影特殊的艺术表现手法，如立体在平面上的投影、深度感的减弱、时间和空间的连续并不存在等，必然导致电影影像与现实形象存在本质差异，也正是因为艺术地运用这些根本差异，才使得电影成为一门艺术。作为艺术的电影当然不可能满足于再现现实世界，它必然要追求全新的表现力和创造力。类似的说法还见于法国电影学教授让·米特里（Jean Mitry），他认为，展现在电影影像中的事物并非它的全貌，影像展现的只是事物的一个方面，而且映现在影像上的事物绝不仅仅是一种再现，它可以超越既定的内容，但它始终是以这个内容为出发点的。[1]

不过，自从电影意识形态理论出现以后，电影作为艺术的传统命题便面临被颠覆的危险，而其抽象的本体论讨论也日益突显出解释力匮乏的缺点。电影意识形态理论（包括广义的意识形态理论）当然不能一劳永逸地解释电影的所有问题，但是它促使我们将目光更多地集中在电影的叙事策略和表达方式上。法国当代

1　姚晓蒙，《电影美学》，人民出版社，1999，第41页。

哲学家阿尔都塞（Louis Althusser）说："意识形态是一种表象，在这个表象中，个体与其实际生活状况的关系是一种想象关系。"[1] 回到暴力电影问题，我们需要追问的就是，由暴力电影的叙事策略和表达方式所建立起来的这种"想象关系"，其合理性和合法性究竟何在？

影像中的暴力表达方式

法国新浪潮电影的奠基者之一戈达尔（Jean-Luc Godard）说："电影是从格里菲斯开始的。"一个更没争议的说法也许是，暴力电影是从格里菲斯开始的。1915 年，格里菲斯（D.W. Griffith）导演的《一个国家的诞生》（*The Birth of a Nation*）问世，这部以美国南北战争为背景，宣扬白人种族主义的影片因其在电影技巧方面的诸多创新而在美国电影史上占据独特的地位，同时也因为鼓吹白人至上的种族主义而成为众多社会批评者抨击的对象。这部影片中的暴力场面对于美国社会的影响至为深远：它不但直接导致了三 K 党的复兴，而且时至今日依然是三 K 党招募新党徒时的必看影片。影片公映之初采用的名字是《同宗者》（*The Clansman*），但是仅仅一个月后就被更名为《一个国家的诞生》，这个不加掩饰的片名进一步明确表达出格氏的政治立场和电影立

1　阿尔都塞，《意识形态与意识形态国家机器》，《思想》（*La Pensée*），1970 年 6 月，第 151 期。

场：不仅美国这个国家诞生于暴力和血腥之中，而且美国电影也是如此。

　　国家的暴力在本质上是一个被反复述说的话题。一般认为，关于这个话题的最经典陈述来自马克斯·韦伯，他认为，从社会学上看，人们最终只能用一种特殊的手段来界定现代国家，这种手段是它以及任何政治团体所固有的——有形的暴力手段。暴力尽管不是国家正常的或唯一的手段，但却是它特有的手段。马克斯·韦伯指出："在过去，形形色色的团体——从宗族开始——都曾把有形的暴力作为十分正常的手段。今天正好相反，我们将不得不说：国家是在一定区域的人类的共同体，这个共同体在本区域之内——这个'区域'属于特征之一——要求（卓有成效地）自己垄断合法的有形的暴力。"[1]不过我们很快就会看到，虽然理论上要求国家垄断所有有形的合法的暴力，但在现实中，这却是一种近乎乌托邦式的幻想，而且暴力电影中最热衷描写的恰恰就是那些与国家暴力相对立的个体暴力或者群体暴力。很显然，从现存的社会政治立场看，所有个体暴力与群体暴力都是非法的，但是如果这些个体暴力或者群体暴力的发生是为了打击更为邪恶

---

[1] 参见：马克斯·韦伯，《经济与社会》（下卷），林荣远译，商务印书馆，1997，第 731 页。但是，霍华德·布朗（Howard G. Brown）认为这里存在一个误解，事实上，韦伯在另外一个文本（*Essays in Sociology*, translated by H. H. Gerth and C. Wright Mills, London: Routledge, 1991）中认为，国家是"社会中拥有合法武力（legitimate force）之垄断地位的代理者"。布朗指出，武力与暴力并不是可以互换的两个概念，武力是一个中性的概念，而暴力则不可避免地带有道德判断（通常是贬义）的意味在其中。武力、暴力、权力等概念之间的关联是一个非常有意义的问题，限于篇幅和主题，本文无法对此做深入的讨论。

的暴力，减少社会压迫的整体水平，甚或是为了建立一个更为正义的社会秩序，这时候，它们或许就具有了某种程度的合理性乃至合法性。

一般来说，暴力电影"合理化"暴力的手法大致有以下几种。

武以载道、奋起抗暴型

社会控制和秩序从来就不是无孔不入的，更何况其间存在大量的腐败、不公，对于那些体制下手无寸铁、没有权势的弱势群体而言，一旦体制内部的解决机制无法提供正义，那么铤而走险使用暴力就成为解决社会争端、争取个人权利最为直接且有效的手段。

这一类型的典型代表是中国武侠片。综观中国武侠片，一般都奉行中华文明千年不易的准则：好勇斗狠是缺乏武德的表现，唯当忍无可忍，以暴易暴才成为不得已而为之的手段。中国武侠片的正面人物通常都不是暴力的爱好者和崇尚者，而且为了使其随后实施的暴力行为越发合理，一般都要让他首先成为非正义暴力的受害者，然后化身为正义暴力的代表，替所有非正义暴力的受害者讨回公道。除此之外，中国武侠片以赤裸裸地宣扬暴力为下品，在表现手法上一般尽量消解暴力残酷的一面，试图将其美学化和游戏化。这一点尤以成龙电影为典型，虽说中国武术一向不仅是一种克敌制胜的手段，同时也是一种极具观赏性的表演，但是成龙电影却将中华武术的表演特点发挥到近乎极致的地步。一个颇具反讽意味的例子是，自《尖峰时刻》之后，成龙成功地打进好莱坞市场，但因此也丧失了许多亚洲观众的青睐，一个主要的指责是其武打场面的花哨性锐减，类似的情况同样发生在李连杰身上。但是成龙自有他的苦衷：美国人认为那种大战三百回合、游斗十余分钟的杂耍式的打斗场面是不真实的，他们不接受这样的暴力概念。

　　西方人倾向于那种更具现实感的暴力场面，当然这就更需要在叙事策略上对暴力行为进行合理化描写。罗伯特·德尼罗（Robert De Niro）主演的《猎鹿人》（*The Deer Hunter*）中有一段意味深长的暴力场景描写：硝烟弥漫的北越村庄里，一个南越士兵正在四处逡巡寻找遗漏的猎物，他先是掀开一个地窖的盖子，发现里面满是绝望的北越妇女和儿童，南越士兵往里面投进一颗手榴弹，然后又在村庄里发现了一个怀抱婴儿的妇女，这个丧失人性的家伙随即异常残酷地用机枪将之打死，这时，美国士兵迈克从昏迷中醒来，用喷火枪把这个惨无人性的南越士兵活活烧死，并且意犹未尽地在尸体上补上许多枪。整个场面拍得异常血腥和暴力，但是观众在观看这个场景时不会有太多的道德负疚感。因为观众的移情对象——迈克所实施的暴力行为是"合法"而"正义"的，尽管他与南越士兵站在同一政治阵营里，但是站在人道主义的道德高标上，南越士兵的所作所为已经逾越了人类行为的道德底线，迈克有足够的理由宣判这个家伙死刑。观众在观看这段赤裸裸的暴力场景时是否会体验到某种暴力的快感我不知道，但我确信观众至少不会为迈克的行为感到困惑，因为此前导演已经做了太多的道德预设来帮助我们抵御内疚机制的发生，当我们看到那个十恶不赦的南越士兵葬身火海时，绝不会对自己的人格产生任何的怀疑："我是一个如此嗜好暴力的家伙吗？"

对施暴双方做正邪不两立的区分是"合理化"暴力最为简单有效的方式，无论是早期的美国西部片还是20世纪七八十年代的香港武打片都奉行这种简单思维，而且其视角一般局限在体制内的个体与群体之间的恩怨情仇，着力描述的是自尊、义气、个人英雄主义、白手起家打拼社会等价值观念。

《英雄本色》里小马哥的那句"你可以侮辱我，但绝不可以侮辱我的朋友"相信给所有观看过此片的人留下了深刻印象：对于任何侮辱自己（自尊），或者侮辱朋友（义气）的人，唯一的解决之道就是以暴易暴，这类社会行为的价值取向对那些处于青春期的少年具有难以抗拒的诱惑力。此类暴力影片不仅成为青少年群体的暴力行为指南，而且形成了一种所谓"暴力亚文化"现象。

所谓"暴力亚文化"理论试图说明这一事实：某些团体，比如居住在城市中心的穷人，比其他团体有更高的暴力水平，不仅如此，这类团体对暴力采取比其他团体更肯定的态度，因此生长在这种文化中的人学会了暴力活动是获得尊敬和威望的正当方式。自从20世纪60年代提出之后，一直有学者试图修正这个理论，最近理论界普遍达成的结论是，事实上没有哪个文化正面赋予暴力以肯定价值，面对一系列挑衅，暴力亚文化只需让人觉得失控是合适的，就足以促使暴力发生。这里的区分要点在于，旧有的暴力亚文化认为暴力的发生是基于某种"不可抗拒的冲动"，而修正后的暴力亚文化则认为，大多数暴力行为实际上"不是不可抗拒的冲动"的结果，人们允许自己失控，只是因为他们"认为"某些冲动是不可抗拒的，换句话说，当某种（暴力）冲动出现时，只要人们轻易找出理由不去抗拒它，人们就可以按照冲动自由行事了，如豪赌、酗酒、殴打或者射杀对面那个挑衅你的家伙。[1] 20世纪七八十年代初期香港暴力影片泛滥内地的时候，在中国的中小城市以及偏远村庄，几乎随处都可见深受暴力亚文化影响的青年，对他们而言，暴力亚文化的主要影响在于，一旦面临挑衅（我相信，关于挑衅，他们有绝对私人的定义，比如一个眼神、超过两秒的对视，或者另外一个穿戴时髦、招摇过市的青年），只有使用暴力才是唯一不失体面的反应。

当个体暴力遭遇国家暴力型

如前所述，国家虽然应该被视为暴力的唯一合法垄断者，但事实上，国家垄断暴力的愿望永远只能部分地实现，不仅如此，对于国家垄断暴力的合法性的质疑声音也从来没有停止过。

说到暴力的合理性与合法性问题，汉娜·阿伦特有一个相当有启发意义的说法，她说："暴力可以被合理化，但永远不能被合法化。"简单地分析一下这句类似箴言的句子，我们可以有以下的理解：第一，所有的暴力行为都是能够找到由头（不是因果

---

1   罗伊·F. 鲍迈斯特尔，《恶：在人类暴力与残酷之中》，崔洪建等译，东方出版社，1998，第358—364页。

律意义上的原因）的——无论是心理的，还是社会政治的，也就是说，理论上，我们可以将任何暴力行为"合理化"；第二，但是，任何"合理化"的解释都不能使暴力具有"合法化"的身份，显然，阿伦特这里所说的"合法化"要比我们通常理解的"有法律依据"更富道德意味，它似乎是"正当性"或者"正义"的代名词，在阿伦特这样的人道主义者眼中，暴力无疑是一个不折不扣的贬义词，在道德序列中天然处于应被谴责的最底层。不过，悖谬的是，这种绝对道德主义立场不仅在理论上极易导致无政府主义的后果，而且在现实中也容易发展为以个体暴力反抗国家暴力。

一直以来，人们对国家垄断暴力的事实备感忧虑。虽说国家垄断暴力是为了保障国家的安全，但问题在于，凭什么可以保障这种用来维护群体安全的暴力不会反过来危害群体自身呢？事实上，很多人认为，国家对暴力的垄断揭穿了国家与政府的存在依据的虚伪性，所以尽管个体暴力在绝对的道德意义上被认为是坏的，但是当它被赋予一种反抗现成政治秩序和社会服从（特别是这种现成秩序和社会服从体现出恶的性质时）的意义时，就成为人们推崇的政治手段。

斯坦利·库布里克（Stanley Kubrick）导演的《发条橙》（*A Clockwork Orange*）之所以在世界电影史上占有如此独特而重要的位置，不仅在于它表达了暴力作为人类本性这一永恒而深刻的命题，更在于它揭露了国家暴力对个体实行有形和无形戕害的残酷现实。其中，对于无形戕害的控诉尤其振聋发聩，在阿历克斯

接受"鲁道维考疗法"时，相信每一个人都会更加深刻地理解法
国政治思想家马布利（Gabriel Bonnot de Mably）在 18 世纪就
已经表达过的那个观点："如果由我来施加惩罚的话，惩罚应该
打击灵魂而非肉体。"[1]

　　到了晚期资本主义时期，随着中产阶级陈腐生活观日益占据
统治地位，那种以打破现成秩序、追求个人价值为己任的暴力主
张越发赢得年轻人的青睐，暴力行为一旦带上社会抵抗色彩，就
似乎有了当然的合理性。对于那些初出茅庐、尚未获得社会认同
的年轻人来说，表达不满的最直接方式就是颠覆既有社会价值和
生活方式，而暴力正是这样一种在任何时代都不会过时的"反共
同生活"手段。[2]这时候，暴力已经不再与"和平"相对立，而

1　转引自：福柯，《规训与惩罚》，刘北成、杨远婴译，生活·读书·新知三联书店，
　　1999，第 17 页。一般认为，暴力打击的主要是肉体，但是暴力对于精神的无形
　　戕害也许是探讨暴力更为重要的一方面。遗憾的是，限于篇幅和主题，本文同
　　样无法对之展开探讨。
2　暴力与共同生活之间的紧张关系或许是探讨现实"暴力"的自然性与合法性的
　　关键所在。简单地说，作为"现象"的暴力由来已久，对于史前人类来说，"暴力"
　　甚至不是生活的问题而是生活的主题，正如狮子猎杀麋鹿，这是它的本性驱使，
　　所谓弱肉强食，这是自然的法则，你不能因为狮子暴力而谴责它残忍——这里
　　没有伦理判断，只有事实判断。我们注意到，所谓"本性"和"自然"在英文
　　里都是"nature"，词源学的同根性似乎在向我们昭示这样一个真理：暴力既是
　　自然的，又是合乎（史前）人类本性的。但是，古希腊人马上就会对这个论断
　　提出异议。因为在古希腊语中，表示自然和本性的词不是"nature"而是"physis"，
　　"physis"最初意指"生成"（growth），亚里士多德在《政治学》中说："事物的
　　本性（physis）就是目的；每一个事物是什么，只有当其完全生成时，我们才能
　　说出它们每一个的本性，比如人的、马的以及家庭的本性。"按照亚里士多德的"逻
　　各斯"，史前状态没有城邦，遑论文明，显然不是人"完全生成"的状态。所以，
　　史前人类的本性（nature）到了文明社会就不再具有自然性（physis），史前时
　　代的主题到了文明社会便成了问题。亚里士多德那句名言"人天生是一种政治
　　（politikos）动物"的真实含义乃是"共同生活符合人的自然本性"。（接下页注）

成为"庸常""乏味"的反义词，而暴力电影为这些满是无用激情的青年们提供了最佳的暴力行为指南和范本。类似的情况几乎在每一代人身上重演，有趣的是，这些以反共同生活为己任的青年们一旦激情消逝，青春不再，就立刻以飞一般的速度回归共同生活，并且在其中担负起中坚力量的角色。据说，眼下在美国占据社会主流的那帮中产阶级、知识精英们在 20 世纪 60 年代个个都是反越战精英分子，或者是嬉皮士。

当然，暴力电影中的这种反抗是有一定限度的，电影审查制度有效地保证了这一点。而且从大众文化的功能角度看，适度暴力的电影对于社会稳定而言起到的只是安全阀的作用，它不仅没有危及旧有的社会政治秩序，相反，强化了宰制性的社会秩序，

（接上页注）如果我们同意"人天生就是要共同生活的"这个论断，那么我们就得承认群体、部落、城邦乃至国家的产生就是必然的，由此我们将进一步承认秩序、法律和正义的产生也是必然的。让我们看一下亚里士多德的整句话是怎么说的："城邦显然是自然的产物，人天生是一种政治动物，在本性上而非偶然地脱离城邦的人，他要么是一位超人，要么是一个恶人；就像荷马所指责的那种人：无族、无法、无家之人，这种人是卑贱的，具有这种本性的人乃是好战之人，这种人就仿佛是棋盘中的孤子。"所谓"好战之人"也就是喜欢使用暴力的人。我们可以把亚里士多德的命题简述成"在本性上而非偶然地脱离城邦（或者说公共生活）的人乃是'好战之人'（或者说喜欢使用暴力的人）"。这个命题的逆命题为：好战之人（喜欢使用暴力的人）乃是在本性上而非偶然地脱离城邦的人，从形式逻辑的角度讲，正命题成立，逆命题并不必然成立，但是我们发现，这个逆命题似乎更为清晰地向我们指明了思考暴力的线索，即暴力与共同生活（政治）之间的紧张联系。暴力与共同生活之间的紧张关系是如何产生的呢？简单地说，"共同生活"要求安全、秩序以及正义，而对于这些"制度性"概念来说，最大的威胁来自"暴力"，或者说，没有"合法性"身份的暴力。在共同生活（或者说"文明社会"）中，暴力的使用丧失了它的（作为本原意义上的）自然性（nature）以及天然合法性（natural legitimacy）。暴力遭遇前所未有的"身份"危机，暴力使用的"合法性"与"非法性"问题由此突显出来。

因为它通过容许持异议者与抗议者有足够的自由，可以令之相对满意，却又不足以威胁到他们所抗议的体制的稳定性，所以它有能力对付那些对抗性的力量。

国家暴力 vs 国家暴力

历史学家汤因比说："战争是人类暴力和残酷性的一种特殊表现形式。"从街头斗殴、黑帮火拼、宗教冲突直到战争，暴力行为也就达到了它的顶峰。据说从有文字记载的公元前3200年到20世纪80年代，约5000多年里共发生过14,500多次战争，平均每年有近3次战争，整个人类文明史只有292年没有发生战争。另一说是，在人类有记载的3457年中，3230年有战争，只有227年是和平的。

这也难怪战争片会成为暴力电影中的主要类型。战争片中除却少数描写国内战争的影片（如《一个国家的诞生》的背景就是美国南北战争），大多都是国与国之间的战争。战争片也许是所有暴力电影中最能体现电影作为国家意识形态机器的体裁：由成王败寇的现实结果去倒推人类历史"正义力量"与"非正义力量"的角力是再自然不过的事情，这一点对于国内战争尤其如此，国际战争则稍微有些难度，这是因为尽管每个国家就其自身而言是国家暴力的合法垄断者，但是彼此之间却不存在所谓暴力持有的合法或非法问题，换言之，迄今为止国际关系的本质特点依旧是一种无政府状态。当然，侵略者与被侵略者之间的孰是孰非是很容易判定的，但是眼下最流行的却是以"反战"面目出现的战争片，这类影片将视角放在大时代背景下的小人物命运上，从更为人道的而非国家意识形态的角度去审视、反思战争给人类带来的灾难，这类影片的代表作包括奥利弗·斯通（Oliver Stone）的《野战排》（*Platoon*，1986）以及《生于七月四日》（*Born on the Fourth of July*，1989）等。

诗人品达说，战争仅仅对那些未曾经历过的人才是甜蜜的。我相信这个批判不仅适用于我们耳熟能详的革命浪漫主义战争电影，而且适用于其他所有类型的浪漫主义暴力片。

悬搁道德判断型

关于道德困境，人们习惯做这么一种练习，就是扪心自问："在那种处境下，我会怎么做？"这里的"怎么做"不是关于技术或者策略，而是关于道德选择，换句话说，是在"ought to be"的层面上追问"怎么做"，而不是在"to be"的层面追问"怎么做"。相反，如果一个人在面临道德困境时，总是在"to be"的层面上思量"怎么做"，那么这时他其实已经取消了"道德"问题，而只剩下了"困境"。剥离了道德选择的"困境"只需要用一种相对低层次的工具理性就可以解决。

有研究认为，大屠杀期间，纳粹分子之所以能够实施如此惨无人道的行径，原因之一就是他们把屠杀简化为一些实用的、算术上的技术问题，尽管这些问题相当烦琐，但却能有效地保证纳粹分子的大脑停留在意义思考的低层，只关心实际的细节而不是更高层面的道德意义。[1]

多数暴力影片都或多或少使用了这种"去道德判断"的障眼法：通过把大量笔墨放在铺陈犯罪之前各种心思缜密的所谓"策略性考虑"，从而弱化乃至取消观众对暴力的合理性或者合法性的追问。这种叙事策略发展到极致就是彻底悬搁道德判断，其始作俑者为昆汀·塔伦蒂诺（Quentin Tarantino），代表作则是《低俗小说》（*Pulp Fiction*）。

《低俗小说》被公认是暴力美学片的经典作品，一般认为，暴力美学开始于 20 世纪 60 年代末到 70 年代初的好莱坞，其中尤以 1967 年阿瑟·佩恩（Arthur Penn）导演的《邦妮和克莱德》（*Bonnie and Clyde*）、1969 年萨姆·佩金帕（Sam Peckinpah）导演的《日落黄沙》（*The Wild Bunch*）以及 1971 年斯坦利·库布里克导演的《发条橙》这三部影片为代表。此外，香港的吴宇森和林岭东对暴力美学的形成也起到了举足轻重的作用。郝建在《叙事狂欢和怪笑的黑色——好莱坞怪才昆汀·塔伦蒂诺创作论》一文中认为，暴力美学就是"指在中国的香港发展成熟的一种艺术趣味和形式探索。它的内涵是发掘枪战、武打动作和场面中的形式感，将其中的形式美感发扬到炫目的程度，忽视或弱化其中的社会功能和道德教化效果"。其主要特点是"摒弃表面的社会评判和道德劝诫，就其浪漫化，就其诗意的武打、动作的极度夸张走向彻

---

1 罗伊·F. 鲍迈斯特尔，《恶：在人类暴力与残酷之中》，1998，第 355 页。

底的形式主义"。[1]

　　在我看来，所谓暴力美学，除却以风格化的方式表现暴力外（事实上，几乎所有暴力电影都或多或少有美化暴力的成分在里头），更为重要的一点是，彻底悬搁道德判断，也即彻底放弃"合理化"暴力的企图，而这一点要到《低俗小说》才算最后完成。《低俗小说》之前的所谓"暴力美学"影片，多少都有社会批评的维度或者道德层面的考量在其中：比如，《发条橙》对人类暴力本性的深刻反思，《出租车司机》（Taxi Driver）对 20 世纪 70 年代冷漠的美国社会环境的控诉，《监狱风云》（林岭东导演，1987）对以警察为代表的国家暴力机器的黑暗性的揭露等，即便是由昆汀·塔伦蒂诺参与编剧的《天生杀人狂》（Natural Born Killers）也提出了这样的问题：一个生长在从个人记忆到大众媒体都混杂着暴力影像的文化中的个体将会成为什么样的人？当然，昆汀并不承认这是一部属于他的片子，因为奥利弗·斯通把一个"轻松、好玩的故事"拍成了负载太多的严肃电影，类似对媒体、暴力、监狱的反思让昆汀觉得意兴阑珊。今天我们可以把《天生杀人狂》看作一次现代主义者与后现代主义者对暴力解释权的争夺，在这个单独事件里，现代主义者取得了胜利，但这并不意味着后现代主义者就此沉默，事实上，昆汀很快就拍出了《低俗小说》这么一部集后现代主义精髓于一身的杰作。

1　郝建，《叙事狂欢和怪笑的黑色——好莱坞怪才昆汀·塔伦蒂诺创作论》，《当代电影》，2002 年第 1 期。

　　昆汀说，他与斯通曾经有过这么一番对话："我曾问他：'你是个好导演，为何不拍一些平易近人的戏？'其实我是问他为何不拍像《落水狗》（*Reservoir Dogs*）一般的戏。他说：'我就是以这态度拍《天生杀人狂》的。'我当然说《天生杀人狂》野心很大，甚至比他过往的戏更大，好似拍一部'奥利弗·斯通漫谈美国暴力与连环杀手'。奥利弗·斯通教导似的对我说：'《落水狗》只是一部戏（movie），要知道你是拍戏，我是拍电影（film），马丁·斯科塞斯（Martin Scorsese）、吴宇森都是拍戏。十五年后你回看自己的戏就发觉我说的不错。'他说的很对，我不想拍'电影'，我喜欢拍戏。""他还跟我说：'你才二十多岁，你拍的是有关戏的戏，我拍的则是我四十年的人生阅历。我见过的暴力比你多，我到越南打过仗，中过枪。你真的想谈暴力吗？好，那就实实在在地谈吧！'"[1]昆丁当然没有和奥利弗·斯通实实在在地谈论下去，在他眼里，反思暴力或许重要，或许不重要，这些其实都无关紧要，要紧的是如果这样会很无趣（事实上，反思总是一件无趣的事情），那他就会毫不犹豫地选择放弃它。

　　比较而言，《搏击俱乐部》（*Fight Club*）的拍摄时间要迟于《低俗小说》，但是在意识形态层面上却"早于"《低俗小说》。大卫·芬奇（David Fincher）尽管口口声声拒绝对暴力镜头的现实后果负责，但是他的暴力镜头却是有现实所指的，布拉德·皮特（Brad Pitt）成立搏击俱乐部，与那些偷鸡摸狗、小打小闹、拒绝参与、

---

1 《脱缰野马昆廷·塔伦蒂诺》，《电影双周刊》，1995年3月9日。

故意捣乱、有意误读的家伙没有任何分别，都可以被解释成社会无权者颠覆现存社会秩序的所谓大众文化策略。而当布拉德·皮特在影片里说出"自我毁灭也许就是人生的解答"这种只能在存在主义者嘴里才会吐出的格言时，我们就越发看清大卫·芬奇的现代主义脸孔。

《低俗小说》不搞这一套，它不问意义，不做反思，不碰政治，更不谈反抗。朱尔斯杀人前的那段《圣经》念词不是为了让他的杀人行为合法化，同样米娅吸毒过量的那段场景也绝没有半点劝诫吸毒者的用意，甚至文森特走火误杀"小黑"也被昆汀处理成一出笑料不断的小品：文森特和朱尔斯两人开着一辆满是脑浆和鲜血的车子在城里游走，为了不让警察发现，同时也为了不给他们的朋友添麻烦，他们必须要在 40 分钟内将车子清洗干净，这是一个极富技术含量的活儿，以至他们不得不从总部请来一个专门的问题解决专家来指导他们作业。当两个虎背熊腰的大汉终于把自己和车子都洗干净之后，穿着两件夸张的有些搞笑的 T 恤站在镜头前时，一场原本充满血腥和恐怖的戏就被昆汀活生生改编成了幽默小品，无反思的暴力表达在这里表现得淋漓尽致。

《低俗小说》完成了暴力电影从现代性向后现代的转换，以《低俗小说》为代表的后现代暴力电影彻底丧失了社会批判力量，丧失了深度以及旧电影与现实世界那种意蕴深厚的关联。它不再承载国家神话、英雄主义、社会反抗、政治控诉等文化符号的意义，其他一些与此类似的文化承担也被抽空，只剩下影像本身。

如果说《低俗小说》里警察还作为一个潜在的威慑力量发挥

一定作用的话，那么到了盖·里奇（Guy Ritchie）的《两杆大烟枪》（*Lock,Stock and Two Smoking Barrels*），那个倒霉的交通警察就只有供劫匪们嘲弄和逗乐的份了，暴力美学发展到《偷拐抢骗》（*Snatch*）阶段，则彻底放弃了政治游戏中压迫／反抗之间简单且无休止的二元对立状态，在这部2000年最具智力挑战性也最离经叛道的黑帮片中，连一个政府公务人员都没出现，没有警察，没有政府，整部片子是黑社会流氓、强盗、街头混混、嗑药者和吉卜赛人的天下，盖·里奇说："为什么需要警察，有了他们片子就会变得很无趣。"

不考虑任何道德负载，不诉求任何政治主张，只要好玩、风趣、给劲、有IQ，这就是后现代暴力美学电影的最新境界：彻底地去深度化，抹平一切可能的意义，悬搁所有可能的道德批判，追求绝对的形式主义……对昆汀·塔伦蒂诺和盖·里奇这些后现代电影顽童们来说，他们的字典里压根就没有"政治"二字，他们既不自命反抗者，更不想扮演解放者，他们只是这个现实社会中一群喜欢惹是生非但又无伤大雅、充其量博大家一乐的混混，他们就是想寻开心，就是想表明自己的高智商和幽默感，而暴力不过恰好就是他们眼下所能找到的最佳表达手法。舍此无他。

因此严格来说，暴力美学片并没有试图将暴力"合理化"，它是通过悬搁合理化问题而消解了这个问题——这个手法的无耻性很像哲学家们惯用的伎俩：解决问题的最好办法就是悬搁该问题。

拍摄反暴力影片的可能性

根据对影像暴力诸种合理化叙事策略的考察，我们可以得出以下结论：第一，尽管通过各种电影技巧和叙事策略，暴力电影赋予了暴力行为各种合理化的解释，但是并不能保证其合法性的身份，而且无论暴力电影是在反思暴力行为及其社会后果，还是极力弱化暴力行为的负面效果，客观上都无法逃避宣扬暴力的指责；第二，暴力电影通过各种合理化暴力的策略和手段，削弱并扭曲了观众对于现实暴力行为的认知能力，其现实危害性是显而易见的。

反暴力电影的策略可以有很多，这里我只想讨论其中的一种可能策略，那就是如何拍摄反暴力影片。在现代商业社会中，一部反暴力影片如何可能？这个问题的难度首先来自它的现实困境，比如，有哪位不怕死的制片商会投拍此片，又有多少观众会捧场，它的票房保证何在？所幸的是，对于这些问题，我们现在都可以暂时不用管。

就最一般的理论层面言，我所能设想的反暴力影片拍摄方式主要是，让观众的移情对象作为受害者在各式暴力行为中饱受折磨，而不是带着施虐的快感去向别人施暴——这个实验性的治疗工作有些类似《发条橙》中阿历克斯接受的"鲁道维考疗法"，不同之处在于，阿历克斯是因为被反复强迫观看暴力行为而导致的餍足感（你不是喜欢暴力吗，那我让你一次吃个够，直到你恶心为止。类似的经验让我想起小时候在家吃蛋卷的经历，一箱蛋卷在半个小时内下肚的直接后果是至今当我在电脑上敲打"蛋卷"
二字依然有呕吐、眩晕等生理性反应），而我的治疗方案则是让
浸淫在媒体暴力中的人们重新恢复感觉——恢复那种"同情"的
感觉，这种手段虽然也导致直接的生理反应，但走的却不是通过
正向加强直至"物极必反"的思路，而是走逆向体验的道路，让
受众在对暴力后果"感同身受"的同时，逐步唤醒他们对于暴力
伤害的身体回忆，并最终使受众不再沉溺于对暴力镜头"去身体
化"的纯美学体验。

　　我得承认，这个反暴力电影的策略主要诉诸心理学和生理学
的力量，而不是哲学思辨、理性算计或者道德感化，但是，考虑
到暴力行为所具有的心理动机以及它对身体打击带来的最直接效
果，也许这种治疗方法才是最具威慑性和疗效的。

　　回到"9·11"，迄今为止，我所见过对于这个事件最具创造
力的评论是——"这是一件行为艺术"，暴力／美学、谋杀／艺术
在这句轻描淡写的评论中巧妙地发生了置换，我个人认为，这正
是影像化时代"暴力美学化"导致的直接后果：当 Aesthetics（感
性学）彻底丧失其本义成为 Aesthetics（美学）时，它换来的是
形式主义的畸形张扬，丧失的则是心灵最纯真的感同身受。

　　就在写这篇文章的时候，我收到一封 E-mail，里面附有美
国《华尔街日报》记者珀尔（Daniel Pearl）被害录像的网上链
接，电脑的声卡恰好坏了，所以我是以看默片的方式看完这个总
长不过十几秒的割头录像的。在 21 世纪的第一年里，两座高达
近 420 米的大厦轰然倒塌，在 21 世纪的第二年里，一颗鲜活的

头颅被生生割下，托现代摄影技术的"福"，这两个场面都被真实而完整地记录在影像里，但愿这两个发生在现实世界的影像暴力不会在后现代的语境里丧失其现实的所指功能，而只剩下能指的炫目感觉。

辑肆

"我总是活在表层上"

　　伯林也许是 20 世纪政治哲学家中对中国普通读者影响最大、同时也是被误读最深的一位。这也许是思想传播的一个悖论，影响越大的作家，越可能以一种"刻板印象"的方式被广为传播。比如，大家一说起伯林，就会很自然地想起他的"两种自由"概念，一说起两种自由概念，很自然地就认为伯林是主张消极自由而反对积极自由的。但是，如果细读他的文本，你会意识到伯林的观点要复杂得多。一方面，他并不认为积极自由"必然"会导致专制主义和极权主义；另一方面，他强调消极自由也有可能被专制主义利用，比如他说："毫无疑问需要记住，消极自由的信念同样相容于巨大而持久的社会罪恶，并且（考虑到观念对行为的影响）曾经在造就这些罪恶上扮演过自己的角色。"这是一个非常值得我们深思的观察。尽管积极自由的扭曲版本常常作为压迫的学说，成为专制主义的有益武器，但是消极自由及其伴随而来的犬儒主义，同样有可能成为专制主义的共谋。

　　伯林之所以在《两种自由概念》这篇文章中着重谈积极自由变体的危害性，是因为在 20 世纪的政治现实中，积极自由带来的危害更大一些，但这并不意味着伯林会毫无保留地拥抱消极自由。作为一个价值多元论坚定的支持者，伯林不可能把某一个价值或观念放在绝对的位置上，无论是积极自由还是消极自由。所以，我认为，今天阅读伯林需要以一种更加复杂的方式去进入他的文本和思路。

　　伯林的《两种自由概念》深受法国哲学家贡斯当（Benjamin Constant）的启发，相比而言，我个人认为贡斯当对"古代人的自由"和"现代人的自由"的关系的理解优于伯林的理解。为什么这么说？因为贡斯当认为，"古代人的自由"——政治参与的自由——保护了"现代人的自由"，也即退回到个人生活的自由。如果失去了"古代人的自由"这个屏障，"现代人的自由"也有可能丧失。今天我们越来越清楚地意识到，我们不可能龟缩在消极自由为我们提供的安全网中，只有努力争取某种程度的"古代人的自由"，才有可能真正地保护"现代人的自由"。

　　我非常认同刘东老师的观点，应该认真对待伯林关于自由主义和民族主义之复杂关系的思考。未来中国政治的发展，有可能是"二民主义"，一是民生，一是民族。对内，通过经济增长，提高人民的福利，满足老百姓的口腹之欲来赢得政治的稳定；对外，激发普通民众的民族情绪。自由主义传统从来都重视社会正义和分配正义这些概念，但是往往把民族主义视为洪水猛兽，我认为，自由主义应该正面阐释和回应民族主义的挑战，而不是一味地加以拒斥。就此而言，伯林为我们提供了"自由民族主义"这个极其重要的思想资源。

中国的知识界、媒体和普罗大众对自由主义存在一个根深蒂固的误读，这个误读追本溯源也许可以找到伯林身上。

伯林说："我总是活在表层上。"这句话曾经被钱永祥先生作为他发表于《读书》杂志的文章标题。伯林活得足够久——他生于 1909 年，卒于 1997 年，漫长的一生使得他能够亲证时代的风云诡谲和起伏跌宕。但是，伯林不是一个历史终结论者，在他看来，历史进程没有所谓的顶点和终点，人们只是在心理上需要历史的顶点或历史的终点而创造出这些概念，因为人们无法面对"冲突永无止境"这一可能性。但遗憾的是，就像伯林最喜欢的作家赫尔岑（Alexander Herzen）说过的那样，"基本的问题可能是永远无法解决的"。面对基本问题，我们没有一劳永逸的解决方案，一个人可以做的全部只是尝试去解决，仅仅只是"尝试"去解决，但没有人可以保证提供终极的解决方案。另一方面，伯林虽然深刻地认识到历史是没有终点的，面对纷繁芜杂的政治问题不存在一劳永逸的解决方案，但伯林没有坠入怀疑主义和相对主义的深渊。他钟爱俄罗斯的思想家，他明白这些哲人凭着求真意志的冲动去追寻伟大社会，可能会造成原子弹似的破坏力，所以他批评说"这些人习惯于将观念推究到最极端甚至荒谬的程度，他们将道德怯懦视为对真理的畏惧"。伯林本人恰恰与俄罗斯思想家持相反态度，就像我刚才说的，他始终自觉地活在表层上。关于这个论述，我个人认为可以分几个层面去解释。

　　第一个层面是本体论的层面。我们知道，"一和多"之争是古希腊以降一个永恒的哲学难题，伯林所主张的多元主义针对的正是一元论。一元论认为，在变化万千的表象背后存在确定无疑的本质，看似纷繁芜杂、相互冲突的问题其实存在唯一正确的答案。而多元论认为，我们应该停留在纷繁芜杂的表层，不去追问那个看似通体明澈、实际虚幻的本体世界，不以寻求大写真理的名义投身到诸神之争的政治世界当中去。值得深思的是，罗尔斯曾经说过类似的话，他自称始终愿意"停留在哲学的表面上"，对真理的概念采取悬搁的态度。伯林和罗尔斯为什么选择这么做？因为他们深刻地认识到人类过往的政治历史中以真理的名义所造成的巨大灾难。当然，这并不意味着真理这个问题不重要，而恰恰是因为它太重要了，所以不能通过政治活动来解决它。

　　第二个层面关乎个人的气质和生活方式。许章润老师说，伯林是一个贵族式的人物，对此我不否认，但同时伯林也是一个很世俗乃至庸俗的人。伯林曾经很坦然地承认，自己是一个文雅到有些浅薄的人，是一个絮叨到有些庸俗的人。怎么去理解伯林这些自嘲似的自我确认？有一个著名的翻译家叫孙仲旭，他因为抑郁症而自杀。自杀前，他在微博上留下了一段话，这段话引自尼采："与恶龙缠斗过久，自身亦成为恶龙；凝视深渊过久，深渊将回以凝视。"我觉得伯林是深刻地意识到了这一点，他不愿意成为恶龙、不愿意坠入深渊，所以宁可将自己的日常生活保留在一种快乐、轻率甚至是恣意的层面上，虽然这跟他内心的焦灼不安、左冲右突形成了巨大的反差。但是，他能够体会这种反差，并保持微妙的平衡，恰恰体现出伯林思想上的节制和健全的现实感，这一点是非常难能可贵的。

我始终认为，我们不能从字面意义上想当然地去理解"我总是活在表层上"这句话，伯林在《自由四论》中提到的一句话我觉得非常精彩："文明人和野蛮人的差异在于，前者了解到个人信念只具有相对的有效性，但却能坚定不移地捍卫这些信念。"这让我想起帕斯卡尔的另外一句话，有异曲同工之妙："我们知道得太少，因而当不了独断论者，但又知道得太多，而不能成为怀疑论者。"人是一种有理性的同时又是有限度的存在者，这是我们难以摆脱的宿命。无论是在政治生活、个人生活还是哲学生活中，伯林非常好地体会到人的宿命，并在这些约束下把他的人生做到了极致。

我想强调的是，伯林不是一个自由主义的斗士，"斗士"这个词跟伯林毫无关系，无论是实践还是思想，他始终是一个犹豫不定的旁观者，他对于浪漫主义、民族主义甚至是法西斯主义，都有非常多的同情的理解。用约翰·格雷的话说，伯林拥有超乎常人的"移情"的能力。我曾经读到一句话，我认为这是对伯林非常中肯的批评："伯林不如少一点理解，多一点谴责。"这句话当然是在批评伯林，但如果从积极的角度看，这恰恰说明伯林面对异质思想时，更愿俯下身来，去倾听、去摩挲、去深入对方的脉络。

为"共同的理解"付出的代价是非常巨大的，回想一下日常经验，我们跟父母、朋友、爱人所能达成的共同理解况且如此之少，怎么可能要求十三亿人在政治生活中达成深厚的共同理解呢？范围越广，共同理解越是注定只能停留在表面上，比如说对抽象的正义原则的认可、对宪法条文的认可，但是如果要深入到宗教、文化、爱这些人类灵魂深处的领域，想要达到共同的理解难度之大可以想见。

在这个意义上，我想要调整一下对伯林的看法，他在政治和个人生活中始终停留在表层上，但是他在精神生活中从来没有停留在表层上，而是一猛子扎到了精神世界的马里亚纳海沟，去跟他所认为的最伟大的思想家进行对话，比如赫尔岑、维科、马基雅维利。

最后，我想回到消极自由这个概念。消极自由最核心的想法是选择的自由，就是这个世界给你打开多少道门，为你提供多少种可能。伯林说，这种可能性是一种客观的存在，不是一种主观的存在，这怎么理解？举一个例子：有人也许会认为，对于西南山区的一个从没上过网的小孩，哪些网站能上或者不能上对他不会造成任何伤害，因为这些可能性从来没有进入到他的主观意识中。但是，伯林会说 no，虽然这个孩子从来没有上过网，某几扇门被关上了依旧是一个客观的事实，哪怕他从来没有意识到这一点，他的自由仍旧是真真实实地被伤害了。

我们每个人对于世界的理解、我们每个人的偏好是被制度塑造的，政治心理学中有个词叫作 adaptive preference——适应性偏好。如果我们把"门"和"可能性"仅仅当作主观认知到的对象，那么自由很有可能没有受到任何伤害，因为他们完全可以说，我从来没有意识到这些自由，我也不需要这些自由。伯林把这些东西视之为客观的存在，这个分析有力地回击了从主观角度出发极权统治下的人民也是自由的谬论。

消极自由作为一种"选择的自由"，有所选择就意味着有所放弃。在伯林看来，价值多元论的一个后果就是不同的美好价值之间不仅不可公度而且不可互相还原和转换，一个社会获得了更多的自由，就一定会丧失更多的平等，反之亦然。人生是一种悲剧性的存在，所有美好的价值都具有一种根本冲突的状态，你不能两全其美，更不可能各美其美，一旦有所选择，必然有所损失。大至政治生活，小至个人生活，莫不如此。伯林的个人生活也许轻松愉悦甚至优雅，但在本质上，他是一个悲观主义者，对于人类无可逃脱的悲剧性有着深入骨髓的认识。

有同学问道：由于客观性的限制和主观性的认识存在着一种张力，在这种情况下，我们的教育或制度需不需要去强迫他人自由？我想回答这位同学：我不喜欢"强迫他人自由"这个说法，听起来很像卢梭在《社会契约论》中讨论公意时的观点。当然，如果你问一个政府，比如朝鲜，是不是应该放开信息管制，让人们接触到外部事物？我的回答是，应该。但是这里的"应该"不等于"强迫自由"，而是让自由回到它本然的状态。用伯林的话说，就是没有外在约束或者障碍的状态。我在这里要稍微修正一下伯林的观点，我不认为法律对于人们的自由也构成了伤害，恰恰相反，就像洛克所说的，法律保障自由更好地实现，而不是伤害自由，当然这里的法律指的是良法而不是恶法。

如果从卢梭的"积极自由"的意义上说这句话，那么我会很鲜明地主张不可以强迫他人自由！因为此时，政府就是以一种更高级的、理性的自我去要求较低级的、感官的自我去过一种正确的生活。伯林会说，这很有可能会导致积极自由的扭曲形态，最终导致极权主义。

在消极自由的意义上，自由无所谓强迫，在积极自由的意义上，自由就是一种强迫，但是这是两种不同意义上的强迫。我相信伯林会支持前者而反对后者，我本人也认同伯林的判断。

（根据 2014 年 9 月 13 日在单向空间以"以赛亚·伯林与当代中国"为题所做的对谈中的发言整理而成。）

在道德乌托邦主义与自鸣得意的现实主义之间

　　中午收到一条微信，是本科时候的一铁哥们儿发来的，是我20多年前写给一位女生的情书中的一段话。这位哥们神经兮兮地把它当作"佳句妙语"摘录了下来，收藏至今。我一看，终于明白为什么那段感情没有下文了，因为情书写得太烂！我之所以说这件看似不着四六的事情，是为了回应赵汀阳老师所说的媒介的重要性。媒介是传播观念和转变观念的重要渠道。我至今仍然清晰地记得，那年夏天我焦急等待对方回信的心情，每天10点就跑到县城的邮局打探消息。这样的情感节奏和生活方式与今天完全不同，因为有了手机、短信、微信、QQ这些即时通信工具，我们可以随时追杀猎物，但当年不同，只能默默忍受漫长的等待。媒介的革命，直接改造了快与慢的观念，改造了我们的时间观乃至整体的生活方式。

　　说到"时间"，记得尼采曾说过一句话："只有非时间性的东西才是能被定义的。"十几年前读到这句话的时候我就非常震撼，大家知道，苏格拉底的哲学贡献之一就是下"普遍定义"。而尼采现在告诉我们，只有"非时间性的东西"才能被"定义"。两相比较，意味深长。按照施特劳斯的说法，"现代性"的核心特征，一个是事实与价值的两分，另一个就是历史主义的引入。这意味着，在现代世界，人们面临着一个根本性的困境，一方面我们依旧试图下定义，另一方面我们认识到一切"有时间性的东西"根本就无法被普遍地定义，于是我们只有不断地在下定义，这种"不断"下定义的做法本身恰恰意味着一切东西都是无法被"定义"的。上至国家、民族、自由、平等、权利这些抽象概念，下至每一个人的具体生活，我们都面临着"无法下定义"的尴尬，因为无法给出一锤定音式的普遍定义，所以我们就被迫不断地进行自我辩护。我们无法信心满满地安慰自己，当下过的生活"就是"好的生活，当下拥有的意见"就是"真理。现代性的"全面反思""彻底怀疑"的特征使得我们的生活处于不断的"自我确证"的状态中。这种不断"自我确证"的状态恰恰说明曾经奠基于其下的不言自明的永恒大地消失了，我们处于一种悬空的状态。我想这可能是现代性一个非常核心的特质。

陈嘉映老师说，轴心时代是"有根的反思"，我想借用这句话进一步地说，今天是一个"无根的反思"的时代。现代人能否得救全都维系在"自我确证"的工作能否成功之上。这是我们的困境所在：我们意识到再也无法安然接受形而上学意义上的道德实在论，那种由上帝或者超越性的存在给予我们的笃定感和安全感虽然很好，但已经一去不复返。与此同时，我们又不甘心拥抱价值相对主义以及价值虚无主义。所以，哈贝马斯才会说，他与罗尔斯共享的一个使命就是，一方面拒绝道德实在论，另一方面拒绝价值相对主义。如何走出一条居中的道路，我个人认为这是当代哲学家们最孜孜以求的努力方向。

带着这个问题意识反观中国的现实，我认为，我们当下面临的任务是，一方面拒绝"道德乌托邦主义"和"道德理想主义"，另一方面反对"自鸣得意的现实主义"。也许后者是更重要的敌人。自鸣得意的现实主义无论在学院内部还是民间都日渐成为主流，随之而来的就是犬儒主义和失败主义的普遍情绪。这不仅对政治生活构成了巨大的戕害，而且对伦理生活构成了巨大的戕害。能否在道德乌托邦主义和自鸣得意的现实主义之间走出一条道路，这是我们的时代任务。用罗尔斯的话说，我们需要通过政治哲学的思考重新建立一种"现实可行的乌托邦"，探索可行的政治可能性的界限，让我们不至于彻底沦陷在现实主义的泥沼之中，而是去想象"我们的社会完全可以是另外一副样子"，从而对于过一种有深度、有高度和有意义的生活心存希望。

回到赵老师的发言，我非常同意他对于自然和习俗的区分。自然的东西是无须辩护的，而只有人为的习俗才需要进行辩护。对于这个区分本身，我完全同意。我有点怀疑的，是用自然／习俗的区分来分析古代与现代的差别。赵老师刚刚提到了哈耶克，我们知道哈耶克提倡自身自发的秩序，他用这个观念来为资本主义和自由市场做辩护，而资本主义和自由市场恰恰是"现代性"最本质的特征之一。这里似乎与赵老师的论述有些小矛盾，如果哈耶克是对的，那么现代性最根本的特征之一——自由市场和资本主义——恰恰是自然的而不是人为的。

赵老师说到个人作为一切利益的计算单位、个人作为现代性存在的方式，其主要特点就是跟他人划清界限，这个边界被命名为权利。划清边界之后，每个个人就成为拥有绝对主权的个人，赵老师在这里用了一个让我稍感惊讶的表述——个人因此成为"独裁者"。我认为这是一种修辞术，更好的说法是个人成为一个消极的抵抗者，因为"基本权利"划定的范围和界线只是为了警告他人或者政府不能任意逾越和干涉。"独裁者"在我的理解中是一种积极自由，他要去干涉他人、主导他人，而现代权利概念，尤其是那些基本权利，首先是一个消极的概念。"独裁者"这个说法好像不是那么恰当。我们知道，三十年宗教战争是自由主义产生的历史机缘之一，经过漫长的宗教冲突，人们意识到必须划清群己权界，才能和平相处。当各种冲突发生的时候，我们不仅要主张自由，更要主张宽容，所以胡适才会说"宽容比自由更重要"。凡此种种，都似乎与赵老师使用的"独裁者"相去甚远。

现代社会的个人主张"我的地盘我做主"，但这并不能因此得出结论说现代社会的个人是"独裁者"，更好的表述是"主人"。独裁者不仅主张"我的地盘我做主"，而且主张"你的地盘我做主"，甚至主张"我的地盘是我的，你的地盘也是我的"。当一个人可以运用个人意志予取予求地统治他人的人身、财产甚至是精神时，这个人被称作"独裁者"。现代的权利概念从没有赋予个体这样的权力，恰恰相反，当不同的个体相互遭遇时，他不仅要捍卫自身的权利，而且负有尊重他人权利的责任。

　　赵老师提到"完全的封闭性"，我也不是很认同这个说法。社群主义者经常以此批评自由主义，比如，桑德尔说自由主义主张的是"无拘束的自我"，查尔斯·泰勒说自由主义是一种原子化的个人主义。我以为这样的批评其实都是在攻击稻草人，"原子化"的甚至"单子化"的处于"完全封闭的状态"的个人只是一个虚构，一个想象，它既不符合理论，也不符合历史。没有人是荒岛上生存的鲁滨孙，我们必然要和他人发生关系，自由主义的鼻祖洛克就非常强调人的社会属性。当然，在和他人共处的过程中，必然会出现各种形式的冲突，个体权利，尤其是其中的私有产权的引入就是为了解决这个问题，所谓"定分止争"，也就是说，只有通过区分"我的和你的"才能避免冲突和战争。但是，私有产权并不具有绝对的排他性。赵老师在批评自由主义和个人主义的时候，似乎是以洛克为代表的自由意志主义作为主要批评对象，但是我想强调的是，当代的自由意志主义者虽然强调财产权具有绝对的道德至上性，但是他们在今天更多的只是具有理论上的意义，在现实中寸步难行。试举几例，比如美国宪法第五修正案说，私有财产可以出于公共的目的而被征用，只要它们得到恰当的赔偿，比如在英美国家普遍存在的遗产税和赠予税，这些无不表明私有财产并不具有自由意志主义者所认为的道德的绝对性，当然也不存在赵老师所理解的处于"完全封闭的状态"的原子化的个体。完全被神化的私有财产，即便在美国这样的国家也从来都不存在。

所以，对于现代人在自我封闭的领域中是独裁者的判断，我认为它在概念上、理论上和现实中都是不成立的，放在中国的语境下就更加不成立了。

（根据 2015 年 3 月 14 日与陈嘉映、赵汀阳在中央民族大学以"中国·现代性"为题进行对谈时的发言整理而成。）

自由主义及其不满

刚刚立波兄说我和崇明是儒生，其实这也不算玩笑，我跟任锋兄曾经说过一句话，我说儒家对你是生命，对我是生活。今天我还可以再追加一句：儒家对你来说是信仰，对我来说是伦理。在前一节的讨论中，我对儒家有很多质疑，但主要集中在政治制度层面上，其实在个人伦理层面上，我从不否认自己深受儒家的影响，如果剥离歧视妇女和压抑个性的部分，我对儒家的伦理思想有很强的亲近感。

但是，在伦理上对儒家的亲近并不妨碍我是一个政治上的自由主义者。政治上的自由主义者有一个最基本的想法，每个人对于何为美好人生都有非常不同的理解，这种不同构成了合理的多元主义现实。如果一个政治安排片面地弘扬、推崇某一特定的美好人生观，并且通过国家强制力将其落实到政治和社会生活中，就必然会对他人的自主性构成压制性的事实，这是政治自由主义者所坚决反对的。

我要报告的原标题是《哪种公民，谁的宗教》，副标题是《评陈明"儒教之为公民宗教"》。这是一篇旧文，曾经在台湾《思想》杂志上发表过，我猜想各位都已经阅读过此文，所以我不打算过多地纠缠于文本，而是想花点时间谈谈"自由主义及其不满"这个主题。

我认为，当前存在着四个对于自由主义的主流批评意见。

第一个批评认为，"自由主义不适合中国当下的国情"。不仅很多媒体和左派学者主张这个观点，秋风兄在《中国自由主义二十年的颓势》中也表达过类似的观点："对中国人来说，自由纯粹是一种外来之物，而自由主义者仿佛就是'偷火者'。"对应于这个批评，一个看似自然而然的结论就是，自由主义无法在中国的政治现实中落地生根；另一种结论，也是儒家宪政主义者和儒家自由主义者所推崇的方案，则是回到中国传统去寻找自由、人权、宪政或者民主的论述，试图在传统典籍和政治实践中搜索自由主义的蛛丝马迹。我个人认为，前者是在掩耳盗铃罔顾事实，后者则是在舍近求远，虽然对后者的工作成果我持乐观其成的态度。但凡我们具备健全的常识感，稍微用心地观察一下普通中国人的生活经验和日常表达，就会发现，我们已然生活在由自由主义的核心价值和基本概念所构成的现代社会中，尽管制度上的保障还付之阙如，但至少在观念上和言论上，我们已经习惯用"自由""权利"这样的字词来理解和实践我们的生活。就此而言，所谓"自由主义不适合中国当下的国情"其实是一个伪命题。

第二个批评认为，"自由主义是当今社会道德滑坡的罪魁祸首"。刘小枫先生曾在《深圳商报》接受采访时明确表达了这个观点:"20世纪90年代以来,我们的生活伦理变得越来越'自由',也变得越来越'那个'……自由伦理不仅不能让人懂得对与错、好与坏、美与丑、高尚与低俗的区分,反而抹去这些区分。"我个人认为这个批评有失公允。首先,自由主义不等于价值相对主义,自由主义当然区分对与错,更明辨对与好(所谓"正当优先于善")。其次,自由主义并没有抹杀好与坏、美与丑、高尚与低俗的区分,自由主义只是不主张借用国家的力量去强制区分并推行好的、美的或者高尚的东西。事实上,对自由主义者来说,国家之所以可以保持近似中立,就是因为社会生活一定是不中立的,人们能够而且实际上会在社会生活的各种相互竞争的生活方式之间做出区别,肯定某一些,拒斥另一些,而无须动用国家机器。最后,如果说中国社会在过去几十年里存在着道德滑坡,那么罪魁祸首也不是自由主义伦理,而是社会塑造的原子化个体的生存状态,它在表面症候上与自由主义的个人主义类似,但产生的机制却不可同日而语。在我看来,如果政治生活能保障基本的信仰自由、结社自由和政治自由,就不会使原本应该错落有致、丰富多彩的社会生活被极大地压扁成为高度娱乐化和一切向钱看。因此,如果说过去几十年中国社会存在所谓的道德滑坡,那也绝非自由主义之罪。

　　第三个批评认为,"今天中国的社会不公和贫富差距拉大都是市场资本主义(经济自由主义)惹的祸"。不受限制的市场资本主义的确会导致社会不公,但是在特定的中国语境下,我们需要进一步判定这究竟是权力之罪还是资本之罪？托尼·朱特在《沉疴遍地》中有一个表述值得重视："资本主义不是一个政治制度；它是一种经济生活方式，在实践上可以和各种各样的政体相结合，比如皮诺切特统治下的智利的右派独裁，比如瑞典的社会民主主义君主制，以及美国的富豪统治的共和国，等等。很显然，在各种结合过程中，资本主义本身所具有的优点和缺点会得到不同程度的放大或缩小。"冯仑之前接受过一个采访，他说，企业家在权力面前依然没有自信，这是我们当前一个非常切实的问题。

第四个批评就是自由主义理论内部要厘清的问题——"自由主义只讲民主自由不讲公平正义吗？"当然不是，自由主义也是讲公平正义的。20世纪90年代末的新左派和自由主义之争其实是自由左派和自由右派之争，秦晖先生作为自由右派的代表早在20世纪90年代中期就撰文呼吁要在国有资产私有化的过程中坚持公平正义，而甘阳先生作为自由左派的代表也在《中国自由左派的由来》中明确地将罗尔斯作为思想的主要依据和来源，由此可见，无论是自由左派（新左派）还是自由右派，都是讲公平正义的。认为中国的自由主义不讲公平正义，这是误将古典自由主义或者新自由主义作为自由主义的全部,忽视了自由至上主义(如诺齐克）以及平等自由主义（以罗尔斯、德沃金为代表）的重要性。值得一提的是，甘阳先生在这篇文章的末尾敲打中国的自由左派，要求他们注意三点："坚持温和稳健的立场，防止过度激进的立场；坚持知识场域的理论工作，避免过多诉诸社会情绪的煽情之作；最后也是最重要的，自由左派必须始终坚持自由主义立场，谨防滑向'非自由'左派。"什么叫作"非自由"左派？我的理解是，放弃坚持罗尔斯正义二原则的字典式排序，放弃对正义第一原则也即最大的基本自由权的坚持。当自由左派蜕变成为"非自由"左派，应该冠之以什么样的名称，这是一个颇值得玩味的话题。

冒着简单化的风险概述完对上述四个批评的回应之后，我必须承认，自由主义在中国面临着许多理论上的挑战，我们可以一言以蔽之地称之为薄与厚的问题。某种意义上，中国自由主义的理论表述仍嫌单薄，仍需吸收各方的资源加厚自己。

首当其冲的是国家能力问题。安东尼·吉登斯在《第三条道路》中提出"积极政府"的概念，福山最近也反复强调国家能力的重要性。中国自由主义同样需要直面这个问题，给出系统而全面的回应。但是，与此同时，我们必须了解到西方福利国家面临的问题与我们并不相同，他们的问题在于国家能力不足以实现他们的理论承诺，以至国家负担太重，福利体系面临崩盘的危险。而我们在谈论国家能力时，则一方面要应对新自由主义的批评，建立一系列行之有效的福利保障体系，另一方面要警惕国家能力被偷换成为不受约束的国家权力。一言以蔽之，自由主义在思考国家能力的同时要时刻牢记对权力本身加以约束。

第二个理论挑战是建立一个更加丰满的、更有吸引力的自由主义伦理理论，这其中不仅包含自由、平等、权利、正义和民主的价值，还需要正面回应美好人生的问题，阐释正义与幸福、自由与德性、自由与共同善之间的关系。

　　第三个挑战来自民族主义。一个政治体要想维持它的统一性，仅仅依靠抽象的政治原则是不够的。对于自由主义者来说，在坚持自由主义的基本价值理念的前提下，还要追问以下问题，比如，民族认同是个人认同中可以获得理性辩护的部分吗？如果是，应该如何权衡民族认同在个人认同各种构成性部分的意义和重要性？我相信，重估民族性原则，考察它的内涵与价值，将会改变我们对政治自由主义理论的预设前提、条件和框架的思考。我们今天探讨公民宗教和自由主义的民族主义问题，正是对以上问题的一个反省。

　　我做一个简单的小结。我们在引入西方概念的时候，经常会把它雕琢得晶莹剔透，并衷心希望它会是中国问题的速效救心丸。过去几年，公民宗教陡然成为中国知识界的热门话题，我这篇文章的一个基本用意就是警示人们不要一厢情愿地把公民宗教视为天然正确的概念，而要意识到公民宗教概念中所蕴含的潜在危险性。我特别区分了卢梭式的公民宗教观和贝拉式的公民宗教观。二者虽然都植根于共和主义的大传统，强调宗教对于社会团结、公民美德以及共同善的培养具有的重大意义，但是二者的差异同样明显：前者从抽象的哲学原则出发，侧重于政治的和意识形态的维度，强调公民宗教的人造性——由主权者自上而下制定并实施；后者则立足于社会学的经验观察，更偏重于历史和文化的阐述，主张公民宗教在本质上是自下而上、自发生长的现象。我认为，陈明先生在概述理论背景时虽然舍卢梭而取贝拉（Robert N. Bellah），但在具体分析"儒教之为公民宗教"的前景时却一再摇摆于卢梭版本和贝拉版本之间而不自知，这让他的儒教之为公民宗教的理论陷入一个困境：要么是在表达一个良好的愿望，要么是在暗示政治权力的干预和介入。如果是前者，则陈明的工作只有文学的价值，因其只是情感性的表达而不是一个哲学的论证；如果是后者，则意味着儒教必须与现实的政治权力实现某种形式的结合，经由自上而下的"顶层设计"以及政治权力的强力推行，才有可能确保儒教之为公民宗教成为一个必将到来的现实。

此外还需强调指出的是，把"美国的公民宗教"作为范式去想象甚至套用其他社会的公民宗教的发展前景，也存在诸多危险。正如克里斯提（Marcela Cristi）所指出的，西方民主社会已然处于高度的多元化和制度分化的阶段，公民宗教很难发展成为国家宗教或者极权式的政治宗教，但是对于正处于现代化进程的社会，这样的危险却时时刻刻存在。

公民宗教这个概念的正面价值，在于提醒我们，即使处于政教分离的现代国家，宗教元素依然可能在公共（政治）领域占据一席之地，并有可能会发挥积极的作用，把一些自由主义也许曾经忽视过的美好价值，比如说社会团结、公民美德、共同善重新纳入自由主义的问题域，有助于自由主义丰富和加强自己的理论厚度。但是，作为一个自由主义者，我认为，在思考公民宗教问题时，我们不应寄望于通过国家的力量自上而下地去推行公民宗教，而是应该借助公民社会的力量和公共领域的讨论去自下而上地发展公民宗教，并对公民宗教的具体内涵和载体保持充分的开放性。如果是这样，则我对公民宗教在中国的未来是抱乐观其成的态度的。

　　王绍光先生曾在一次会议上发言，自称过去 20 年一直在跟一个名叫 Tina 的女人做斗争，所谓 Tina，其实是撒切尔夫人执政期间反复重申的一句话："There is no alternative！"撒切尔夫人的意思是，除了新自由主义你别无选择。王绍光自称过去 20 年一直在跟这个 Tina 做斗争，未来 20 年还要和 Tina 的其他变体如宪政、普世价值和现代性做斗争。我赞赏王绍光的勇气和努力，我也不认为新自由主义就是我们唯一的选择。但是，问题的关键在于，如果反抗新自由主义这个 Tina 的画外音是说，我们必须接受唯一的标准或选项，那么对于这样的 Tina，自由主义者同样要进行非常坚决的反抗。

　　（根据 2013 年在华东师范大学"国家的精神维度"会议上的发言整理而成。）

哲学是什么

各位同学，各位老师，大家下午好！

很荣幸有机会代表中国人民大学哲学院的教师在开学典礼上发言。首先我要向在座的各位新生，特别是本科的大一新生致以最亲切的慰问，因为我相信在你们兴致勃勃地收拾好行囊，满怀希望地赶赴北京的途中，一定遭遇过不少尴尬的时刻。比如，在火车上，来自天南海北的陌生人开始试探着闲聊。当问到你的身份时，原本热闹的场景瞬间变得冷清，空气开始凝固："哦，学哲学的。"识趣的人会说："那可是很深刻的学问。"不识趣的会说："学这个有什么用呢？又不能当饭吃。"当然，或许也有求知欲旺盛的会问："哲学是什么？"

所有这些问题都会让你感到些许的尴尬。我想要宽慰你们的是，类似的场景，在座的老师们已经经历过无数次，我们都已经身经百战、百炼成精了。

就我个人的经历而言，在类似的场景中，有两个女人给我留下了至为深刻的印象。一个是在1992年，我和我的同学们去北京的王府井参加公益活动，时任北京市副市长的一位女士前来慰问我们。当她得知我们是北大哲学系的同学时，她非常兴奋地说："哲学，我知道，就是把白的说成黑的，把黑的说成白的。"

另一个是在2006年，我去小区边上的理发店理发，洗头小妹问我选择湿洗还是干洗，我当时正好有时间，就说干洗吧。在20分钟的按摩过程中，我和她有一搭没一搭地开始聊天，话题很自然地就转到了我的职业。"您是做什么的？""我是大学的老师。""具体教什么呢？"我犹豫了一下，决定不把白的说成黑的，所以我说"我是教哲学的"。我以为对话到此就结束了，结果她停顿了三秒钟，突然问道："哲学是不是研究因果性的？"……我当时的反应就和在座的同学一样。惊为天人！从此我一直去那家理发店理发，直到半年后那位来自云南的洗头小妹不辞而别。我从此就只选择湿洗。

这两个事例告诉我们两个道理：第一，人皆有理性，每个人都是潜在的哲学家；第二，一个好的制度造就好的公民，一个好的教育造就好的哲学观。接受了错误教育的人比没有接受过教育的人的三观更可怕。

回到"哲学是什么"这个问题。我要非常抱歉地告诉你们，没有标准答案。如果我们现在把三个马哲的老师、三个中哲的老师以及三个西哲的老师送到钓鱼岛，一边彰显我们的主权，一边开设哲学研讨班，让他们争论哲学是什么。三年以后，你会发现，他们仍然不会达成一致的意见。

　　不过，在这里，我可以给你们一个非常抽象的回答。所谓哲学，就是爱智慧。要注意的是，这里的爱，指的并不是宗教意义上的无私的爱，更不是出于本能的感性冲动及浪漫情怀的情爱，而是温和而理性的"友爱"。所以说，在对待智慧的时候，哲学之爱不像男欢女爱的狂热，也不像宗教情感的博大无私，它是一种彼此尊重和欣赏、温和且理性的热爱。这种爱不以占有为目的，而是以相互激励、共同进步为目的。这也意味着哲学作为爱智慧之学，从来不会妄自尊大地认为占有了智慧，哲学家只是一个以温和而理性的方式热爱智慧的人，一旦有人宣称自己占有了智慧，这样的人要么就是先知，要么就是骗子。

　　哲学的思考从来都无法换来掷地有声的物质回馈，你甚至都无法在这里找到"2+2=4"那样板上钉钉、笃定无疑的知识。有人也许会为此感到困惑：那我们从哲学这里指望什么呢？如果要用一个词来概括，我会说："打开！"——打开你的视野，打开你既定的思维模式，打开各种思考的可能性，让你从一种教条的、沉闷的、僵化的意识形态中解放出来，重新用一种充满怀疑的、审视的、好奇的眼光去打量这个世界。

　　哲学的问题有很多，从"我是谁"、"我有自由意志吗"、"对和错的标准是什么"、生活的意义、死亡问题、公正问题，一直可以追问到"我现在究竟是梦见自己坐在3101的教室参加开学典礼还是真实地坐在这里"，以及"爱国主义为什么是天然正当的"，等等等等。

　　没错，以上问题都没有标准答案。不过，我认为没有标准答案的问题才是最有意味和最让人着迷的问题。作为一门职业，哲学并不是性价比最高的职业，但是作为一种生活方式和思考方式，我相信哲学是值得我们用一辈子去实践的事业。

当然，我从来都不否认，在一个实用主义和功利主义甚嚣尘上的时代，每一门传统的学科和古老的技艺都免不了面对这样的质疑："学这个有什么用？"对此，哲学家总是自嘲自己的工作是"无用之大用"。其实，在宽泛的意义上，所有的人文学科都属于无用之大用的范畴。

何谓无用之大用？法国大革命的时候，身陷囹圄的法国国王路易十六曾经感慨说："是这两个人消灭了法国。"这两个人一个叫伏尔泰，一个叫卢梭，都是哲学家。路易十六这句话的隐含之义是：改变观念就是改变世界！

第二个例子是这样的。第二次世界大战结束之后，美国人想知道该怎么正确地处理日本问题，于是设立了国家项目资助人类学家鲁思·本尼迪克特（Ruth Benedict）去做研究，结果她并没有写出一本对策性研究这样的实用性文献，而是写了一本叫作《菊与刀》的文化人类学著作，从非常抽象的角度研究日本的国民性。这当然属于基础研究的范畴。有趣的是，美国政府也没什么不满，找人对这本书进行了再研究，得出一个很有用的结论：天皇制度暂时不能废除。由此可见，人文学科的研究看似不能得出立竿见影的效果，但其影响和效果却可能是至为深远的。

2012年9月10日是开学的第一天，从这一天起，在座的各位同学就正式进入了大学的生活。巧合的是，昨天出版的《南方周末》头版的标题是《钱理群"告别教育"》。钱理群是我非常尊重的一位老师，他是北大中文系的教授，从北大退休后投身中学教育，试图改变人心，结果却屡战屡败。这篇报道写得非常之沉痛。我对它有两个总结：第一，就今天的高中教育来说，一切不能为应试教育服务的教育根本无立足之处；第二，就今天的大学教育来说，一切不能为就业服务的教育似乎也没有立足之处。

过去六年多的教学生涯，让我非常深刻地体会到当代大学生的种种迷惘和困惑，很多学生从一进校门开始就焦虑自己的职场未来，非常功利地规划自己的每一步，蝇营狗苟、亦步亦趋。我收到过许多学生的来信，都在焦虑于为什么周围的同学如此目标明确，为什么自己依旧懵懵懂懂。出于某种补偿心理，他们会一方面忙不迭地参加各种社团活动、社会实践，另一方面又强求自己在考试时门门得优。这种全方位恶性竞争的氛围，只可能造就彻底的赢家和彻底的输家。都说大学教育正在堕落成为一种"失去灵魂的卓越"，但是在我看来，更可忧虑的是那些赢家并不因此成就"卓越"，反倒可能因为熟谙了各种潜规则而变成蝇营狗苟的现实主义者，与此相对，输家则因为遭遇挫折或不公而成为愤世嫉俗者和犬儒主义者。无论是哪一种结果，都以丧失灵魂为代价。

我始终认为，大学教育毕竟不是职业教育，大学生活也不应该等同于纯粹的见习职场生活。每个人的人生都只有一次，所以我们要珍惜这趟来之不易的旅程。人生的体验有好坏之分，我们应该尽可能体验人类精神更高阶的形态。我常和同学们说，学校

(school）的古希腊本意是"度过闲暇的地方"，但是这里的闲暇绝不意味着空洞、空虚、无所事事，恰恰相反，对古希腊人来说，那能够"占用闲暇"的是一类特定的事情，这就是言谈，尤其是指学术性的讨论、辩论和演讲。school 的本质就是自由——思想自由与言论自由。

对于大一的新生，我想说的是，尽情享受大学的时光，尽可能地去过一种丰沛高远的生活，你们要学会与人类思想史上最伟大、最聪明的头脑进行直接的对话，在四年的学习生活中至少精读 5~10 本原著。当然，除了读书思考，你们还应该经常去听音乐会、看话剧、去郊外享受自然生活，当然也可以去谈一场甚至几场轰轰烈烈的爱情。

对于硕士生同学和博士生同学，我推荐你们去读台湾"中研院"王汎森教授的一篇文章《如果让我重新读一次研究生》，希望你们能够好好地去体会与琢磨。我想说的是，如果你真心想做学问，也不需要把自己塑造成一个四体不勤、五谷不分的书蠹，而是应该试图把自己锻炼成一个多面手，就像苏格拉底，你可以同时是个哲学家、技艺高超的工匠、战场上的勇士、家人眼中慈爱的父亲，或者是个体育家。有可能的话，多涉猎其他的领域，体验和实践很重要。现在有些同学读哲学、做研究生，常常是出于逃避的心理。做哲学特别怕的是，在什么都做不好的情况下，被逼无奈来做哲学。这是特别糟糕的状况。做哲学对于智力和意志力要求非常高，它不仅需要你有深刻的理论感，同时也要求你具备健全的现实感。完全不是说我什么都干不了，没有出路时的无奈选择。哲学诚然是这个世界上少数几项值得我们为之奋斗终生的事业，但是对于从事哲学的人来说，应该要有这样的自信和底气：我之所以不去做那些具体的实务，并非不能而是不为！

2005年11月24日是我加盟中国人民大学的日子。在此之前，我与社会上的许多朋友一样对于人大有着这样那样的误解。但是，过去六年多的教学经验告诉我，人大是一个颇具现代精神气质的大学，某种意义上，人大的整体学术氛围相比北京的一些兄弟院校比如清华北大要更加的自由和开放。在我看来，大学之所以称之为大学，不仅在于有"大楼"或者"大师"，更在于大学的精神。大学真正的精神应该体现在身处校园的教师和学生每一个人身上。我非常欣赏王汎森教授的这个说法：如果校园的许多活动，直接或间接都与学问有关，同学在咖啡厅里面谈论的，直接或间接也都会是学术相关的议题。教授们在餐厅里面吃饭，谈的是"有没有新的发现"，或是哪个人那天演讲到底讲了什么重要的想法。只有沉浸在这种氛围中的大学，才有可能成为卓越大学。反之，如果教授们念兹在兹的只是项目和住房，学生们谈论的只是各种八卦新闻、网络游戏或者说纯粹的男欢女爱，这样的大学一定不可能是卓越的，因为它背离了大学的本义。

最近有一本书非常流行，上自党政高层下至贩夫走卒，都在捧读托克维尔的《旧制度与大革命》。读完这本书，你会觉得18世纪下半叶的法国人活脱脱就是21世纪的中国人：腐化堕落同时又不负责任的特权阶层，满腹怨气同时又精神萎靡的普通民众，每个人都焦虑不安但不知该何去何从。我对其中的一句话印．

象特别深刻："人们原先就倾向于自顾自：专制制度现在使他们
彼此孤立；人们原先就彼此凛若秋霜：专制制度现在将他们冻结
成冰。"我相信，当前中国的问题，除了要进行体制的改造，还
要进行国民性以及人心的改造。如果说大学教育是此类改造的试
验田，那么哲学研究和哲学教育就是此类改造的源发地。

一百多年前，英国大教育家纽曼（John Henry Newman）说：
"大学不培养政治家，不培养作家，也不培养工程师，大学首先
培养的是灵魂健全的、到达博雅高度的即具有完整人格的人。"

四百多年前，法国哲人蒙田说："我们的责任不是制作书本，
而是制作人格；我们要赢得的不是战役与疆土，而是我们行为间
的秩序与安宁。真正的大师杰作是一个合宜的生活方式。"

打造完整人格的人，打造合宜的生活方式，这是真正的大师
杰作，是每一个伟大文明的终极目的。

终有一天你会告别大学，也许终有一天你也会告别哲学，但
是我希望也相信，在人大哲学系的这一段经历将会是你人生旅程
最为珍贵的记忆之一，因为在这里，你尝试着学习成为一个具有
完整人格的人，因为在这里，你试图要赢得的不是金钱不是战役
也不是疆土，而是一个合宜的生活方式。

（根据 2012 年在中国人民大学哲学院开学典礼上的致辞整理
而成。）

什么样的人才有青春

亲爱的志愿者们，你们好！

再过十分钟，按照大会的议程，你们就将步出这个会场，投入到"西部阳光行动"大学生乡村志愿的正式活动之中。作为鼓励嘉宾，我的职责应该是在这十分钟里给你们加油鼓劲，说一些"锣鼓喧天、鞭炮齐鸣、红旗招展、人山人海"之类的话。可惜，我不是宋丹丹，你们也不是公鸡中的战斗机，所以我不想给你们打鸡血，我只想说说我自己的一点观察和认识。

我相信在座的志愿者们之所以选择在这个夏天奔赴农村，一定有着各种各样的动机。有人也许出于纯粹的好奇心，想要了解另一个中国究竟是怎么一回事，就像当年上山下乡的知青所说的，"只有到了农村，我才知道了什么叫中国，才知道了我们的老百姓是多么的苦又是多么的好"；有人也许出于发乎本心的同情和热情，希望能用一己之力改变农村的落后；有人也许是因为对自己生活的不满，无论是因为就业困难或者因为失恋，总之，就是想要寻找生活在别处的感受；当然，也许也有人仅仅是希望给自己出国或者求职的履历添上光辉的一笔。

事实上，无论你们的动机是什么，在我看来都无可厚非，重要的是，当你们抵达西部的时候，你们是不是可以放下自己的定见、先见、成见和偏见，尝试着打开你们全身上下的毛细孔，去感受、去倾听、去追问、去体验、去理解你们可能遇到的各种人和事。重要的是，你们是不是可以用最职业的精神、最认真的态度用心地去完成哪怕最微不足道的一件小事。

说到这里，我想要稍微岔开说一句，我最不喜欢的一句流行语就是"认真你就输了"。错！在任何时代、任何社会，认真都是一种值得尊重的美德，如果你不认真，不仅会输掉事业，更会输掉人格。

我希望当你们到了农村之后，不要因为自己是大学生，就自觉不自觉地抱有智识上的优越感，也不要因为自己正在做的是公益活动，就产生道德上的优越感，当然，更不要因为可能存在着各种压力和困难，就畏惧、退缩，甚至因此自我悲情化。无论你们身处何方，都应该抱着推己及人的态度，"不自负、不迟疑，也不骄慢"地与这个世界打交道。

我几乎每天都会路过五道口，也就是传说中的宇宙中心，据说那里是全宇宙人口密度最高的地方，也是全宇宙"屌丝"密度最高的地方。说到"屌丝"，当和《蚁族》的作者廉思先生一起去北大做讲座时，我惊异地发现连北大的学生也开始自称"屌丝"，当然，这是一群自信可以最终成功逆袭的"屌丝"。就像不喜欢"认真你就输了"，我也同样不喜欢"屌丝"这个说法，不是因为它涉黄，而是因为它全身上下散发出来的失败主义以及犬儒主义气息。

有一位叫李世默的华人在 TED 发表了《两种制度的传说》的演说，具体内容不去评价，我对里面的一个数据很感兴趣，据说有 93% 的中国年轻人对于国家的未来抱有乐观的态度。我不晓得这个问卷设计是否客观，但是就我接触的年轻人，对于未来抱有乐观态度的比例远少于 93%。

事实上，在经济学中有一个了不起的盖茨比曲线。我们都知道《了不起的盖茨比》是小说家菲茨杰拉德（F. Scott Fitzgerald）的名著，讲的是一个穷苦孩子在纸醉金迷的资本主义社会中的沉浮史。在了不起的盖茨比曲线里，横轴是以各国基尼系数表示的社会不公平程度，基尼系数越大，表示社会越不公平；纵轴为代际收入弹性，即父辈的收入水平对下一代收入水平的影响，该数值越大，表示收入的代际流动性越低，子女处于父辈的经济阶层的可能性就越高。根据官方公布的数据，中国的基尼系数是 0.474，已经处于贫富差距极大的危险区，在这幅图上，处于我们右端的有新加坡、秘鲁、阿根廷、智利和巴西，而我们的代际收入弹性指数是 6，唯一比我们更高的是秘鲁，这幅数据化的图景可以用最直观的表述来解释，那就是，在当代中国，所谓的"屌丝逆袭"到头来或只是一场黄粱美梦。

既然"屌丝"的逆袭只是黄粱梦，那为什么还有 93% 的青年人对于未来充满了乐观，这到底是为什么？昨天晚上，我想明白了，李世默说的是国家的未来，而我说的是每一个个体的未来。我不明白的是，如果个体，特别是青年人对自己的未来不抱乐观的态度，他们凭什么对国家的未来抱有乐观的态度？

最近几年，越来越多的人愿意引用狄更斯的那句名言来一吐胸中之块垒："这是最好的时代，这是最坏的时代！"可是，在我看来，无论最好还是最坏都太极端了，或许还是郭敬明的那部电影最合适，这就是一个"小时代"。这里的"小"当然不是身高意义上的小，而是精神意义上的小、人格意义上的小，小到一个人，大到一个时代，如果它故步自封，随波逐流，拜金拜物，拒绝改变，拒绝进步，那么它就一定是营养不良、发育不全、精神萎靡的。

我们也许无力去改变这个时代的小，但我们可以通过思想与行动去改变我们自己的小。但另一方面，我也始终坚信，每个人的自我改善是改善这个世界的必由之路。

老实说，我非常羡慕你们，我的青春里面有诗歌、有话剧、有爱情，但是没有公益活动，这个观念在当时还没有深入人心，因此我也失去了一个很好的认识我自己、改变我自己的机会。在这个意义上，我的青春是有缺憾的。

看完《致青春》，网上有人说"只有漂亮的人才有青春"，想想也有道理，如果让小沈阳在海豚馆里向沈春阳求爱，那就不是青春片而是二人转；看完《中国合伙人》，有人说"只有奋斗的人才有青春"，这话也有道理；看完《小时代》，有人说"只有穿上 Armani 的人才有青春"。这是一个多元化的时代，每个人都可以根据自己的理解去定义青春。但是今天我想说的是，只有投身过公益活动的人才有青春。

西部是一个宽阔光明的地方，我不知道未来的两个月会给你们的人生带来什么样的影响。但是，凡走过必留下痕迹。希望你们会慢慢地认识到，公益活动首先改变的不是别人而是你自己，首先成就的不是别人而是你自己。希望经过这一次的洗礼，你们慢慢懂得并且学会幸福地度日，宽阔地生长，合理地做人。

祝福你们！

（根据 2013 年在"益微青年"西部阳光行动出发仪式上的发言整理而成。）

未经考察的人生是不值得过的人生

　　在给周濂拍照的时候，他选择站在中国人民大学人文楼的《雅典学院》复制品前。《雅典学院》是文艺复兴时期拉斐尔的名作。画面上，柏拉图、亚里士多德、苏格拉底等古希腊圣贤，站在高耸的穹顶下讨论热烈。

　　周濂相信这些哲学家比我们更加直接地面对这个活生生的世界，这种直接的经验对抽象思考刺激明显。后世的哲学家因为专业化的趋势导致其退回到专业的圈子里，用行话去表达"一小撮"才可以理解的观念。他不希望自己是这样的"一小撮"，他喜欢苏格拉底式的知识分子。"苏格拉底自知其无知，于是在他发问的时候并不意味着他比别人抢先掌握真理，他带着疑惑，与被提问者一起去追问反思探讨这个问题。"他认为自己只不过是个受过专业训练的思想导游，"我告诉你这边风景很好，你也可以反驳我说这些风景不好，我们相互辩驳，最后达成一种可深可浅的相互理解"。

他的书《你永远都无法叫醒一个装睡的人》是"思想导游"的范本。这本书成为了人文社科类的畅销书。这出乎他的意料，他原本想着卖一两万册就到顶了，没想到受众面甚广。这得益于过去几年中，优秀的公共写作者抬高了阅读水位，帮助读者成长。另外一个可能的原因是，随着微博的兴起，各种公共事务不断在读者面前"裸奔"，大家的困惑越来越多，希望寻找个中答案。

有读者觉得周濂的文章有些绕，似乎各种观点都想有所触及，试图在不同的理论甚至相互矛盾的观点之间建立桥梁。这样的写作方式会让一些人觉得不够畅快，因为他们可能需要非常痛快地扔出一个答案或者立场来。但周濂始终觉得，立场当然最后是要给出来的，但在给出立场之前，我们要尽可能多地学会了解自己的对立面，"我自己是尽可能地在两种或者更多种矛盾的观念之间找到相互的可通达性。所谓思想就是在不同的理论之间开辟出道路来，不让它们成为孤岛"。

周濂在不同的层面上对自己有不同的立场定位。政治上，他是自由主义者；文化上，他是保守主义者；经济上，他是罗尔斯主义者。他希望让自己尽可能地做一个思想的杂食动物，保持思想的"花心"，尽可能接触不同的主义和理论。

他的思想体系形成，受 20 世纪 90 年代末的思潮影响很大。彼时，自由主义与新左派开始了论争。他对自己的价值观产生了怀疑——他觉得自己从小到大都不缺乏自我怀疑的精神，小时候在《读者文摘》上看过一句"跳出来看自己"，那是他担心被集体无意识裹挟的开始。

1999年，中国驻南联盟大使馆被炸的消息传来后，周濂在北大参加了游行。"我总共参加了3天的游行，第一天走到队伍里面，我会有鸡皮疙瘩乱起的感觉，大家喊口号时，我觉得自己的声音被吞没了。第二天，我喊口号不会有那么强的不适感了。第三天，我喊口号的时候会感觉激动，就是跟他们的情绪产生共振了。当我产生这种感觉的时候，自己挺恐惧的。这有点像电影《浪潮》里的感觉。"

当时，给了他感官上刺激的是话剧《切·格瓦拉》。在他眼里，这部话剧传达的结论是：只有革命是不朽的——历史决定论者永远坚信历史将终结在何处。这让他产生了生理上的反感。

他开始写文章，用自己的哲学思考介入自由主义与新左派的论争。而最初，作为文艺青年的他便是希望通过哲学帮助自己的写作。高二时，他读到一位女生的文章，这位女生非常喜欢写作，但报考的是哲学系，她认为通过哲学是进入文学的一个很好的方式。这启发了他，于是他在高考填志愿时也这么干了。

上了北大哲学系研究生后，周濂发现同班同学中，只有6个人第一志愿填的是哲学系。他的本科同学中，如今做哲学研究的只有两个人，其他人都已转行。

我告诉周濂，我们家乡好多年没人考上北大了，前两年终于有人考上了，但因为只能读哲学系，这个学生放弃了。周濂认为这很正常。"自古至今，哲学都不是显学，都不是热门。"他在上课时经常给学生打一个比方——苏格拉底说他是雅典城邦的牛虻，他要不断刺激懒惰的马前进。如果哲学家是牛虻的话，就不可能有太多的人当哲学家。"你想想，一匹马身上全是牛虻将是很恐怖的事情。"

在现实中，更多的人不是争做牛虻，而是逃避牛虻。周濂在跟学生接触中，非常真切地体会到有的人害怕承担自由的责任，害怕承担理性的责任。"自由主义其实是强者的伦理学，因为自由主义要求你自主选择人生，并且有勇气承担自主选择带来的责任，甚至是负面的后果，很多人不想承担这个责任，希望一路脚不落地、足不沾尘地走过人生。"

于是，他在微博签名上留下了一句话：未经考察的人生是不值得过的人生。这句话，同样来自他所尊崇的苏格拉底。

记者：你提到，希望通过改变语词的秩序去改变现实的秩序。如何做到？

周濂：从哲学角度说，我们是借助概念和语言进入这个世界的，语言是我们存在的家，在这个意义上，我们只有挣脱旧有的话语习惯，才有可能进入不一样的世界。比如，我们从小耳濡目染的都是"深抓""猛干""形势""任务""封资修""阶级敌人"等这些话语，由此也构成了我们眼中的世界。过去几年中，很多写作者试图改变这种旧有的话语

方式，当然见效是很慢的，因为我们不断地看到微博上在
重复出现那些旧有语言。

　　通过改变语词秩序去改变现实秩序是一个非常漫长的
过程，但它也可能是一种最根本性的改变，否则如果我们
只是改变了外在的现实，而我们的思维方式还是停留在过
去的话，你会成为你所反对的那个人。除魔者最后成了魔
本身，我们似乎一直走不出这个怪圈。

记者：语词的改变是因还是果呢？

周濂：既是因又是果。在理论上纠缠于鸡生蛋还是蛋生鸡是没有
　　　意义的，重要的是迈出第一步。我写过一篇文章《"不就是"
　　　与"又怎样"》，这是我们日常生活中特别习惯性的表达，
　　　你甚至没有意识到这种表述的伤害性，一句"不就是"就
　　　消解一切理论差异，一句"又怎样"则让所有行动都没有
　　　价值。这些说法极易引发普通人的共鸣，在日常对话中有
　　　意识地慎用乃至不用这类表述，也许就是改变我们的失败
　　　主义和犬儒主义态度的第一步。

记者：很多人还没意识到犬儒主义的危害。

周濂：犬儒主义在古希腊是不错的哲学形态，通过弃绝现世的生
　　　活达到内心的宁静，它更多是一种人生哲学的表述。但发
　　　展到今天变为一种非常负面的情绪，愤世嫉俗、自以为看
　　　透了一切，但实际上是以非常功利主义和现世主义的方式

去加入这种政治的游戏，我觉得这是非常可怕的状态。

犬儒主义者最大的表征就是对于身边任何试图为了正义、真理去奋斗的人报以冷嘲热讽的态度，认为你们只是跟我们一样的人，你们也是为了个人私利，这种态度把所有人都拉到最不堪的境地。犬儒主义的情绪渗透在我们生活的各个方面，其中最让人遗憾的是，它不去追问上位者的责任，不去思索制度，而是倾向于在人民之间互相倾轧和残害，我觉得这是我们面临的一个很大的问题。

记者：很多人喜欢质疑别人做事的动机，而动机其实是很难下判断的。

周濂：没错，凡事质问动机是我们几十年来最基本的一个思维范式。但是在公共辩论中，我认为最好要恪守《罗伯特议事规则》的规定："不许质疑动机——不能以道德的名义去怀疑别人的动机。"这是因为动机是不可证实的，它也许是人生最隐秘、最复杂的东西之一。一个人做某件事情可能是基于很多动机，他人完全不能判断哪个动机占据主导地位。比如说天桥上的乞丐，我给他5块钱，也许是出于纯粹的怜悯心，也许是因为联想起类似的家庭苦难，也许是女朋友在身边我要表现得很慷慨，他人根本无从判断哪个动机为主、哪个动机为辅，事实上你自己也许都不清楚。

凡事追问动机还会具有很强的破坏力，它会导致对道德纯粹性的苛求，会认为只有出于纯粹的道德动机的行为才是有道德价值的，这种高标准的道德主义考虑很可能导致压迫性的后果。所谓"狠斗私字一闪念"，对于这种道德恐怖主义的恶果，我们并不陌生。

奇怪的是，现在仍有许多人还在沿袭这个逻辑。有时候我甚至认为这是人类根深蒂固的一种思维惯性或是陋习，就是用一套价值观去看待和评判这个世界，并且坚信这套价值观就是真理，我们从来都缺乏倾听他人愿望的能力，也没有这个能力。

但是我始终觉得，当你用某个标准要求别人的时候，也要用这个标准来衡量自己，道德要求的对象首先是自己而不是他人。

记者：在现有的秩序下，我们如何让改变发生？

周濂：与其去幻想一个政治开明人士突然像按机关一样地改变整个体制，不如踏踏实实地去做你身边的事情。做律师，就做你该做的事情，维持法制，匡扶正义；做教师，就培养学生自由思想的能力、独立的人格；做记者，就用良心去报道这个社会事实；做医生，就救死扶伤，不收红包；做警察，就维持秩序，但不为虎作伥。如果每一个个体在自己的本职岗位上依照职位本身的要求去做好自己，我相信这个世界就会好很多。

记者：我们经常说被这个体制所绑架。

周濂：我们当然不可避免地生活在这个体制当中，有时候这个体制的逻辑如此强大，以至我们不管有意还是无意都会按照它的逻辑走。但另一方面我觉得，现在这个体制其实还是有很多松动空间，有一些缝隙能让你去过你想过的生活、做你想做的事情。

记者：你是乐观的吗？

周濂：我觉得我是一个偷偷摸摸的乐观主义者。在现有体制下，人们很容易就会成为一个悲观主义者或虚无主义者，但我总在想，既然这样的立场如此容易达到，那就意味着它不具有挑战性，或者说没有太多的价值。人应该去做不那么容易做的事情，这样的人生才有挑战性。我之所以说自己是一个偷偷摸摸的乐观主义者，还基于我刚刚反复谈到的，我相信现在观念的水平在抬高，人民的这种自我认知以及他们对于公民和国家之间关系的那种认知模式也在转变，比如说纳税人意识、问责意识以及权利意识的觉醒，等等。

记者：你觉得装睡的人多吗？

周濂：你永远都无法叫醒一个装睡的人，有人会觉得这个说法太有挑衅性，但事实上我并不是在指责别人在装睡，而是强调每一个人都应该尝试追问自己在什么时候装睡过、为什么装睡，以及能不能不装睡。我相信每个人都有过装睡的经验，只是有的人为此感到很痛苦，挣扎着想要醒过来，有的人则学会了自我催眠，装着装着就睡着了。我有学生就是这样子，他们觉得社会现实这么残酷，与其痛苦地清醒着，不如投身学术两耳不闻窗外事，爱谁谁。

记者：最近很多人提到托克维尔的《旧制度与大革命》这本书。

周濂：我对其中的一句话印象特别深刻："人们原先就倾向于自顾自：专制制度现在使他们彼此孤立；人们原先就彼此凛若秋霜：专制制度现在将他们冻结成冰。"这样的世道人心，我们再熟悉不过。

另一方面，法国大革命前也涌现出了很多的启蒙运动思想家，他们和刚才所说的公共知识分子很类似，大多不是专业哲学家，而是记者、律师，或者是受过知识教育、对政治和公共事务特别有参与感的人。

今天之所以有这么多的人在重读这本经典，是因为有人希望历史别重演，有人希望历史会重演。

记者：你说过，革命不需要叫醒所有人。

周濂：革命的确不需要叫醒所有人，英国的光荣革命就没有叫醒所有人，美国革命同样没有叫醒所有人，相比之下，法国革命叫醒了太多人。历史经验告诉我们，越多的人投入革命的洪流，就越可能造成局面的失控。

我始终认为，民主教育是一个点滴累进的过程，今天在微博上的论辩原本是一个非常好的民主教育过程，它要求每个人都清醒地意识到作为一个民主社会的公民应具有的美德是什么，比如说和解精神、宽容精神、理性精神、公平游戏精神。我们有没有这个自觉性把民主社会的公民美德落实到微博的讨论中，锻炼自己，营建一个健康的空间，为不知何时到来的民主社会做准备，我觉得这是一个很关键的事情，也是我们能做的事情。但是挺遗憾的，过去一两年，微博已经成为一个硝烟弥漫的场所。

记者：除了微博，还有什么样的途径？

周濂：还有很多。刚才我说的公共空间，我们应该对它有充分的想象力，除此之外还有很多可以实现的领域，我在说完"你永远都无法叫醒一个装睡的人"之后，接下来的那句话是"除非那个装睡的人自己决定醒来"。如果未来能有一个相对美好的社会，它最终是基于每一个个体的自我觉醒和自我改善，而每个个体的改善无法通过体制的变革一蹴而就，它需要每个个体努力尝试在日常生活中一点一滴地改善你自己。

记者：你对"幸福"这个词怎么理解？

周濂：如果一个人有幸做他喜欢做的事情，并且有能力做这件事情，而且还做成了这件事情，那他就是幸福的。

当然这是纯个体层面上的，我们还可以在政治层面上和公共层面上来探讨幸福。这里就会稍微复杂一点。从古至今，有一些政治共同体是试图把一个单一的幸福标准推广到整个社会的，希望所有人万众一心地过上幸福的生活。可是问题在于，每个人对幸福的理解不一样，如果社会确定一个幸福的标准，甚至强行去推行，那肯定会造成灾难性的后果。所以我常说，社会制度的正义是确保每个人获得幸福的必要条件，一个正义的社会不一定是幸福的社会，但是一个不正义的社会一定不会是幸福的社会。什么是社会正义？简单说，社会正义在消极的意义上体现在不在制度上羞辱任何人，在积极的意义上体现在保证每一个人有基本的能力去追求他所想要追求的幸福人生。美国《独立宣言》说每个人都有追求幸福的权利，但是如果制度只赋予每个人追求幸福的权利，却不给他基本的物质保障和能力培养的话，那么多数人最终会在追求幸福的过程中彻底落空。

自由主义者特别担心的一点就是国家权力的滥用。国家有时候会以一种温情脉脉的面容出现，比方我给你送温暖，我给你提供摇篮到坟墓的保障，我告诉你什么是美好的人生。这些说法固然美妙，但只要它们是从国家的嘴里说出，那都是可疑的，因为国家不可能真正了解每个人的需要，国家也不一定真正关心每个人的幸福，更重要的是，国家的能力太大了，能力越大，办起坏事的破坏性也就越大。

对于每个个体来说，自主性是非常重要的，一个人的人生如果不是通过个体自我反复的追问、怀疑、确认，那这个人生是没有价值的。苏格拉底说，一个未经考察的人生是没有价值的人生。此处的考察主体不是别人，是自己。
不管是家长还是国家，如果他们越俎代庖替你去考察人生，
给你提供一个标准答案，那我觉得你的人生就是没有价值
的。当然，我必须立刻补充一句话，这并不意味着家长或
者国家在你自我考察的过程中完全不扮演任何角色。

记者：但不能包办是吗？

周濂：对，不能包办左右事情，因为最终那个决定必须是由你自
　　　己做出的，在这之前，家长可能给你提建议，国家可能给
　　　你提供各种各样的服务，但是家长和国家都不应该是你的
　　　答案的供应商。

记者：对你个人来说，你觉得自己是幸福的吗？

周濂：这个问题眼下无从答起。按照亚里士多德的说法，不到人
　　　生最后一刻，你不能妄言幸福。因为幸福是对于一生的总
　　　结，它是一个盖棺定论的东西。在古希腊，幸福的原意是
　　　"吉星高照"的意思。但人生是很脆弱的，月有阴晴圆缺，
　　　人有旦夕祸福，不到最后一刻没有人能够担保自己的人生
　　　是不是一路都是吉星高照，所以我现在不能说自己是不是
　　　幸福的。

（2012 年 8 月《南方人物周刊》，记者卫毅。）

改变观念就是在改变世界

答《东方早报》记者问

记者：你的新书书名是《你永远都无法叫醒一个装睡的人》，如果
　　　装睡的人很幸福或者假装很幸福，你为什么要去叫醒他呢？
　　　这个书名暗示你是一个悲观论者吗？

周濂：我的确偶尔也会感到焦虑和无力，但整体而言，我不是一
　　　个悲观主义者，就像我在自序里说的，我还是忍不住会想，
　　　改变在发生呢！当然，这个书名初看起来是挺悲观的——
　　　既然装睡的人永远都无法被叫醒，那是不是意味着两手一
　　　摊，毫无办法了？在这里，我无意探讨让装睡的人醒来的
　　　101种方法，我想说的是，对于他们来说，醒来与否其实
　　　是一个事关"决定"和"改变"的问题。进一步地，我想
　　　说的是，关于"一个人应该如何生活"的问题，如果存在
　　　答案，就必须要让每个人认识到这是他本人赋予他自己的，
　　　唯其如此，这个答案才会真正有效。事实上，这个书名更
　　　多地不是在敲打别人，而是想迫使每个有理性的人都反躬

自问：我是否在装睡以及为何要装睡？如何才能做一个正义的人？这些问题不仅提给读者，同样也是提给我自己。

记者：读你的随笔集很有知识上的挑战感，很多人会问讲清楚这些道理，真的需要引述这么多知识吗？还是你在尝试一种不同于学院，也不同于媒体人的公共言说方式？

周濂：也许有人会认为我喜欢掉书袋子，我不否认如果引用太多会让文风滞涩。但另一方面，我愿意做几个自我辩护。首先，我不擅长写作短平快的时评文章，为了扬长避短，我往往会有意识地往后退半步，我不知道这算不算是另一种公共言说的方式，但我的确会暗暗希望自己的文章在脱离了特定的事件与背景后，仍旧有独立存在的意义和价值。其次，也许是专业训练导致的后果，对我来说，如果能在具体入微的事件里发现抽象理论或者超级概念的痕迹，并在二者之间建立起恰切的关联，是一件非常开心的事情。我特别喜欢莎士比亚戏剧《李尔王》中的一句台词："我将教会你们差异"，据说维特根斯坦曾经想把它作为《哲学研究》的题词。我在思考写作的时候，常常会想起这句话。我希望自己能够慢慢学会用"会心会意"的日常语言去表述这些复杂深刻的差异。

记者：从你这十年写下的文字轨迹，可以很清晰地看见一个资深文艺分子如何成长为一个关切社会与政治的青年知识分子。是

哪些关键性的因素推动了你的转变？在你的政治哲学研究与
你的公共言说之间经常会有紧张或挣扎的感觉吗？或者说相
对于某些青年学者总是试图写下经典的学术抱负，你在公共
写作上花费这么多时间会有一种不安的感觉吗？

周濂：在去香港攻读博士之前，我是一个标准的文艺青年，虽然
也在本科和硕士期间读了不少哲学书，但基本的情感模式
和表达方式都是典型的文青范儿。1999—2002 年前后大
约三年的光景，我一直在新浪的影视论坛和读书论坛里混。
2006 年的时候，新浪论坛搞了一个 10 周年庆典，我发现
自己的一个旧 ID 赫然被列在骨灰级的网友名人堂中，这
让我唏嘘感慨了许久。

　　2002 年夏天快结束的时候，我去香港中文大学攻读
博士学位。在确定博士论文选题时，我一直在两个风马牛
不相及的选题中徘徊，一个是海德格尔对于康德先验演绎
的研究，一个是政治正当性问题。之所以最终选择了后者，
是因为相比之下，正当性问题更紧迫，也更与我的社会关
怀有牵连。某种意义上，我很庆幸自己的研究方向是政治
哲学和道德哲学，而不是逻辑学、心灵哲学或者形而上学，
政治哲学要求研究者具备健全的现实感，这让我有理由去
关注公共事务并且实践公共写作。我很明确自己的身份就
是一个学院派知识分子，与此同时，我也并不因为自己的
公共介入和写作而感到不安。一来我每个月基本上保持一
篇专栏文章的工作量，并不特别占用我的时间；二来综观

古今中外，无论柏拉图、霍布斯、洛克、穆勒还是孔孟、朱熹、王阳明，都不是纯粹意义上的书斋学者，其中像洛克、穆勒甚至还是标准的公共知识分子。他们都写出了藏之于名山的著作，可见公共写作与学术研究没有根本的冲突。

记者：很显然，你对于电影、话剧、小说等各种艺术形式的关注，让你与其他的纯粹学院派知识分子很不一样。这种虚构性的艺术构成的感觉世界在你的公共写作中扮演何种角色？或者说，你如何看待这些对纯艺术的兴趣在一个知识分子的心智生命成长中的作用？

周濂：多样性和丰富性是这个世界馈赠给我们的礼物，同样地，一个人的心灵也应该是这样的。爱因斯坦爱好拉小提琴，维特根斯坦喜欢听古典音乐，看侦探电影，热衷建筑艺术并亲手设计和监造了后来的保加利亚驻奥地利大使馆，我不清楚这些对纯艺术的兴趣究竟在他们的心智生命中发挥了什么样的作用，但至少让他们的形象特别是心灵变得更加丰富，而丰富性本身就是一种值得追求的内在价值。

记者：你在书中对不丹的幸福模式进行了讨论，也在其他的地方对幸福进行了诠释，在你看来，幸福是更多地与公平、公正相关，还是与自由、权利相关？

周濂：这个问题太过复杂，很难用短短几句话说清楚。如果一定要简单扼要地说，我愿意这么表述：社会制度的正义是

确保每个人获得幸福的必要条件，一个正义的社会不一定
是幸福的社会，但是一个不正义的社会一定不会是幸福的
社会。

我们都知道美国《独立宣言》中说，人人生而平等，
具有不可剥夺的生命、自由和追求幸福的权利。但是我们
必须要问这么一个问题，让一个没有能力去追求幸福的个
体拥有了追求幸福的权利，是否意味着幸福的必然丧失？
这是一个很自由主义的问题，我愿意这么回答它：首先，
自由主义是一个强者的道德，它在赋予每个人追求幸福的
权利的同时，也要求每个人承担起在追求幸福的过程中所
必须承担的苦痛以及也许最终无法得到幸福的责任。其次，
在自由主义的政治框架里，并不排斥一个非常非常重要的
东西，就是共同体的建立。常有人说这是一个原子化的社
会，每个人都觉得自己像沙漠的沙子一样，跟周遭世界没
有关联、孤独、无助。我认为，造成这个现状的原因之一，
是社会中间层的消失。这个中间层是什么？是大大小小的
共同体。人人生而自由平等，但与此同时你也要和你的朋
友、你的爱人结成某种共同体，非如此，你不能感觉到归
属感、安全感。

我以前写过一篇论文，题目是《政治社会、多元共同
体与幸福人生》，社会和共同体之间最大的区别是什么？
社会结成的是人和人之间的契约关系，通过服从一些公共
的规范和法律，确保我们可以共同生活在一起。"共同生

活在一起"是一个政治社会所要保障的最基本状态，但是除此之外，我们一定还会问另外一个问题，我如何才能过上一个幸福美好的人生？这个问题在很大程度上是由共同体的生活予以保障的。在现代社会来临之前，共同体更多的是基于身份、血缘而形成的。新型的共同体也许会突破这些旧有的纽带，但不管它的形式是什么，都必然是一个非常紧密的熟人关系，在里面，你可以获得想要的情感的、心理的慰藉，这些东西保障你获得幸福生活。一个真正健康的国家必须要在政治社会的层面上确保自由、平等、正义这些基本的政治价值，在这个基本的政治框架下面，那些大大小小的多元共同体确保每个人可以过上幸福的生活。政治社会与多元共同体相结合，才会是一个健全的社会。

1989年之前的苏联，以及"文革"结束之前的中国，最大的问题在于把共同体所承担的责任交给了政治社会，试图在政治社会的层面上实现共同体所承担的职能，所有人一起过上高度同质化的幸福人生。这么一个高度同质化的社会，哪怕是以至善的名义，也必然会造成各种各样的问题。改革开放之后，我们放弃了这个目标，与此同时多元共同体层面的东西依然没有建立起来，我想这正是为什么有这么多的人会感到栖栖遑遑不可终日的原因。因为你没有归属感，面对过于庞大的、不可约束的机制，你很难产生认同感。除此之外，你又找不到一个替代品。

记者：有些朋友读了你的书，觉得是一种不错的用理论和智识来诊
　　　断现实的方式，但他们也引用马克思的话来说，关键的问题
　　　不是解释或者批评这个时代，而是改变这个时代。你觉得写
　　　作能够改变时代和周围的人吗？

周濂：马克思本人恰恰是通过解释、批判这个世界来改变这个世
　　　界的典范。我总是相信改变观念就是在改变世界，而且这
　　　是起根发由的改变。当然，另一方面，观念作用于世界的
　　　方式总是隐微和曲折的，你无法预料也没法预定它以什么
　　　样的方式具体改变这个世界。

记者：我注意到你在微博上比较活跃，微博生活或者说网络生活、
　　　网络文化对你来说意味着什么？你是微博控吗？相当一部分
　　　学者认为微博无法形成有效讨论，只是一些资讯的传播。你
　　　如何看待？

周濂：2001 年夏天，也是我网瘾最严重的时候，我曾经写过一
　　　篇《BBS 中的政治游戏》。这虽然是十二年前的旧作，其
　　　中的一些论断，我认为至今仍旧有效。汪丁丁老师当年断
　　　言网络社会是"自由人的自由联合"，但是我却始终认为，
　　　若从整个网络的大背景看问题，与其说是"自由人的自由
　　　联合"，不如说是"有限人的有限联合"。这种联合的基础
　　　要么是"趣味"，要么是"利益"。网络世界看似纵横交错、
　　　四通八达，是一个扁平的世界，实则却是由各种壁垒分明、
　　　界限森然的小共同体"合众"而成的"整体"，由于人们

深陷于各种"非理性的不一致",在经历了若干次惊天地泣鬼神的乱战之后,会越来越倾向于退回到大大小小的共同体内部,由此导致的结果就是,人们貌似在追求自由的表达以及表达的自由,实则却是在寻找趣味的投契以及幻觉的相互支持。在过去十二年里,无论是 BBS 还是微博,似乎都在印证我的这个判断。

　　从中东的民主化进程来看,显然网络世界是能够在解放政治的范畴里有所作为的。当然,正像所有人都意识到的那样,随着技术的发展,在现实世界中不能彻底实现的言论审查和监控在网络世界却可以得到事无巨细地落实,说得更直接一些,网络时代正在使得"全面控制"成为一个可预见的事实。

记者：你对日常词汇中隐含的悖论或大众心态做出了很多有意思的分析,比如对"不就是""又怎样"等背后的犬儒主义心态的分析,这种通过分析常见词汇切入大众心理和思维结构的方式是如何形成的? 与陈嘉映教授的影响有关?

周濂：或许是因为深受后期维特根斯坦和日常语言分析学派的影响,我相信日常语言就像是机车上的各种把手,改变它们就有可能改变车子的运动轨迹。虽然我们无法一劳永逸地改变政治秩序,但至少可以通过改造我们的语言秩序来改造政治秩序,以犬儒主义心态为例,我相信通过弃用"不就是"与"又怎样"的表述,一定会对我们造成一些潜移默化的影响。

我从 1996 年开始上陈嘉映老师的课，十多年的耳濡目染，可以说他对我的影响渗透在点点滴滴、方方面面。我个人特别喜欢他在《从感觉开始》中写的那个开场白："我们的确要从感觉开始。要是对所探讨的没有感觉，说来说去不都成了耳旁风？"这句话提醒我们，再玄妙的思考、再抽象的概念都可以也应该与我们的日常所感发生关联。有不少人以为哲学就应当活动在最抽象的层面，但我却以为真正的哲学思考应该游走在具体的所感与抽象的所思之间，哲学思考是一种居间的状态。

记者：今天像你们这样的年轻一代学者绝大多数面临的最大困境就是体制化的挑战，很多人也确实以学术的名义为自身的体制化辩护，体制似乎在收编一群自由而无用的灵魂。你似乎是一个"异端"，生活在学院中而积极地面向公共社会发言，这样的生活方式有心理压力或来自学校的压力吗？

周濂：风声雨声读书声，声声入耳，生活在学院之中同时又积极地面向公共领域发言，我不认为这有多么的特立独行。在中国人民大学，有不少老师都是这么做的。我一开始也和很多人一样，对人大有这样那样的误解，事实上自从我 2005 年 11 月任教以来，从未因为思想言论受到过校方或者院方的任何压力。事实上，我认为人大的整体学术氛围相比北京的一些兄弟院校要更加的自由和开放。

记者：最新一期《南风窗》独家策划是关于"利益分化时代的知识
　　　分子"，其中弥漫着对公共知识分子的批评，认为他们空洞、
　　　软弱，并且高度利益分化。作为一名不折不扣的公共知识
　　　分子，你如何看待这一批评？又是如何界定自己的学术与
　　　公共关怀的？

周濂：这是一个很有趣的话题，为此我还写过一篇文章《当公共
　　　知识分子变成"公知"》。仅仅在两年之前，公共知识分子
　　　还是一个让人尊敬的头衔，代表了社会的良知、人格的力
　　　量和理性的声音，但是仅仅两年之后，公共知识分子就被
　　　缩写成了"公知"，与此同时被缩写的还有他们的人格力量、
　　　道德操守以及知识水准，以至在今天提起"公知"二字，
　　　就像上海话里的"瘪三"一样成了骂人的字眼。一个更加
　　　有趣的现象是，那些被冠以"公知"的人大多是自由派的
　　　知识分子，而那些举着"公知"帽子四处乱扣的多为非自
　　　由派的知识分子。如果仅从公共性的角度来看，扣帽子的
　　　比被扣帽子的一点都不少公共性，他们的微博粉丝数量至
　　　少以万计，每天同样是在对着公共事务发声；如果从利益
　　　分化的角度看，我不晓得谁是真正活在真空里。如果拿了
　　　福特基金会的钱就必然是在为美国的利益说话，那怎么解
　　　释同样还是这些人，天天在领政府开出的工资？我始终认
　　　为，利益分化也许是一个分析的角度，但如果本着利益还
　　　原论的思路去解释一切现象，则未免太过粗疏而且错漏
　　　百出。

　　在一个利益博弈公开化的时代，越来越多的利益代言人从幕后操盘手变成了台前主唱。各方都在变着法子试图让公众相信自己是为公共利益考虑。在我看来，理想的状况固然是在每一个公共问题上各方都能基于公开互惠的原则进行充分协商并达成共识，但更加现实的做法也许是，在具体的公共问题上应该鼓励利益代言人为一己之私利充分地提供私人理由，而不必苦心谋划"所有人都能接受"的公共理由。就此而言，现在这个时代恰恰不是利益分化得太过了，而是利益分化得还不够明白、不够彻底、不够公开，如果各种利益集团真的能够开诚布公地选取代表，就政治权力和财富分配进行理性的博弈，那么中国将会变得更好而不是更差。

　　在这个过程中，一定会有人假借公共理性的面目来混淆视听，一定会有人根据政治正确性站队并打压异己，而所谓真正的公共知识分子，在我看来，并不是那些像先知一样急匆匆地告诉他人必须做什么的人，不是那些刻意强化网民的预设，曲意迎合并满足执政者复杂愿望的人，而是那些愿意往后退一步，让人们对日用而不知的观念陌生化的人。在这个意义上，公共知识分子不仅应该质疑政府的权威，质疑民众的权威，同时也要质疑自我的权威。

　　常有人批评知识分子面目丑陋、言辞乏味，只知坐而论道，不懂起而行事，所有这些批评古已有之，也常常击中要害。但是，另一方面，我也总是这样认为，每个人的性情、认知、职业、思想背景各有不同，只要目标方向一致，你玩滑板，我玩暴走；你边走边唱，我一言不发，都是在赶路，相煎何太急？只要我们都是想要推倒那高墙，你喊号子，我抡锤子；你拆地基，我运垃圾，都是在推墙，相煎何太急？

中西语境下的平等观

记者：近年来西方的平等观有何发展和变化？我们知道，谈平等是绕不开罗尔斯的，有论者称，罗尔斯关于平等的观点甚至比马克思都来得激进，能否请您具体谈谈罗尔斯在平等观的发展与变化中起到的作用？

周濂：在罗尔斯之前，西方社会普遍接受人身平等的原则，也就是美国《独立宣言》中所说的"人生而平等，造物主赋予人们以某些不可转让的权利，其中包括生命权、自由权和追求幸福的权利"。在基督教的背景下，这里的人身平等特指上帝面前人人平等，也就是说每个人都有其自身的价值，按照弗里德曼的说法就是每个人都有权达到自己的目的，而不应该简单地当作其他人的目的。就此而言，所谓的人身平等其实可以与康德意义上的"道德平等"画上等号，也即"人是目的，不是手段"。（关于这条道德法则，我们会在后面详细诠释应该如何理解。）

当美国内战废除了奴隶制之后，人身平等基本得到实现，机会平等的观念随之兴起。在自由意志主义的语境下，机会平等的核心含义就是"前程向天赋开放"，也就是说，一个人的出身、种族、民族、肤色、信仰、性别或者其他特征都不该构成对其前程的障碍，唯有天赋可以决定他所得到的机会。然而，"前程向天赋开放"所确保的机会平等仅仅是形式意义上的，它并没有充分考虑到社会偶然因素对于个体生活前景的影响。打个极端的比方，如果爱因斯坦出生在中国西南某山区的农村家庭，从小没有机会接受基本的教育，那么即使他天纵奇才，也没有可能真正发展其天赋。也正是在这个意义上，罗尔斯提出"公平的机会平等"以取代自由意志主义形式上的机会平等。

除了公平的机会平等，罗尔斯还提出差别原则试图限制结果上的不平等。差别原则的一个核心想法是，每个人的自然天赋必须要成为共同资产，由自然天赋的不平等所造就的收入不平等如果是正当的，唯当其有利于最少受益者。罗尔斯的差异原则被许多人简单地总结为试图寻求一种结果平等，是对自由特别是自我所有权（self-ownership）的伤害，有一些论者甚至一叶障目地认为罗尔斯的理论要比马克思主义更加激进。但是，上述看法在我看来都是有失偏颇的。

首先，罗尔斯很明确地为他的正义二原则设定了一个字典式排序的规则。也就是说，只有在实现了"最大的平等自由权"的前提下，才有可能进一步地谈论"公平的机会平等原则"；只有在实现了"公平的机会平等"的前提下，才有可能进一步地谈论"差异原则"。

其次，罗尔斯并不反对"自我所有权"。他和自由意志主义者诺齐克一样都认为自然天赋的所有权是属于每个人自己的，自然天赋的分配无所谓正义和不正义，奥尼尔体壮如牛，爱因斯坦天资过人，这些都只是自然事实，关乎正义和不正义的是制度在处理这些事实的方式。

最后，罗尔斯从来没有主张取消私有制，更没有提倡过公有制。他在正义第一原则中非常明确地把私人财产权列为基本的自由权，就此而言，我不明白为什么有人会认为他比马克思更激进。当然，罗尔斯的确把无限累积的权利、生产工具的绝对拥有权以及经济资源不受制约的使用和转让都挪出了私人财产权的基本权利，这样做只有一个目的，就是反对私有财产权不受约束的无限累积权。因为在罗尔斯看来，即使在早期财产的分配时确保了正义的分配，但是经过长时期的累积，其结果也非常可能会破坏自由和公平的协议所需要的背景条件。比方说，张三和李四的太祖父是表兄弟，他们最初继承了完全平等的初始资源，但经过世代的资本累积过后，张三已经成为亿万家产的继承人，而李四则家境凋落成为一个纯粹依靠出卖劳动力为生的工人，虽然在这个过程中所发生的一切交易完全出于自愿和公平，但是这依然会让李四处于极端不利的弱势地位。如果我们不把经济制度理解成为纯粹的竞争体系而是一种公平的社会合作，并且其目的是确保每个人能够过上合理的和有价值的人生，那么我们就应该通过社会基本结构的调整来为李四提供实现其合理人生计划所必须的社会基本益品。

通过以上描述，不难看出，虽然罗尔斯正义理论中最广为人知的是他的差别原则，但是他首先是一个自由主义者，然后才是一个平等主义者。简而言之，罗尔斯主张自由优先，兼顾平等，即在过程公正的基础上限制结果不平等。特别要引起注意的是，罗尔斯"限制"结果的不平等，而不是彻底取消结果不平等，更不是要制造平均主义意义上的结果平等。

托克维尔在《论美国的民主》中曾经赞美美国人对于平等价值的追求，他认为，平等的激情会把卑微者提升到伟大人物的行列，但与此同时，也有可能驱使弱者将强者降低到与他们相同的水平，这些人宁可要"奴隶制下的平等"，也不要"自由下的不平等"。在逻辑上，托克维尔没有给出另外两个选项："奴隶制下的不平等"以及"自由下的平等"。罗尔斯正义第二原则的目的就是确保基本自由对于每一个人的价值，而不仅仅是抽象的基本自由。就此而言，罗尔斯的工作恰恰是为了调和自由与平等，而不是用平等去取代或者压制自由。

在罗尔斯之后，平等主义的发展方向进一步地向福利平等、资源平等以及可行能力的平等延伸，其中的代表人物如罗纳德·德沃金、威尔·金里卡、理查德·阿尼森（Richard Arneson）以及因《正义的理念》再次引起国人重视的阿马蒂亚·森等人。尽管这些人与罗尔斯的观点存在这样那样的分歧，但是总体而言都共享了罗尔斯对于平等价值的重视，区别只在于对"什么样的平等"有不同的意见，而且我个人认为，他们的理论都是建立在罗尔斯基础之上的拓展和延伸，并无根本上的分歧。

记者：从历史传统看，一直以来，平等都是左翼的禁脔，右翼高呼自由而左翼声张平等，这似乎已成为公认的事实。那么，由自由派来谈平等是否一种越位行为？自由派有哪些思想资源可以作为依凭？

周濂：启蒙运动之后，特别是法国大革命以来，自由、平等已成为现代政治思想各流派最核心的理念。传统上认为，社会主义偏重平等，位居政治光谱的左端，而自由意志主义和保守主义偏重自由，位居政治光谱的右端，自由主义则居于中间状态。但是，这样的左右之分已经不能胜任今天的政治理论发展趋势，比方说社群主义、女性主义以及多元文化主义都无法被很好地归类到左右的政治光谱之中。而且"越位""禁脔"这样的表述也有画地为牢和故步自封的嫌疑，会让我们局限于意识形态之争，而丧失了真正的问题感。

　　我个人非常认同德沃金的这个判断，任何一种具有可信度的现代政治理论都分享着同样一种根本价值——平等，即使是功利主义、自由意志主义以及社群主义，也都主张政府应该平等地对待其公民，即"每个公民都有获得平等关照和平等尊重的权利"，它们之间的差别只在于如何进一步地诠释这个抽象的平等理念。

　　在谈论平等价值时，自由派可以借助的思想资源非常之多，其中我认为最值得重视的，就是康德意义上的"道德平等"观念，也即"人是目的，不是手段"这个表述。如果我们相信每个个体都有其内在的价值，都应该有能力和机会去形成、修正以及追求各自对于美好人生的理解，非如此，他们的人生意义和价值就会遭受重大的挫折，那么一个正义的社会制度就应该通过各种方式去确保这一点，而这必然会让我们重新严肃地思考平等这个价值。

记者：相较于自由、民主、公平、公正等价值，平等受到的关注也好，在主流价值观中的地位也罢，似乎都在下降。请问您对此怎么看？

周濂：这个学期我给学生开设"当代政治哲学"课程，在第一堂课上，我给他们提供了八个政治价值：自由、平等、正义、权利、稳定、效率、友爱和德性，请他们选择心目中最为重要的政治价值，结果平等的得票最低，60个学生中只有一人选择了平等。从这个角度看，平等受到的关注的确很低，但是另一个引人注目的现象是，当学生开始探讨上述价值的内涵时，平等所引发的争论却是最热烈的。

我个人的观点是，从历史上看，在近百年的中国启蒙运动过程中，最深刻地搅动中国人的意识，同时也是最根本地改变了中国政治格局与现状的价值正是平等。而在现实中，无论是学界还是民意，我也不觉得平等所受到的关注在下降，恰恰相反，方兴未艾的网络反腐行动，激辩正酣的高考户籍问题，乃至这个社会上普遍存在的仇富心理，都在告诉我们人们在以不同的方式表达对于平等价值的关切。

论及平等，最先映入人们脑海的就是经济平等，实则政治平等同样重要。罗伯特·达尔（Robert Dahl）说，支持政治平等与民主的两个假设是：第一，每个人都具有内在的平等；第二，在成年人中，没有人比其他人具有更好的资格进行管理，以至他们应当以完全和最后的权威委托给政府。其中，支持后一个假设的三个理由分别是：阿克顿那句被广为传颂的名言——权力倾向于腐败，绝对的权力倾向于绝对的腐败；不受公民约束的政府更有可能犯下大错，而且有时候是灾难性的大错；被排除在政治参与之外的人们，他们的利益极难被那些享有特权的统治者充分考虑。

由此可见，谈论平等——无论是政治平等还是经济平等，在今天的中国都有着非常现实的意义和价值。在我看来，贬低乃至忽视平等价值的重要性不仅在道德上是不对的，在策略上也是不智的，因为一个极端不平等的社会注定会是一个不稳定的社会。

记者：当年与您对谈过的桑德尔在新著《金钱不能买什么》中提到，倒卖行为这类交易会带来不平等这一恶果，如果钱可以买到几乎一切，没钱人的日子就会越发艰难而有钱人会大获全胜，我们将进入一个"钱的时代"。这是否意味着，呼吁、提倡、实践平等就必然带来对市场的批判、质疑和否定？我们应该如何看待平等和市场的关系？

周濂：呼吁平等是否必然带来对市场的批判甚至否定？当然不是。首先，似乎只有对绝对平等（平均）的提倡才会导致对市场的否定，更多的人是希望实现平等和市场之间的一种平衡，而不是让其中一种原则"一统江湖"。其次，人们常常将平等原则和市场原则对立起来看待，但是实际上，二者之间有相当的相通性。比如，市场原则中的契约精神，很大程度上是将契约双方作为平等个体来看待的，否则就不叫契约，而是压制了。又比如，市场在很大程度上依靠法治来维持，而法治精神——所谓"法律面前，人人平等"——又是一种平等精神的体现。我认为，真正与"市场"两个字相对的，不是"平等"，而是"权力"。在一定程度上，"市场"和"平等"都是"权力"的敌人，二者有相当的交叉性。

　　当然，另一方面来说，对平等的重视的确意味着一种市场原则的边界意识,即市场是非常重要的,但并非唯一的分配原则。以罗尔斯为代表的自由主义的平等主义者所反对的,恰恰就是那种不受限制的财产所有制以及不受约束的自由市场。我感到,在中国有一批人有将"市场"两个字神圣化甚至宗教化的倾向。但是,我认为——这也是桑德尔的观点:市场是手段,而不是目的。在人类文明中,市场是非常重要但并非唯一的分配原则。举一个极端的例子,母亲给孩子喂奶,是不需要孩子交钱的,因为母亲对孩子有责任感、有爱心;再举一个极端的例子,一个儿童落水而且是掉进一米五深的水池,那么对于一个一米八的大汉来说,救这个孩子之前跟他讨价还价("你同意给我一万块我再救你"),也往往被视为不道德的;再举一个不那么极端的例子,我们在修路、盖房子、设计公车的时候,文明的社会往往会加设"残疾人通道"或者"残疾人设施",对残疾人的这种"平等观"可能是违反"市场效率"原则的,但一般来说,我们并不认为这是不对的。这样的例子不胜枚举,我的意思是,一个文明社会一般来说会认为市场原则——就算它在大多数情况下是好的、对的——不是在所有情况下对所有人都适用的,那么,接下来的问题就是,这个边界应该划在哪儿。桑德尔提出了一系列他的回答,他的标准当然是可以争论的,你可以不同意他,但是我认为首先承认市场原则是有边界的,将它去神圣化,这是讨论相关问题一个很重要的起点。

关键的问题在于，即使我们可以给任何事物标上价格，这种标签化的价格也不能够完全反映出这些事物的价值，事实上，日常直觉告诉我们，有许多东西是无价的，人类社会有一些东西是永远都无法用金钱购买到的。

记者：近来，周保松先生一直忙于论辩自由与平等的问题。我们知道，常常有人将自由与平等对立起来。在您看来，自由与平等真的不可得兼吗？在这两者之间，我们应该如何平衡取舍？

周濂：无须讳言，在今天的中国学界，较有影响力的自由主义者多数认同自由意志主义，接受平等自由主义相对较少。这一方面是因为在自由主义最初引入中国时，主要阅读文本是洛克、哈耶克、弗里德曼等人的著作；另一方面也是因为人们对于过于强大乃至于无法约束的国家权力所导致的现实问题的一种直觉性回应，认为守夜人式的国家或者最低限度的国家才是最恰当的国家观。在此背景下，一些学者认为诺齐克要比罗尔斯更有现实意义和相关性，而且在他们看来，但凡谈论国家能力就是在主张国家主义，但凡谈论平等价值就是在主张平均主义，就是在戕害自由。我认为这些反应在情绪上是过激的，在理论上也是站不住脚的。

自由与平等并不必然存在对立关系，比方说之前提到的人身平等和形式的机会平等，即使在弗里德曼这样的自由意志主义者看来，都同自己决定自己命运的自由不存在任何冲突。恰恰相反，弗里德曼认为，平等和自由是同一个基本价值观念——应该把每个人看作目的本身——的两个方面。

如果我们接受上面这个论断，那么自由主义的平等主义者们——无论是罗尔斯、德沃金、金里卡还是阿马蒂亚·森，他们的核心主张都是为了让分配结构满足"敏于志向，钝于禀赋"的标准，也就是说，人们应该为自己的选择承担代价，而不应该为不平等的境况承担代价。这个思路的根本特征毫无疑问是符合自由主义的基本特征的——它突出地强调了"自由选择"在人之一生中所扮演的重要性。

至于罗尔斯和诺齐克谁更具有现实相关性，我认为罗尔斯的字典式排序原则已经非常明确地告诉我们，在限制政府权力特别是在确保宗教信仰自由、言论自由、结社自由以及政治自由这些基本自由的问题上，罗尔斯与诺齐克一样是坚守自由主义底线的。事实上，二者的主要差别在于如何看待经济自由的地位，以诺齐克为代表的自由意志主义者相信建基于私有财产之上的市场秩序是自由的体现，而以罗尔斯为代表的自由主义的平等主义者则担心经济上的不平等会导致政治不自由、社会失衡以及不稳定。

我始终认为，在现有的政治理论发展平台上，继续纠缠于自由与平等这两个抽象概念是否存在冲突是一个没有太多理论价值的讨论，我们应该将关注点集中到哪一种理论能更好地体现出"平等待人"或者说"人是目的而不是手段"。

记者：无论从西方（美国大选、欧洲罢工）还是中国来看，公众对于平等的看法似不再满足于机会平等、权利平等，越来越追求分配平等、结果平等。您对这一趋势做何评价？

周濂：假定你说的这种趋势的确存在的话（后面我们再讨论它是否的确存在），那么可以从两个维度去回答这个问题，一个是效益意义上的，一个是伦理意义上的。但是，从这两个维度都很难得出一个很抽象的、放之四海而皆准的结论。

　　从效益上而言，要评价这种从"机会平等"向"结果平等"的转向，一个很重要的问题就是，这一转向是否导致了经济发展活力——或者用我们中国人常说的词汇来说，就是"效率"——的丧失。但是据我所看到的资料而言，对于这个问题，知识界并没有标准答案。我们常常说，欧美国家由于福利过重导致了欧债危机和赤字问题，但是目前来看，偏偏是在福利程度最高的北欧国家，我们并没有看到明显的债务和赤字问题，也没有看到明显的经济危机。相比之下，作为自由金融中心的美国和英国，似乎受到经济危机的影响很大，赤字问题也很严重。高福利和经济衰退之间是否存在必然的联系，从我所看到的资料来看，还不能肯定。当然，很可能是因为我在相关方面知识储备不足。

　　从伦理上来说，注重"分配平等"的高福利制度是否一定有害？对这个问题，我也难以做出一个抽象的回答。从逻辑上讲，福利国家的负面效果有两个：一方面会固化穷人的依赖性，另一方面又会强化穷人的耻辱感。我的确认为从原则上而言，一个健康的社会应该是"奖励勤奋、惩罚懒惰""奖励冒险创新、惩罚墨守成规"的，在这个意义上，过度重视分配平等和结果平等会无形中损害那些勤奋和敢于创新的人。但是，我个人也认为，随着一个国家、一个社会财富水平的变化，或者说，随着它经济发展阶段的变化，它的"人道主义"标准可能是不断变化的。在一个非常贫困的非洲国家，能保证每个人一天有三顿饭吃，可能就会使"福利开支"占到国家财政支出的50%了，而在一个非常富有的西欧国家，给底层提供廉租房，可能也只是使"福利开支"占到国家财政支出的35%。我的意思是，对于每个国家来说，一个"合理"的福利标准可能是不一样的，当一个社会无论从财富上还是政治上（即民众的意愿上）都能够承受相对高的福利制度时，用一个经济学教科书上的标准答案去回答所有国家的问题，未必是妥当的。

回到你这个问题中所隐藏的假定——在欧美和中国都存在一个"机会平等"向"结果平等"的转向，我感到知识界对此似乎并不存在一个共识。是否存在这一转向，很大程度上取决于你用什么指标去衡量"平等"。比如就美国来说，如果你用最富有10%左右人口的收入对比最贫穷 10% 左右人口的收入的倍数来看，那么美国的"结果平等"程度实际上自 20 世纪 80 年代以来是大大下降了（是好事还是坏事另说）；但是，如果你用福利开支占财政支出的比例或者财政赤字的比例来看，也许会得出结论，"结果平等"已经成为普世趋势。我不是经济学家，不知道哪个标准更好、更对，但我的直觉是，这个假定至少不是不言自明的。

（2012 年 12 月 9 日《上海书评》，记者郑诗亮。）

父亲是女儿的保护伞

　　我女儿布谷现在十个月零六天（到 2013 年 12 月 26 日）。十个月的孩子是个什么样子呢？她会叫妈妈会叫猫，认识奶奶外婆爸爸阿姨电灯电视闹钟，以及墙上各种固定的动物图案；喜欢出门，喜欢照镜子，喜欢脸朝前被抱着，开心了就手舞足蹈像个电动玩具小人；她最喜欢的公仔是一个猴子外形的热水袋，每晚睡觉都要紧紧抱着。

　　对了，目前为止她总共叫过三次爸爸，我都记着呢。现在的她开始有强烈的自主意识，想要什么东西或者要去哪里，她都手指着那边啊啊啊地叫。她出生一个月后，我就总结出了她哭的类型，哎哟哎哟哎哟哟是吃不到奶的急躁，哎呀哎呀哎呀呀是吃奶吃累了，做嘴唇发抖状长一声短三声的哇是饿极了饿疯了，咿咿呀呀则是吃饱了的心满意足。装睡？还没有，但她会装哭。当她想要一个东西，你不给她，她就开始干号；你一塞给她，她立刻就好了。

　　要孩子对我们来说是个水到渠成的事儿。我们之前并没有一个具体的规划，就是觉得，如果老天送我们一个宝贝，我们就把她接下来。一切顺其自然。

哦，这是我的孩子

但实际上，对于我来说，父亲的角色感差不多是在她出生两三个月后慢慢才有的。女人之前有十个月的准备，对于身体一步步的变化，她自己能感受得特别清晰。男人不一样，吧唧扔给你一个小孩，你要非常强努着告诉自己：哦，这是我的孩子。这不是那么 natural 的过程。

刚抱到布谷的那一刻，我就告诉自己，此时我应该表现出感动来，哈哈哈。其实很怪异，因为布谷是剖腹产，父亲是不能全程跟踪的。我进去以后就看到一个血刺呼啦的婴儿躺在那里，身上黏糊糊、脏兮兮的，呱呱地哭。第一反应就是，啊，这是我的孩子，这竟然是我的孩子。

我当时有点托大。我们其实请了阿姨，但我跟阿姨说你就在家里边等着吧，我自己一个人陪着老婆。当晚在医院里，我一个人抱着 6 斤重的布谷，忙这忙那。她一晚上大概拉了六七次大便——新生儿要把胎粪拉干净，是那种黑绿色的。然后，我就手忙脚乱地给她换尿布啊，用针管给她打奶水什么的，折腾了一晚上。没觉得恶心，就是战战兢兢如履薄冰。因为那个生命太娇小、太脆弱了，你不知道怎么抱她她会舒服。那时候你就会真正懂得，什么叫含在嘴里怕化了，捧在手上怕掉了。

世界与孩子

我们没纠结过生与不生的问题。"这个世界配不上我们的孩子"，我身边也有一些朋友这么说。我觉得这种抽象的论调没有意义。这世界配不上太多东西了，按照这个标准，我们随时可以转身离开这个世界。但你会发现，每个人虽然有这样那样的烦恼，但总会在某一时刻过得还挺有滋有味的，对吧？人生还是有很多很美好的东西的。

毫无疑问，父母和子女间生来就是不平等的。你刚才说人的降生是个无从选择的过程，这当然是事实。有一种说法我特别不认同，就是有些子女对父母说，你没有征得我的同意就把我生下来，所以呢，你应该为我做的任何事情负责。我很反感这种说法。所有的人来到这个世界；一开始都是个"被抛"的过程。你的自主性是在"被抛"之后，在生命的展开过程中逐渐获得的。

子女和父母间的关系更是如此，一开始都是无限的依赖。随着孩子的成长，他在生理和心理上的脐带逐渐被剪断，慢慢获得自己的独立性，然后他就有了自主意识、反抗意识，有了对自由平等这些抽象价值的诉求。我虽然在政治上是个自由主义者，但在伦理上，我其实还是偏儒家的。我觉得这种对独立性和自主性的诉求，不能够从政治领域彻底移植到家庭伦理中来。至少在伦理亲情的层面上，父母对子女就是有一种天然的权威在里面。在家庭教育中，你要适当地放手，让子女去自由地发展个性，但这并不意味着要以彻底丧失家庭伦常为代价。二者之间应该可以找到一个比较好的平衡点。

以后布谷想成为一个钢琴家、一个小学教师，或者是街头卖煎饼的人，我也许都不会特别地去干涉。但如果说布谷不懂礼貌，成为一个不友善的人，那我可能会在这方面对她做很多的情感教育，我会让她见到老人要问好，有人打招呼要回应，不能自顾自，把冷漠当成是性格，把傲慢当成是独立，我不会培养她这种情感。

性别与性向

其实生之前，我对于孩子的性别是有期待的，我希望他是个男孩，因为我自己打篮球。我经常想象带着我儿子去打球，那会是很美妙的时刻。当然，生了女儿之后，你就要纠正这种想象，比如，我可以带她打羽毛球。为什么想到的都是运动，因为运动对一个人的成长很重要，我觉得身体上的自信是最根本的自信，这种自信其实比你学习成绩好的自信要更实在、更根本，我自己就深有体会。

我和布妈有个共识，不会特别地强化她的性别意识。我们可能会偏中性地培养她，不会说你作为一个女孩子就应该怎么样。归根结底，男人女人都是人嘛，我们有一个对人的最基本的要求。至于性向，我当然希望她是一个，怎么说，喜欢男生的女生。那她万一喜欢女生，我完全可以接受，没有任何问题。

家长制

《爸爸去哪儿》我也看啊！我刚开始不太喜欢王岳伦，还有他的女儿 Angela。但是看到最后，我就觉得他女儿真的很可爱，天生憨傻呆萌范儿，关键是对人特友善。你要说我更喜欢谁的话，是不是还是那个男神张亮啊。张亮和他儿子的相处模式非常赞，完全打成一片，但又能保持父亲一定的权威。我觉得这种权威是必要的，在小孩很漫长的成长过程当中，父亲是他的保护者。在很多时候，你可以跟他平等交流，但是小孩子毕竟是个理性不足的人。他不知道危险，不知道对错，你必须要给他适当的指导。这跟什么自由民主都没关系。

我觉得一定意义上的家长制，自由主义者会认同的。比方说在英国，你要骑自行车就必须要戴头盔，必须要穿那个有反光的马甲，你的自行车必须要有前灯和后灯，没有这些设施是不让你上路的。这当然是一个家长制的体现。它背后的预设是，政府会假定你虽然是一个理性的成年人，但你依然不知道用最正确的方式来保护自己的安全。我觉得自由主义者会接受一定意义上的家长制。自由主义要确保的，是每个人都有属于自己的关于美好人生的理解，他应该有这个机会和权利去追求他的美好人生。

如何面对假丑恶

如何面对社会的阴暗？这真的很难。每个成年人都在不断地自我说服，你看到这个社会上存在很多问题，你也意识到多数时候自己无能为力，但与此同时你又不甘心同流合污。我肯定不会给她刻意塑造一个童话般的世界，我会告诉她你应该诚实待人，但是，你也应该意识到这个世界有很多谎言，有很多骗子，你要有自我保护的意识。我知道现在有很多人教孩子：你应该先下手为强，你应该成为这个游戏规则的获胜者。我希望我的孩子不要被这个游戏规则彻底地俘虏，因为我相信这个社会还是有一定的空间，让那些不那么遵守游戏规则的人能够活得还不错。

比方说，布谷长大后也许会去人大附小上学。在那个小环境里，没准她能够找到三五个挺好的朋友，能够构成一个能够抵御外部压力的小圈子。如果说她无法适应，我也许会给她换一个环境。我有一个朋友，他觉得孩子在幼儿园里备受凌辱，就选择移民去美国了。我们也讨论过，如果未来发现国内的教育环境很差，我们会让她去国外读书。

我的期许

现在在路上看到四五岁的小女孩儿，直到20多岁的小姑娘，我都会想象布谷长大后会是什么样子。我会在别人的眉目之间，去寻找布谷的痕迹。

有女儿之后，我认为父亲就应该是女儿的保护伞，应该给她提供绝对的安全感。你要说我有什么自我预期的话，我希望我以后能做到这一点。对孩子的期待呢，其实我觉得当父母之后，你会发现对孩子的要求真的很低，你不会奢求她成为一个天才，成为一个成功的人。你就像天底下所有最普通的父母一样，希望她健健康康平平安安地成长。我记得怀孕六七个月的时候，我们去做产检。当时大夫说："胎儿的唇部有一个地方有一点阴影。因为胎儿的体位不是很好，照得不是很清晰，你们先从 B 超室出去一下，转个 15 分钟回来再照。"

在那 15 分钟里，我们俩面面相觑，有点不知所措。我们设想了最坏的可能性，如果有唇裂怎么办。那个时候你就能体会到天底下父母最朴素的期许，希望孩子是健康的。他生出来以后，你希望他这辈子是开心的，是幸福的。当然，你慢慢又会有更多的期待，外在的社会压力会不断地 push 你，我觉得你只能努力地克制自己这些非分的要求。比如为什么我的孩子必须要是班上第一名，全班有五十个孩子呢，所有的孩子都当第一名怎么可能？我觉得学习不好没关系，但是你要有一技之长，它足以保证你可以在班上不会见人矮三分，不会彻底地摧毁你的自信心。你对自己有信心，觉得自己的人生有价值，能够做到这一点，我觉得就挺好的。

她可以去当一个成功的厨师，一个成功的幼教老师。不成功也没关系，只要她对这个工作满心欢喜。比方说，你当一个图书管理员，你喜欢读书，喜欢图书馆的氛围，你在里面很 happy，你跟来借书的老师和同学能建立良好的沟通关系，你每天去上班的路上非常开心，你很享受这个工作，我觉得这就是个很成功的人生。在这一点上，我们对布谷确实没有特别多的要求。在这个时代，做一件自己喜欢做并且擅长做的事情，其实是很难的一件事。无数的人，每天早上去挤地铁，去到一个他们非常讨厌的环境，面对非常讨厌的人，做一份他们非常不喜欢的工作，难道不是这样吗？所以，人之一生，能够从事一件自己喜欢做并且擅长做的事情，这其实已经是个很高的要求了。

（2014年1月《南方人物周刊》，记者张雄、实习生谢思楠根据作者口述整理而成。）